Woldemar Freiherr von Biedermann

Goethes Gespräche

II. Band

Woldemar Freiherr von Biedermann

Goethes Gespräche
II. Band

ISBN/EAN: 9783744721677

Hergestellt in Europa, USA, Kanada, Australien, Japan

Cover: Foto ©Thomas Meinert / pixelio.de

Weitere Bücher finden Sie auf **www.hansebooks.com**

Anhang

an

Goethes Werke.

Abtheilung
für
Gespräche.

2. Band.

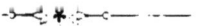

Leipzig.

F. W. v. Biedermann.

1889.

Goethes Gespräche.

Herausgeber

Woldemar Freiherr von Biedermann.

2. Band:

1805—1810.

Leipzig.

F. W. v. Biedermann.

1889.

Inhalt.

1805, 1. Januar.

Mit Charlotte v. Stein.

Am Morgen des letzten Neujahrstages, den Schiller erlebt, schreibt Goethe ihm ein Gratulationsbillet; als er es aber durchliest, findet er, daß er darin unwillkürlich geschrieben hatte: „der letzte Neujahrstag" statt „erneute" oder „wiedergekehrte" oder dergleichen. Voll Schrecken zerreißt er's und beginnt ein neues. Als er an die ominöse Zeile kommt, kann er sich wiederum nur mit Mühe zurückhalten, etwas vom „letzten" Neujahrstag zu schreiben. So drängte ihn die Ahnung! Denselben Tag besucht er die Frau v. Stein, erzählt ihr, was ihm begegnet sei und äußert: es ahne ihm, daß entweder er oder Schiller in diesem Jahre scheiden werde.

226.

1805, Ende Januar.

Bei Prinzessin Caroline.

Wenn ich [Henriette von Knebel] Dir [Karl von Knebel] nur die Mémoires von Marmontel gleich ver-

schaffen könnte, die wir jetzt .... mit großem Vergnügen zusammen lesen. Wir dürfen sie nicht lange
behalten. Marmontel, der von Natur fein jovialisch
und gesellig war, sieht den Rousseau ganz in fatalem
Licht. Goethe, der die Prinzeß kürzlich besucht hat,
sprach hierüber recht gescheidt. Er meint, daß zwar die
Freunde, die mit Rousseau in naher Verbindung gestanden hätten, oft übel daran gewesen wären, daß
aber Marmontel nicht hoch genug gestanden wäre, um
nicht einseitig zu sehen.

227.

1805, Mitte Februar.

Mit Voß.

Denselbigen Abend kam Stark [Professor der Me-
dicin] aus Jena, (es war am Freitag [den 11. Februar?]
Abend) der erklärte, wenn Goethe bis Sonntag früh
lebte, so sei Hoffnung da. Aber schon in dieser Nacht
hatte die Krankheit umgeschlagen, die Krämpfe hatten
nachgelassen, das Fieber war sanfter gewesen und der
Geliebte hatte über die Hälfte der Nacht ruhig ge-
schlafen. Um 11 Uhr forderte er mich zu sich, weil
er mich in drei Tagen nicht gesehen hatte. Ich war
sehr bewegt, als ich zu ihm trat und konnte aller Gewalt ungeachtet, die ich mir anthat, die Thränen nicht
zurückhalten. Da sah er mir gar freundlich und herz-

lich ins Gesicht und reichte mir die Hand und sagte
die Worte, die mir durch Mark und Gebein gingen:
„Gutes Kind, ich bleibe bei Euch; Ihr müßt nicht mehr
weinen." Da ergriff ich seine Hand und küßte sie wie
instinctmäßig zu wiederholten Malen, aber ich konnte
keinen Laut sagen. . . . .

Von dem Tage an ist Goethe zusehends besser ge=
worden. Die Nacht vom Sonnabend bis zum Sonntag
wachte ich bei ihm. und da hab' ich recht die Fortschritte be=
obachten können, die er machte. Als er um 12 Uhr zum
ersten Mal aufwachte, fragte er mit ängstlicher Stimme:
„Hab' ich auch wieder im Schlaf gesprochen?" Wohl
mir, daß ich mit gutem Gewissen der Wahrheit gemäß
verneinen konnte, was ich jedenfalls gelogen hätte.
„Gut!" sagte er nach einer Pause, „das ist wieder ein
Schritt zur Besserung." — Wenn ich ihm dann
schmeichelte, so nahm er jedesmal ganz geduldig seine
Medicin, aber mit innerer Überwindung. Nun sollte
ich ihm aber auch den Leib mit scharfem Spiritus ein=
reiben und, wie der Arzt befohlen hatte, zweimal des
Nachts. Dazu konnte ich ihn nur mit Mühe bringen.
Wie ich aber gar nicht ablassen wollte und immer
mehr schmeichelte, sagte er endlich ganz ruhig: „Nun
denn, im Namen Gottes!" Dann wachte er einmal
von einem Traum auf, wo er einem Turniere beige=
wohnt hatte. Diesen Traum erzählte er mir mit großer
Freude, und in dem Augenblicke war er an energischem
Ausdruck, an Lebendigkeit, ganz Goethe, trotz seiner

Krankheit. Über alles rührte mich seine wirklich väter=
liche und zärtliche Fürsorge für mich (ob ich mir nun
nicht den Kaffee machen wollte — nun nicht ein Glas
Wein trinken wollte u. s. w.), wobei er mich dann immer
sein gutes Voßchen nannte. Wenn er dann wieder ein=
schlief und sein Gesicht matt beleuchtet wurde, schien er
mir immer so leidend auszusehen wie einer, der eben
anfängt, sich aus einem unermeßlichen Jammer heraus=
zuarbeiten und noch die Spuren davon in seinen Mienen
trägt. Da fielen mir denn die Erzählungen von den
fröhlichen Thaten seiner kraftvollen Jugend ein, die ich
so manches Mal angehört hatte, und ich konnte nicht
umhin, beide Zustände mit ihren schärfsten Contrasten
zusammenzuhalten. . . . .

Zwei Tage nach jener Nacht stand er zum ersten
Mal wieder auf und aß ein gesottenes Ei. Bald dar=
auf fing er auch wieder an, sich vorlesen zu lassen.
Nur hielt hier die Befriedigung schwer: Goethe ver=
langte launige Sachen, und Du weißt, daß die heutzu=
tage niemand schreibt. Ich brachte ihm Luther's „Tisch=
reden" und las ihm daraus vor. Das ließ er sich ge=
fallen eine Stunde lang. Aber da fing er auch zu wettern
und zu fluchen an über die verfluchte Teufelsimagination
unseres Reformators, der die ganze sichtbare Welt mit
dem Teufel bevölkerte und zum Teufel personificirte. Bei
der Gelegenheit hielt er ein schönes Gespräch über die
Vorzüge und Nachtheile der Reformation und über die
Vorzüge der katholischen und protestantischen Religion.

Ich gab ihm vollkommen recht, wenn er die protestan=
tische Religion beschuldigte, sie hätte dem einzelnen
Individuum zu viel zu tragen gegeben. Ehemals konnte
eine Gewissenslast durch andere vom Gewissen genommen
werden, jetzt muß sie ein belastetes Gewissen selbst tragen
und verliert darüber die Kraft, mit sich selber wieder
in Harmonie zu kommen. „Die Ohrenbeichte,“ sagte
er, „hätte dem Menschen nie sollen genommen werden.“
Da sprach der Mann ein herrliches wahres Wort aus,
wie mir in dem Augenblick recht anschaulich wurde.
Ich selbst bin in dem Fall gewesen. Als im vorigen
Sommer sich alles vereinigte, mich von Weimar weg
nach Würzburg ziehn zu wollen, da fand ich nirgends
Trost, so lang ich auf meinem Zimmer war; jedes
Mal aber, wenn ich zu Goethe kam und ihm mein
ganzes Herz (selbst alle Schwächen meiner Innerlich=
keit) wie einem Beichtvater ausschüttete, so ging ich
wie mit neuem Muth gekräftigt in meine Einsamkeit
zurück, und ich werde ihm diese Wohlthat an mir mein
Leblang danken. . . . . .

Den Tag darauf, nachdem Goethe den Luther ge=
nossen hatte, ließ er ihn zur Thür heraustransportiren.
— Nun liest Goethe die Cervantischen Novellen, die
ihm viel Freude machen.

228.

1805, 1. März.

Mit Riemer.

„Für eine chemische Gesellschaft wäre ein gutes Motto und Emblem die Stelle im Homer von Menelaus und Proteus (Odyssee IV, 450 ff.). Proteus kann für ein Symbol der Natur, Menelaus für ein Symbol der naturforschenden und der naturzwingenden Gesellschaft gelten."

229.

1805, März oder April.

Mit Riemer.

Ein andermal sagte Goethe: Er hätte den Einfall gehabt, auf die Mineralogen, zu der Zeit, wo sie in allen Gegenden mit Hämmern herumgingen und an die Steine schlugen, ein Bild zeichnen zu lassen, wo ihrer zwei von entgegengesetzten Seiten an einen Fels kämen und daran schlügen; der Felsen spränge und nun erblickten sich die Herren staunend und grimassirend. — Er erzählte dies mit seinem gewöhnlichen humoristischen Tone und der kleinen Andeutung von Gest, die er in solchen Fällen sich erlaubte.

230.

1805, erste Hälfte des Mai.

Bei Schiller's Krankheit und Tod.

In der letzten Krankheit Schiller's war Goethe un=
gemein niedergeschlagen. Ich [Voß] habe ihn einmal
in seinem Garten weinend gefunden: aber es waren
nur einzelne Thränen, die ihm in den Augen blinkten:
sein Geist weinte, nicht seine Augen und in seinen
Blicken las ich, daß er etwas Großes, überirdisches,
Unendliches fühlte. Ich erzählte ihm vieles von Schiller,
das er mit unnennbarer Fassung anhörte. „Das Schick=
sal ist unerbittlich und der Mensch wenig!" Das war
alles, was er sagte und wenige Augenblicke nachher
sprach er von heitern Dingen. Aber als Schiller ge=
storben war, war eine große Besorgniß, wie man es
Goethe beibringen wollte. Niemand hatte den Muth,
es ihm zu melden. Meyer war bei Goethe, als draußen
die Nachricht eintraf, Schiller sei todt. Meyer wurde
hinausgerufen, hatte nicht den Muth, zu Goethe zurück=
zukehren, sondern ging weg ohne Abschied zu nehmen.
Die Einsamkeit, in der sich Goethe befindet, die Ver=
wirrung, die er überall wahrnimmt, das Bestreben,
ihm auszuweichen, das ihm nicht entgehen kann —
alles dieses läßt ihn wenig Tröstliches erwarten. „Ich
merke es," sagte er endlich, „Schiller muß sehr krank
sein," und ist die übrige Zeit des Abends in sich ge=

kehrt Er ahnte, was geschehen war; man hörte ihn
in der Nacht weinen. Am Morgen sagt er zu einer
Freundin [Christiane Bulpius]: „Nicht wahr, Schiller
war gestern sehr krank?" Der Nachdruck, den er auf
das „sehr" legt, wirkt so heftig auf jene, daß sie sich
nicht länger halten kann. Statt ihm zu antworten, fängt
sie laut an zu schluchzen. „Er ist todt?" fragt Goethe
mit Festigkeit. „„Sie haben es selbst ausgesprochen,""
antwortet sie. „Er ist todt!" wiederholt Goethe noch
einmal und bedeckt sich die Augen mit den Händen. —
Um 10 Uhr sehe ich Goethe im Park gehen; ich hatte
aber nicht den Muth, ihm zu begegnen. Drei Tage
lang bin ich ihm ausgewichen; am vierten paßte ich die
Zeit ab, wo er auf die Bibliothek gegangen war. Ich
folgte ihm, wünschte ihm einen guten Morgen und fing
wohl zehn bibliothekarische Fragen an, bei denen ich
so wenig etwas dachte, als Goethe bei seinen Antworten,
die er mit sichtbarer Geistesabwesenheit, aber mit der
größten scheinbaren Geschäftigkeit mir gab. Er hatte
nachher gesagt: es wäre ihm lieb gewesen, daß ich
nichts von Schiller gesagt hätte, er wäre schwerlich
gefaßt gewesen, mir mit Ruhe darauf erwidern zu
können. — Jetzt spricht Goethe sehr selten von Schiller,
und wenn er es thut, so sucht er die heitern Seiten
ihres schönen Zusammenlebens auf.

'Andere Mittheilungen über die Vorgänge nach Schiller's
Tod, wie die von A. Genast — „Aus dem Tagebuche eines alten
Schauspielers" — sind nicht als zuverlässig anzusehen. Voß
selbst schrieb ähnlich wie hier an Solger am 22. Mai 1805.]

231.

1805, Mitte Mai.

Mit Anton Genast.

Am Tage nach Schiller's Tod war die Bühne geschlossen gewesen und dies in der darüber erlassenen, wohl von Kirms verfaßten Bekanntmachung durch die traurige Stimmung der Schauspieler begründet worden.

Einige Zeit darauf führten mich dringende Geschäfte zu ihm [Goethe]; mit Zittern und Zagen trat ich den Weg an. Er empfing mich mit ernster Miene, äußerte aber kein Wort über Schiller's Dahinscheiden. Als ich seine Befehle eingeholt hatte, wollte ich mich entfernen, da rief er: „Noch eins! Sagt dem, der die sonderbare Annonce über den Tod meines Freundes verfaßt hat, er hätte es sollen bleiben lassen. Wenn ein Schiller stirbt, bedarf es dem Publikum gegenüber wegen einer ausgefallenen Theatervorstellung keiner Entschuldigung."

232.

1805, 18. Mai.

Mit und über Voß.

a.

Nach Schiller's Tode habe ich mit Goethe einen Auftritt erlebt, den ich nie vergessen werde. Er hatte einen kleinen Rückfall von seinem Übel gehabt und

ging zum ersten Mal im Park spazieren, wo ich ihm
begegnete. An dem Tage hatte er durch Riemer er=
fahren, daß mein Vater nach Heidelberg gehen würde.
Seine Krankheitsschwäche, Schiller's Tod und der Ver=
lust meines Vaters — alles lag schwer auf seinem
Gemüth; er fing mit einer Heftigkeit an zu reden, bei
der ich vor Entsetzen erstarrte. „Schiller's Verlust,"
sagte er unter anderm, und dies mit einer Donnerstimme,
„mußte ich ertragen; denn das Schicksal hat ihn mir
gebracht; aber die Versetzung nach Heidelberg, das fällt
dem Schicksal nicht zur Last, das haben Menschen voll=
bracht." Ich vermochte ihm nichts zu antworten, aber
nie habe ich einen größern Jammer gefühlt, als in
diesem Augenblick. Wir gingen wohl fünf Minuten
stumm neben einander. Endlich ergriff er meine Hand
mit einer leidenschaftlichen Heftigkeit und drückte und
schüttelte sie, wie er es nie gethan.

b.

Abends besuchte ich die Vulpius; die sagte mir, er
sei noch auf seinem Zimmer eine Zeit lang bewegt ge=
wesen. Unter anderm hatte er gesagt: „Voß wird
seinem Vater nach Heidelberg folgen und auch Riemern
wird man über kurz oder lang wegziehn, und dann
steh' ich ganz allein."

233.

1805, 21. (?) Juli.

Mit Ernst Schleiermacher.

a.

Gleich nach meiner Rückkunft [nach Halle] sah ich ihn [Goethe] noch eine Stunde bei Wolf, den Tag darauf ging er nach Lauchstädt. Vorgestern [13. August] war ich auf einem großen Diner mit ihm bei Wolf. . . . . Er war gleich das erste Mal [21. Juli?] sehr freundlich mit mir, aber freilich in's rechte Sprechen bin ich noch nicht mit ihm gekommen; denn damals war Gall an der Tagesordnung, und neulich waren gar zu viel Menschen da.

b.

Als [bei dem ersten Besuch] Mine Wolf herüberging, ihm zu sagen, ich wäre da, lag er auf dem Bette und las und sagte: „ei, das ist ja ein edler Freund; da muß ich ja gleich kommen." Und so kam er denn auch bald und nahm mich wie einen alten Bekannten und ich auch so; denn man kann das sehr bald. Worüber ich am liebsten mit ihm spräche, darauf bin ich noch nicht gekommen: er war eben damals von Gall und Schiller voll.

234.

1805, vor 10. August.

Über Schiller.

Die Schauspielerin Wolf erzählte . . . einmal, . . . als sie den „Epilog zu Schiller's Glocke" bei ihm [Goethe] einübte, er bei einem besonders treffenden Worte sie faßte mit den Worten: „Ich kann, ich kann den Menschen nicht vergessen!" sie unterbrach und eine Pause, um sich zu erholen, verlangte.

235.

1805, 16. August.*)

Mit Riemer.

„Die Natur hat offenbar gewollt, daß wir nicht eben unsre körperlichen Kräfte in dem Grade des natür= lichen Zustandes erhalten sollten, daß wir schwächer werden sollten, ohne doch darum einzubüßen; denn sie hat uns in der menschlichen Gesellschaft, im Zusammen= leben und in der Gewalt des Verstandes eine Stärke zubereitet, die alle Stärke der wildesten Thiere über= trifft. Und gewisse Operationen des Geistes gelingen nicht anders, als bei einer zarteren Organisation."

———

*) [Das Datum ist, sofern die Äußerung in Riemer's Gegen= wort gefallen sein soll, jedenfalls falsch.]

236.

1805, Mitte August.

Bei Karl Ernst v. Hagen.

Henke, Goethe und Wolf hatten sich vereinigt, um
dem Herrn v. Hagen einen Besuch zu machen.

— — — — — — —

Als der Wagen vorfuhr, ging der Herr v. Hagen
den dreien entgegen und rief ihnen zu: „Willkommen,
willkommen, Ihr Ersten bei einem der ersten eurer Verehrer!" Seine Augen funkelten dabei vor Freude und
Bewegung. Goethe schien anfangs etwas zurückhaltend
und gemessen, aber er thaute immer mehr auf, als er
sah, welchen regen Geist und welch redliches Gemüth
er vor sich hatte. Er wurde auf eine Art gesprächig,
wie ich es noch von keinem gehört, so inhaltsreich und
doch so einfach und so darstellend war seine Mittheilung.
Er sprach unter anderm über Gebirgsschönheiten und
Aussichten und was sie bedinge; über Farben, Licht
und Schatten und über Landschaftsmaler, und ich
[Theolog Waitze*)] brauche gewiß nicht erst zu versichern, daß alle mit gespannter Aufmerksamkeit ihm
zuhörten. Einige frappante Witze, welche der Wirth
dazwischen schleuderte, brachten ihn zum lauten Lachen.
. . . . Der Hausherr wagte sogar mit Goethe zu dis-

---

*) [Wohl richtig für „Waitz", wie Varnhagen v. Ense schreibt.]

putiren, indem letzterer der Behauptung widersprach,
daß eine Person, welche die Erfüllung des kategorischen
Imperativs in sich darstelle, zugleich als sittlich vollen=
detster Charakter der höchste Gegenstand schöner Dar=
stellung sei, weil die wahre Größe stets eine sittliche
sein müsse. Und wie klar und geistreich widerlegte
Goethe diese Behauptung! — Auch auf objective und
subjective Darstellung kam die Rede. Wolf behauptete,
bei den Griechen habe sowohl bei den Dichtern als bei
den Rednern der besten Zeit die objective Darstellung
vorgeherrscht, weil die Objectivität zur Subjectivität
nicht des Individuums bloß, sondern der Nation ge=
worden sei; als die Nation diese Richtung verloren,
sei immer mehr das Individuell=Subjective hervorge=
treten. . . . . . In Beziehung auf poetische Behandlung
philosophisch=religiöser Gegenstände, welche Goethe „einen
widerstrebenden Stoff" nannte, kam die Rede auf Tiedge,
den der Wirth kannte und an welchem er Wohllaut
und Musik der Sprache lobte. Ein nicht gedrucktes,
wirklich schönes Gedicht, welches er einst von dem
Dichter erhalten hatte, trug er mit bewundernswerthem
Wohlklange und richtigster Betonung vor. Das nahm
Goethe mit großer Freude auf, bemerkte aber einige
Stellen, wo „der alte Herr" doch gefehlt habe. Herr
v. Hagen sagte: „„Die „Urania" gefällt mir nicht: als
Philosophen stört mich die Poesie und bei der Poesie
sperrt sich der Stoff, der sich mir immer in philoso=
phischer Reinheit entgegendrängt. Stoff und Gewand

gehören hier nicht zusammen; es ist mir dabei so, als
wollte ich dort dem Apoll, oder dort der Venus (er
wies auf zwei im Saale befindliche Cartonstatuen) ein
Kleid von Drapd'or anziehen."" Goethe gab diesem
Einfalle seinen Beifall.

Am Abende, als die Gesellschaft sich in Gruppen
vertheilte, würdigte mich Goethe einer kurzen Unter=
haltung. Er hatte zufällig gehört, daß ich jetzt hier
Religionsunterricht gebe; da erzählte er mir, daß sein
Sohn . . . von Herdern confirmirt worden und vorher
unterrichtet sei. „Ich habe bei dieser Gelegenheit,"
sagte er, „selbst zugehört und auf den Lehrgang geachtet.
Licht und Finsterniß, Gutes und Böses im Menschen,
im Zwiespalte und in Mischung, war die Grundlage.
Dann folgte die Lehre von des Menschen Freiheit und
Sittlichkeit als Bestimmung und seine Hülfsbedürftig=
keit. Daraus ward die Nothwendigkeit der Erlösung
und Beseligung dargethan und diese als in Jesu er=
schienen nachgewiesen. Was mir dabei sehr gefiel, war,
daß alles dem Confirmanden so hingehalten und über=
all so klar dargestellt wurde, daß er immer selbst das
Rechte erkennen und bei sich selbst feststellen konnte.
Es war eine Vollständigkeit, welche keinen Fehlgriff
oder Zweifel aufkommen ließ: überall stand die Frage
vor ihm: ob er dem Lichte oder der Finsterniß ange=
hören wollte."

————   ————   ————   ————

Am spätern Abend setzte sich die Gesellschaft noch=

mals zu Tische — mehr der Unterhaltung, als des
Essens wegen. Der Wirth gab eine für die seltensten
Gäste gesparte Flasche zum Besten; er bemerkte, daß
diese Flasche ein Jahr älter sei, als Goethe und er
selbst: beide waren 1749 geboren. Henke, der gerade etwas
an Halsschmerzen litt, hatte wenig Wein getrunken und
wollte zu Abend durchaus keinen mehr trinken, sondern
hatte sich ein Glas Bier erbeten. Da wollte ihn der
heitere Wirth auf seine Weise bewegen, seine Rarität
auch zu kosten: es entstand ein Spaß daraus, der viel
Heiterkeit erzeugte. Der Herr v. Hagen ernannte näm=
lich Goethen zum Gesetzgeber und Kampfrichter gegen
Henke. „„Es hilft nichts, Hochwürden: Sie müssen
sich heute der Excellenz unterwerfen.““ Da dictirte
Goethe, jeder solle, wie er es am Besten könne, Henke
einladen und treiben, den Wein zu kosten. „Der alte
Herr hier,“ sagte er zu Hagen, „von dem ich höre, daß
er ein fester Kantianer sei, muß es in Form eines
Syllogismus thun, dem Henke nichts anhaben kann;
Wolf muß ihn in einer griechischen Rede im Anakre=
ontischen Ton auffordern.“ Hierauf sah er mich an;
ich verneigte mich mit den Worten: „„„Ich komme bei
dem Symposion solcher Männer nicht in Betracht.““„
Aber das ließ der Wirth nicht gelten, sondern sprach:
„„Ei was! der Herr macht Verse; geb' er sein Scherf=
lein auch.““ — „Nun gut!“ sagte Goethe, „so schmieden
Sie schnell ein Distichon. Henke aber mag sich ver=
theidigen, aber nur in lateinischer Rede, die ihm ja so

sehr zu Gebote steht." — „„„Nein!"""" sagte Henke,
„„„da sitzt der Mann (auf Wolf zeigend), der eine
fünfte Facultät, die philologische, gestiftet hat; der läßt
mir nicht ein Wort passiren. Es wäre Verwegenheit,
mit theologischem Latein vor ihm zu erscheinen."""" —
„Wenn das erste Glas getrunken und das zweite ein=
geschenkt ist," sagte Goethe, „muß jeder fertig sein, und
wenn Henke überwunden wird, trinken wir mit ihm
auf seine Gesundheit."

237.

1805, August (?.

Über Johann Joseph Gall.

„Von seinem Vortrag ist man im Ganzen wohl
zufrieden. Ist er gleich nicht immer streng logisch ge=
ordnet, und laufen gleich zuweilen entbehrliche excursus
mit unter, so ist er doch immer nicht nur unterhaltend,
sondern auch belehrend. Ich habe den Schlüssel zu
manchen von mir gemachten Beobachtungen gefunden.
Auch ist mir Gall's Organenlehre, ob wir gleich noch
nicht an das Detail gekommen sind, doch schon ziem=
lich klar und scheint mir sehr annehmlich. Das den
Schädel ein wenig emportreibende kleine Partikelchen
Hirn thut's freilich nicht, sondern der gesammte Theil
des Nervensystems, der in jenem Partikelchen endet.
Ich stelle mir es so vor: wenn wir einen Schädel in

den Händen haben und auf ein an demselben befind=
liches sogenanntes Organ hinabsehen, so blicken wir
aus der Höhe auf einen belaubten Wipfel eines Baumes,
dessen Äste wir aus unserem Standpunkt nicht bemerken
und noch weniger (den hier in Rückenmark eingehüllten)
Stamm sehen können. Aber wenn ich aus meinem
Fenster meiner obersten Etage auf einen tief darunter
stehenden Baum hinabsehe, so unterscheide ich gewiß
sehr richtig an der Belaubung des Wipfels, ob der
Baum in gesundem starkem Trieb stehe, oder ob er
am Stamm den Brand habe, an der Wurzel von
Wassermäusen angenagt sei u. dgl. Selbst die einzelnen
kränkelnden oder gesunden Äste erkenne ich von oben
herab sehr sicher an der Beschaffenheit ihrer Belaubung.
Nicht als wenn die Kraft des Baumes von dem üppigen
Laube abhinge, sondern ich dort oben, der ich nicht
hinabsteigen und Stamm und Wurzel untersuchen kann,
erkenne nur die kräftige und kränkelnde Vegetation am
Laube des Wipfels."

238.

1805, September (?).

Beim Lesen der „Natürlichen Tochter".

Die Schauspielerin Wolff erzählte . . . einmal
(1809), sie habe, da sie die Eugenie habe spielen sollen,
bei Goethe in seinem Zimmer allein Leseprobe gehabt.

Als sie an das Ende des vorletzten Monologs ge=
kommen —

> Und wenn ich dann von Unbill dieser Welt
> Nichts mehr zu fürchten habe, spült zuletzt
> Mein bleichendes Gebein dem Ufer zu,
> Daß eine fromme Seele mir das Grab
> Auf heim'schem Boden wohlgesinnt bereite —

habe Goethen sein Gefühl bewältigt: mit Thränen im
Auge habe er sie innezuhalten geboten.

239.

1805, Ende (?).

Über Apel's „Polyidos".

Vor vielen Jahren erschien eine antikisirende Tra=
gödie, „Polyidos" von .... Apel in Leipzig. Man ver=
sprach sich viel davon, und ich [Gries] ward aufgefordert,
das Stück bei Frommanns vorzulesen: Goethe selbst
wollte zugegen sein. Ich präparirte mich recht ordent=
lich und las, so gut ich konnte. Nach beendigter Vor=
lesung trat .... eine peinliche Stille ein. Endlich
erhob sich Goethe, kam auf mich zu und sagte: „ich
bin Ihnen um so mehr verpflichtet, daß Sie diese
Mühwaltung übernommen haben, da ich, wäre ich
allein gewesen, das Stück schwerlich zu Ende gebracht
hätte."

240.

1805 zu 1806, Winter.

Unter den uns vorliegenden Aufzeichnungen So=
phiens [v. Schardt] befindet sich außer den auf die
Farbe bezüglichen eine besonders ausführliche über den
Magnet, sein Wesen, seine Beziehungen 1) auf sich,
2) zum Erdmagneten und die Minerale, welche mag=
netische Kraft besitzen. Wir heben daraus die Be=
merkung aus: „Verschiedene Arten der Darstellung
eines Begriffs; viererlei Sprachen giebt es dafür. Die
erste möchte man die goldene nennen, wodurch das
Phänomen, die Begebenheit, selbst erscheint. Die
zweite nenne ich die poetische, wobei eine Nebenidee,
die dem Hauptbegriff eine größere Klarheit mittheilt,
hervorgerufen wird: so sind die Erläuterungen durch
Beispiele: ein guter Regent ist gleich einem schattenden
Baume, unter dem die Vögel des Himmels nisten.
Die mnemonische, wo man an gewisse Dinge willkür=
lich Erinnerungen knüpft, um sich dieselben dabei zu
vergegenwärtigen. Die mathematische.“

Auf einem besondern Blättchen hatte sie sich auf=
gezeichnet: „Was ist träger als die Starrheit des
Steines? Und siehe! die Natur verleiht ihm Sinne
und Hände. Was ist streitbarer, als die Härte des
Eisens? Aber es giebt nach und unterwirft sich der

Sitte: denn es wird vom Magnetstein gezogen. Und
so rennt ein allbeherrschendes Wesen — wer weiß wie?
— einem leeren nach, und indem es nahe kommt, tritt
es heran und wird festgehalten in umklammernder Um=
armung."

Aus einem andern Vortrage hatte sie folgendes
aufgezeichnet: „Zweierlei Vorstellungsarten: dynamisch,
atomisch."

1) Das Wirkende, sich Äußernde, Handelnde, Be=
wegende, Schaffende.

2) Das Erleidende, Duldende, Angeregte, Bewegte,
Gegensatz des einen zum andern.

1) Ein Unsichtbares, ein Daseiendes ohne vehicu-
lum, eine Kraftäußerung ohne ein Wie, das uns be=
kannt sein könnte.

2) Atome, wirkliche, sichtbare, zu ergreifende.

1) Die physische, die sich auf das Ganze bezieht.

2) Die chemische, die sich mit dem Besondern, dem
Realen beschäftigt.

Aus verschiedenen Vorstellungsarten entsteht ein
neues Resultat: jeder hat die seine: jeder neigt mehr
zu der einen oder zu der andern herüber. Lukrez,
Epikur bekannten sich zu der Vorstellungsart, die wir
die atomistische oder chemische nennen möchten; in den
realen Stoffen der Materie suchten sie Entstehung und
Ordnung durch Hülfe des Zufalls. Andere suchten es
in einer unbekannten, unsichtbaren, höhern Gewalt, in
anregenden Kräften.

Stets setzt das Wirkende ein Erleidendes, das Be=
wegte wieder ein Erregendes voraus. Nichts ist, nichts
ist geworden, alles ist stets im Werden, in dem ewigen
Strom der Veränderung ist kein Stillstand. Der
Mensch ist mit jeder Minute ein anderer, doch sich
selbst sonderbar gleich, beharrlich, in der Veränderung;
dies ist ein Vorzug des höhern Wesens. Die Pflanze
z. B., deren organische Natur so viel Ähnlichkeit mit
der unsrigen hat, wird ganz verändert und durchaus
— ihre Identität geht verloren.

Das Gesetz der Schwere, ein Anziehen und Ab=
stoßen, eine Ausdehnung und [ein] Insichzusammen=
ziehen des elastischen Wesens. Die Erde zieht die Luft,
diese zieht sich in sich. Diese gegenseitige Wogung er=
hält das Gleichgewicht. Ungeheure Gewalt der Luft,
oder Streben, von ihr alles zu erfüllen, nichts Leeres
zu dulden, daher der in eine verdünnte Luft tretende
Körper von der in ihm selbst enthaltenen sich entlastet:
im Verhältniß der Verdünnung der äußern strebt dann
die in ihm haftende hinauswärts, um diesen leeren Raum
zu erfüllen. Dieses Ursache der Athemlosigkeit, Nasen=
blutens auf hohen Bergen. Nach demselben Princip
sehe ich Tropfen aus dem Erz dringen, das unter der
Luftpumpe liegt."

Auf einem weitern Blatte lesen wir:

„Was ist das Sein? Es äußert sich durch Form
und Bewegung oder Handlung. Warum soll das Sein
anders, als durch diese Darstellung aller Existenz be=

finirt werden. Der Geist ist so gut wie die Materie das sich gestaltende und handelnde Sein in seiner Äußerung. Alle Hauptformen des Erdbodens, die Berge, Steinmassen ꝛc. streben vom Mittelpunkte der Erde nach den Polen zu, kleinere Massen durchkreuzen seitwärts diese Strömung, als ob sie nach kleinern verschiedenen Anziehungspunkten strebten.

Jede veränderte Substanz modificirt die, mit der sie sich vermischt. Diese gegenseitige Wirkung bringt dann unendliche Abweichungen und Abwechslungen hervor. Beobachtungen hierüber im Steinreiche ꝛc. Keine Substanz existirt auf Erden rein für sich und unvermischt. Alles Herabfallende von einer angemessenen Höhe (ductile) bildete sich in der Kegelform. Beispiele: wenn man Blei gießt, Wassertropfen ꝛc."

Abgesondert hat Sophie noch folgendes aufgezeichnet:

„Strömungen der Berge von Norden nach Süden, von Osten nach Westen. Die Erde ist unter dem Meere fortgehend nach denselben Regeln. Inseln sind Köpfe der Berge. In den Richtungen von Norden nach Osten [so!] befindet sich das Eisen, von Westen nach Osten die Silberadern. — Wir verbinden die erste Empfindung von etwas, z. B. die der Ehrfurcht, der Liebe ꝛc. mit dem Gegenstande, der sie erweckte, darum sind die ersten Empfindungen so dauernd."

241.

1806, 11. Januar.

Mit Riemer.

„An der Newtonischen Lehre ist schon so viel ver=
ändert und herumgeflickt worden, und doch meinen die
Herren, sie hätten noch die alte. Sie ist ein wahrer
Bettlermantel, der schon aus den Flicken der vierten,
fünften Generation besteht, den die Prorectoren um=
thun, und immer wieder Doctoren dieser Bettlerfacul=
tät creiren.“

242.

1806, 16. Januar.

Mit Riemer.

Der Mensch, wenn er wider Willen von einer Ma=
xime, Art zu sein oder zu handeln, lassen soll und
zur entgegengesetzten, bisher von ihm gehaßten über=
gehen, muß erst von dieser einigen sichtlichen Vortheil,
der den Schaden durch den Verlust jener überwiegt,
erhalten haben, ehe er ihr ganz von Herzen beitritt
und mit ihr eins wird.

243.

1806, 16. Januar.

Bei der Herzogin Amalie.

Goethes und Wieland's .... Kampfgespräch kam
über Tischbein's Zeichnungen her, die er kürzlich an

die Herzogin-Mutter geschickt. Unter dem Lobe, das ihnen Goethe ertheilte, sprach er viel von Talent und Übung in der Kunst, welche durchaus zu ehren und zu preisen wäre, sollte es auch nur an dem Manne sein, welcher einst vor Alexander dem Großen die Hirsekörner durch ein Nadelöhr geworfen hätte. Es war artig, wie Wieland noch lange ruhig zuhörte und endlich gleich wieder bei den Hirsekörnern anfing, welche Kunst er so dumm und albern fand, daß er den Mann noch ganz besonders hätte strafen lassen, daß er so unendlich viel Zeit darauf verwendet hätte. Alle Künste der Technik, wodurch die Engländer sich auszeichneten, behauptete Goethe, wären durch diese Geduld und Anhaltsamkeit entstanden, und Alexander als Monarch hätte ganz unrecht gehabt den Mann so verächtlich zu behandeln: er hätte vielmehr zu den Umstehenden sagen sollen: Seht! dieser Mann hat es durch außerordentliche Geduld und Übung zu solch einer Fertigkeit gebracht; könntet ihr es nicht in etwas Gescheidterm auch so weit bringen?

244.

1806, 24. Januar.

Aus dem Vortrag für Damen.

Noch lieber möchte ich [Henriette v. Knebel] Dir [Karl v. Knebel] von Goethes letztem Vortrag vom vorigen Mittwoch Bericht abstatten können, der mir ganz außerordentlich wohlgefiel. Es war das angenehmste Gefühl, sich mit ihm gleichsam auf eine höhere Stufe gestellt zu sehen, und wirklich, die schönste menschliche Natur belebte sich auf's neue in ihm. Er sprach von dem Bezug, den der Mensch zu sich selbst und zu den Dingen außer ihm hat, so reich, reif und mild, daß ich wirklich noch nie so habe sprechen hören. Ich wünschte, er hätte die Rede aufgeschrieben: mich dünkt, sie allein müßte ihm den Ruhm eines seltnen Menschen machen. Ich selbst dünkte mich glücklicher und vornehmer durch die unzähligen Fäden, durch die wir mit Himmel und Erde zusammenhängen. Es ist eine wahre Freude, wenn der Geist wie die Natur alt und doch so verjüngt sich darstellt — ein kräftiger, erfreulicher Frühlingshauch.

245.

1806, März.

Mit Riemer.

„Lichtenberg's Wohlgefallen an Caricaturen rührt von seiner unglücklichen körperlichen Constitution mit her, daß es ihn erfreut, etwas noch unter sich zu erblicken. — Wie er sich wohl in Rom gemacht haben würde beim Anblick und Einwirkung der Kunst? Er war keine constructive Natur wie Äsop und Sokrates, nur auf Entdeckung des Mangelhaften gestellt."

246.

1806, April.

Mit Riemer.

„Es giebt Tugenden, die man, wie die Gesundheit, nicht eher schätzt, als bis man sie vermißt: von denen nicht eher die Rede ist, als wo sie fehlen; die man stillschweigend voraussetzt: die dem Inhaber nicht zu Gute kommen, weil sie in einem Leiden, in der Geduld bestehen. Sie scheinen, wo sie sind, nur aus einer Abwesenheit von Kraft und Thätigkeit zu bestehen, und sie sind die höchste Kraft, nur nach innen gewandt und zur Abwehr äußeren Unglimpfs, nur als Gegendruck gebraucht. Hammer zu sein scheint Jedem rühmlicher und wünschenswerther, als Ambos, und doch was gehört nicht dazu, diese unendlichen, immer wiederkehrenden Schläge auszuhalten."

247.

1806, 10. Mai.

Mit Riemer.

„Es ist lächerlich, wenn die Philister sich der größern Verständigkeit und Aufklärung ihres Zeitalters rühmen und die frühern barbarisch nennen. Der Verstand ist so alt, wie die Welt, auch das Kind hat Ver-

stand: aber er wird nicht in jedem Zeitalter auf gleiche
Weise und auf einerlei Gegenstände angewendet. Unser
Zeitalter wendet seinen ganzen Verstand auf Moral
und Selbstbetrachtung: daher er in der Kunst und wo
er sonst noch thätig sein und mitwirken muß, fast gänz=
lich mangelt. Die Phantasie wirkte in frühern Jahr=
hunderten ausschließend und vor, und die übrigen
Seelenkräfte dienten ihr; jetzt ist es umgekehrt, sie
dient den andern und erlahmt in diesem Dienst.

Die frühern Jahrhunderte hatten ihre Ideen in
Anschauungen der Phantasie; unseres bringt sie in Be=
griffe. Die großen Ansichten des Lebens waren
damals in Gestalten, in Götter gebracht; heut=
zutage bringt man sie in Begriffe. Dort war die
Productionskraft größer, heute die Zerstörungskraft, oder
die Scheidekunst."

248.

1806, Mai und Juni.

Mit Adam Oehlenschläger.

a.

Goethe .. empfing mich väterlich; ich aß oft bei
ihm, und ich mußte ihm meinen ganzen „Aladdin"
und „Hakon Jarl" aus dem Stegreif deutsch vorlesen.
Da machte ich mich denn vieler Dänismen schuldig; er
verwarf sie aber nicht alle; er meinte, die beiden ver=

wandten Sprachen, aus Einer Wurzel entsprungen,
könnten einander mitunter mit guten Worten schwester=
liche Geschenke machen. „Hm! Das ist hübsch,“ sagte
er mitunter, wenn ich etwas vorlas. „„Sagen Sie
denn das so deutsch?““ frug ich. „Nein, wir sagen es
nicht, könnten es aber sagen.“ — „„Soll ich denn ein
andres Wort brauchen?““ — „Nein, thun Sie das
nicht.“ — Einen Mann, der mich in Berlin gekannt
hatte und nach Weimar kam, fragte Goethe: „Kennen
Sie etwas von Oehlenschläger?“ — „„„Nein!“““ war
die Antwort; „„„aufrichtig, ich mag die deutsche Sprache
nicht radebrechen hören.“““ — „Und ich,“ antwortete
Goethe mit imposantem Gefühle, „mag die deutsche
Sprache sehr gern in einem poetischen Gemüthe ent=
stehen sehen.“

Das Nibelungenlied war eben herausgekommen, und
Goethe las uns einige Gesänge vor. Weil nun vieles
in der alten Sprache mit altdänischen Worten ver=
wandt ist, so konnte ich ihnen manches deuten, was
die andern nicht gleich verstanden. „Sieh einmal!“
rief dann Goethe lustig, „da haben wir wieder den
verfluchten Dänen!“ — „Nein, Däne!“ sagte er einmal
in demselben Tone: „hier kommt etwas, was Ihr doch
nicht hättet sagen können:

Es war der große Siegfried, der aus dem Grase sprang,
Es ragete ihm vom Herzen eine Speerstange lang. —

Es ragete ihm vom Herzen eine Speerstange lang"
— wiederholte er staunend, die Worte stark betonend,
in seinem Frankfurter Dialect: „Das ist capital!"

Einmal bei Tische sprach er so feurig und mit so
vieler Achtung und Kraft für Bürgerrecht und Bürger=
ehre gegen einen kalten Hofmann, der zur Unzeit über
das wackere Betragen eines Bürgers spotten wollte,
daß ich es nicht lassen konnte, als der Fremde weg war,
ihm um den Hals zu fallen und ihn zu küssen. „Ja,
ja, lieber Däne!" sagte Goethe: „Ihr meint's auch treu
und gut in der Welt."

— — — — — — — —

Als ich wegreiste, schrieb ich eine dänische über=
setzung des Erlkönigliedes in's Stammbuch des jungen
Goethe und zum Schluß die deutschen Zeilen:

> Erinnern Sie sich, wenn längst ich schied,
> Bei der Übersetzung des Vaters Lied
> Des Dichters vom Lande, wo Nacht und Wind,
> Und Elf' und Schauder zu Hause sind.
> In Weimar weht es schon mehr gelind;
> Gott segne den Vater mit seinem Kind.

„Ja, ja!" sagte Goethe, als er es gelesen hatte,
mir freundlich in's Auge blickend und die Hand auf
meine Schulter legend: „Ihr seid ein Poet."

— — — — — — — —

Goethe hatte versprochen, meinen „Hakon Jarl",
wenn er von mir schriftlich übersetzt wäre, auf die
deutschen Bühnen zu bringen.

b.

Zwar hatte Oehlenschläger während seines längeren
Aufenthaltes in Halle die Fertigkeit, sich in der deutschen
Sprache mit Leichtigkeit auszudrücken, immer mehr aus=
gebildet, aber seine Rede, wenn auch ungehemmt, war
nichts weniger als fehlerfrei. Er wagte es dem großen
Dichter Scenen an seinem „Aladdin", der noch nicht
deutsch erschienen war, unmittelbar aus dem Dänischen
in's Deutsche zu übersetzen. Vielleicht waren eben die
Fehler ihm pikant; viele gewagte Constructionen, viele
wunderbare Äußerungen, wie sie einem Deutschen nie
eingefallen wären, ergötzten Goethe nicht allein, sondern
schienen ihm bemerkenswerth und bedeutend. „Die uns
verwandten Dänen," hörte ich ihn sagen, „könnten wohl
unsere Sprache bereichern, und was wir, von der ein=
seitigen Ausbildung ergriffen, nur zu tadeln geneigt
sind, verdiente wohl nicht selten unsere Aufmerksamkeit."
Die gesunde, ursprüngliche und aus einer reinen Quelle
hervorsprudelnde Eigenthümlichkeit gefiel ihm sehr.

c.

Wie Goethe sich die Insolenz des wandernden An=
tiquarius [Arendt] hatte gefallen lassen, so ertrug er
auch andere Unarten des freilich schönen und liebens=
würdigen Oehlenschläger, der sich überdies damals als
angehender, aber vielversprechender Dichter empfahl.
Beinah ein halbes Jahr hielt er sich in Weimar und

Jena abwechselnd auf und war häufiger Tischgenosse
Goethes und in allen Weimarischen und Jenaischen
Zirkeln gern gesehen. Jetzt nur von seiner sonderbaren
Angewöhnung zu reden, so hatte er — wohl kann man
sagen — die Wuth, unversehens einhalbdutzendmal
hintereinander mit allen fünf Fingern schlenkernd so
zu knacken, daß man darüber erschrak, irgend eine Ver=
letzung fürchtend, ja sie beinah an sich zu empfinden
glaubend. Goethe sagte eine Zeitlang nichts dazu, als
sich aber die Sache zu oft repetirte, bat er ihn mit
freundlicher Verwunderung über die seltsame Gymnastik
in seinem treuherzigen und familiären Tone: „Thut
mir das nicht zuleide!" oder „Laßt mir das unterwegs;
Ihr wißt, daß es mir fatal ist" und dergleichen. Die
Vermahnung hielt freilich nicht lange vor, und zwischen=
durch entwischte doch wieder ein halber Knick oder Knack,
der dann gutmüthig überhört wurde.

G. wußte ... uns andern dieses gefährlich klingende
Manoeuvre physiologisch und astrologisch zu erklären....

249.

1806, 30. Juni.

Mit Riemer.

Als wir auf der Reise nach Franzenbrunn in Asch
übernachten mußten und daselbst „Die Hussiten vor
Naumburg" in einer Scheune gegeben wurden, wovon

wir Spaßes halber einen Act mit ansahen, sagte Goethe:
Er könne mit Recht hier anwenden: „Und hätt' ich
Flügel der Morgenröthe und flög' an die äußersten
Ende der Erde", so würde seine [Kotzebue's] Hand
mich doch treffen u. s. w. — Übrigens sei Kotzebue
ein vortrefflicher Mann: was für eine Menge Men=
schen er abspeise, die wie hungrige Raben auf ihn
warteten.

250.

1806, 18. August.

Bei Knebel.

Heinrich Luden hatte nach seiner Berufung als Professor
nach Jena einen vorläufigen Besuch dort gemacht und dabei so=
gleich durch Vermittelung des zufällig auch anwesenden Hufeland
Einladung zu einer Abendgesellschaft zu Knebels erhalten, um
Goethe da kennen zu lernen. Vorher machte er einen Spazier=
gang und erzählt dann weiter:

Hufeland war schon zum Herrn v. Knebel gegangen
und hatte dem Kellner aufgetragen, mir zu sagen, daß
ich mich beeilen möchte. Ich wechselte schnell mein
Kleid, ging nicht ohne einige Beklommenheit rasch fort
und mochte etwa um halb 9 Uhr im Knebel'schen Hause
eintreffen. An der Treppe kam mir die Frau v. Knebel
entgegen, eine sehr hübsche und äußerst lebendige Dame.
„Aber Herr Professor!" sagte sie nach der ersten Be=
grüßung, „Sie haben lange auf sich warten lassen.
Drinnen ist eine große Verstimmung: der Geheime

Rath ist sehr eigen; er will auf niemand warten,
sondern verlangt, daß alle Welt auf ihn warten soll.
Es hat nicht viel gefehlt, so wäre er wieder fortge=
gangen." — „„Sie erschrecken mich, gnädige Frau!""
antwortete ich. „„Es thut mir um so mehr leid, da
Se. Excellenz recht hat. Indeß hoffe ich, Verzeihung
zu erhalten. Sollte aber meine Entschuldigung nicht
ausreichen, so hoffe ich, Sie werden mir beistehen, und
einer schönen Frau wird es ja leicht gelingen, auch die
Verdrießlichkeit einer Excellenz in Heiterkeit umzu=
wandeln." Frau v. Knebel führte mich in das Zimmer:
„Hier ist der Zauberer!" sagte sie. In dem Zimmer
befanden sich außer den Herren v. Knebel und Hufe=
land nur Goethe und Riemer, der Goethe zu begleiten
pflegte. Alle standen schweigsam da; kein Gesicht zeigte
sich freundlich: Hufeland sah gutmüthig vor sich hin,
Riemer gleichgültig, Knebel verlegen, Goethe verdrieß=
lich. Knebel, gegen Goethe gewendet, wies mit der
Hand nach mir her: „Herr Professor Luden." Goethe
machte eine kleine verstümmelte Bewegung, in welcher
kaum der Anfang zu einer Verbeugung zu erkennen
war, ohne nur ein Wort zu sagen. Das war die
ganze Vorstellung, und vielleicht war sie die beste;
denn nun brauchte ich auch nichts zu sagen und hatte
doch Zeit gehabt, mir den Heros anzusehen. Ich
wandte mich daher sogleich an den Herrn v. Knebel:
„„Frau v. Knebel hat mir soeben gesagt, daß auf mich
gewartet worden ist: das thut mir unendlich leid, aber

ich glaube, Absolution von meiner Sünde zu verdienen, auch ohne Buße. Eine Stunde war mir nicht bestimmt, und als Neuling bin ich natürlich unbekannt mit der Weise der Götter in diesem Lande. Was ich diesen Morgen aus diesen Fenstern gesehen hatte, das übte auf mich eine unwiderstehliche Anziehungskraft: ich mußte die Herrlichkeiten, den Fluß, die Berge, alles soweit als möglich in der Nähe sehen. Also bin ich hinausgelaufen, habe die Fluren durchstreift und mehre Berge bestiegen, und in meiner Begeisterung habe ich nicht an die Zeit gedacht und vergessen, daß der Rückweg so lang zu sein pflegt, als der Anmarsch. So habe ich mich in aller Unschuld verspätet."" Während ich diese Worte sprach, ließ Goethe einpaar Male ein beifälliges „„„Hm! hm!""" vernehmen und Knebel warf sein gewöhnliches „Jo, jo!" hinein. Endlich sagte Goethe: „„„Die Entschuldigung des Herrn Professors ist ausreichend; wir wollen ihm vollkommene Absolution ertheilen unter der Bedingung, daß er künftig, da er nunmehr mit der Weise der Götter in diesem Lande bekannt geworden ist, pünktlicher sei.""" Ich sprach sogleich das Gelübde aus. „So ist," rief Frau v. Knebel, „mein Beistand, den ich dem Herrn Professor zugesagt, wohl gar nicht nöthig?" — „„„Gar nicht, schöne Frau!""" antwortete Goethe: „„„aber wir müssen die Zeit wieder einbringen, darum geben Sie uns nur bald zu essen und zu trinken!"""

Fünf Minuten nachher saßen wir um einen runden

3*

Tisch). . . . . Anfangs wurde hin und her geplaudert
in gewöhnlicher Weise, kaum aber mochte eine Viertel-
stunde verlaufen sein, so hatte Goethe es übernommen,
die Gesellschaft zu unterhalten. Und er unterhielt sie
auf eine bewunderungswürdige Weise; er erzählte Anekdoten und Abenteuer von seinen Reisen, im besondern
von seinem letzten Aufenthalte im Karlsbade, charakte-
risirte die Menschen auf das Lebendigste, warf mit
Scherzen und Witzworten um sich und schien aus
seinem unermeßlichen Vorrathe um so freigebiger und
lieber mitzutheilen, je aufmerksamer wir sämmtlich auf
seine Worte waren und je dankbarer für seine Mittheilungen. Die Gesellschaft wurde ungemein lebendig
und brach zuweilen in ein schallendes Gelächter aus,
nur dem Lachen der unsterblichen Götter vergleichbar.
An diesem Lachen nahm Goethe selbst nur mäßigen
Antheil, schien aber mit großer Lust in dasselbe hinein-
zuschauen und nur den Wunsch zu haben, es nicht ausgehen zu lassen. Im allgemeinen hatte er das Wort
ganz allein, nur Herr v. Knebel ließ sich sein Haus-
recht nicht nehmen, brach hier und dort ein und gab
damit Veranlassung zu neuen Witzen und Anekdoten.
Wir übrigen machten alles mit Lachen gut; zuweilen
jedoch richtete Goethe auch wohl eine Frage an diesen
oder jenen und im besondern wiederholt an mich, sei
es, daß er seine erste Unfreundlichkeit noch mehr gut-
machen, sei es, daß er mir, dem Ankömmling, wie man
zu sagen pflegt, auf den Zahn fühlen wollte. Und in

der Stimmung, in welcher ich war, blieb ich eben keine
Antwort schuldig. Einpaar Male sang auch Frau v.
Knebel ein Goethe'sches Lied nach Zelter's Composition
sehr schön; sie wurde zuerst durch Hufeland ersucht,
der, wie er versicherte, eine wahre Sehnsucht hatte, die
herrliche Stimme dieser Frau einmal wieder zu hören;
alsdann wünschte Goethe selbst, daß sie noch einmal
singen möchte. Er fühlte wohl, wie Hufeland, daß der
ganzen Gesellschaft eine Erholung Bedürfniß sei, und
Frau v. Knebel erfüllte bereitwillig die ausgesprochenen
Wünsche. . . . Nach den Gesängen aber ging es von
neuem weiter in der alten Weise.

Mehr als eine Anekdote, die von Goethe erzählt
ward, ist mir noch im Gedächtniß. Aber sie zu erzählen, wage ich nicht: jedesfalles würde das An-
muthigste und Pikanteste fehlen: Goethes Augen, Stimme
und Geberdenspiel; denn er erzählte nicht bloß, sondern
er stellte alles mimisch dar. Besonders kam er wiederholt auf zwei alte Gräfinnen, mit welchen er in Verkehr gebracht worden war. Sie hätten einen unermeßlichen Umfang gehabt und deßwegen eine bewunderungswürdige Unbeweglichkeit gezeigt, sobald sie einmal Platz
genommen. Dabei hätten sie eine große Geläufigkeit
der Zunge behalten und ein endloses Geschwätz geführt.
Ihre Stimme sei jungfräulich gewesen, sei aber oft,
wenn sie lebhaft geworden, oder das Gefühl ihrer
Würde an den Tag zu legen für nöthig gehalten, bald
in ein artiges Krähen, bald in ein girrendes Zwitschern

übergegangen. „Mir ſelbſt,“ ſagte Goethe, „waren die
wunderlichen Kugelgeſtalten dieſer Damen am merk=
würdigſten. Ich konnte nicht begreifen, wie es einem
Menſchen, Mann oder Weib, gelingen könne, es zu
einer ſolchen Maſſe zu bringen; auch hätte ich die
Dehnbarkeit der menſchlichen Haut nicht für ſo grenzen=
los gehalten. Sobald ich aber die Ehre erhielt, einmal
mit den edlen Damen zu ſpeiſen, wurde mir alles klar.
Wir andern wiſſen doch wahrlich auch, was eſſen und
trinken heißt, und ich denke, wir geben unſerer vortreff=
lichen Wirthin einen ſchlagenden Beweis, aber ein ſolches
Eſſen — vom Trinken ſage ich nichts — überſtieg doch
meine Vorſtellungen. Jede der beiden Damen nahm
z. B. ſechs harte Eier zum Spinat, ſchnitt jedes Ei
in der Mitte durch und warf nun das halbe Ei mit
ſo großer Leichtigkeit hinunter, wie der Strauß ein
halbes Huſeiſen.“ Übrigens theilte Goethe noch einzelne
Bemerkungen der edlen Damen mit über die Wirkungen
des Karlsbader Sprudels auf ihren Körper, über die
Zeitläufe und über die Geſellſchaften, und einzelne Ur=
theile über Schriftſteller und Kunſtwerke, die prächtig
waren, naiv, drollig, barock, toll. Und ernſthaft ſetzte
er alsdann hinzu: es ſei viel Wahres in dieſen Be=
merkungen und Urtheilen, und er habe manches von
den Damen gelernt.

Noch eine Anekdote mag mitgetheilt werden, weil
ſie uns ungemein ergötzte durch die Weiſe, in welcher
ſie erzählt wurde. Ich will ſie mit Goethes Worten

wiedergeben: die Weise muß freilich ein Jeder hinzu=
denken.

„In meiner Art auf und ab wandelnd, war ich
seit einigen Tagen an einem alten Manne von etwa
78 bis 80 Jahren häufig vorübergegangen, der auf
sein Rohr mit einem goldenen Knopfe gestützt dieselbe
Straße zog, kommend und gehend. Ich erfuhr, es sei
ein vormaliger hochverdienter General aus einem alten,
sehr vornehmen Geschlechte. Einige Male hatte ich be=
merkt, daß der Alte mich scharf anblickte, auch wohl,
wenn ich vorüber war, stehen blieb und mir nachschaute.
Indeß war mir das nicht auffallend, weil mir der=
gleichen wohl schon begegnet ist. Nun aber trat ich
einmal auf einem Spaziergang etwas zur Seite, um,
ich weiß nicht was, genauer anzusehen. Da kam der
Alte freundlich auf mich zu, entblößte das Haupt ein
wenig, was ich natürlich anständig erwiederte, und
redete mich folgendermaßen an: „„Nicht wahr, Sie
nennen sich Herr Goethe?"" — Schon recht. — „„Aus
Weimar?"" — Schon recht. — „„Nicht wahr, Sie
haben Bücher geschrieben?"" — O ja. — „„Und Verse
gemacht?"" — Auch. — „„Es soll schön sein."" —
Hm! — „„Haben Sie denn viel geschrieben?"" —
Hm! es mag so angehen. — „„Ist das Versemachen
schwer?"" — So, jo! — „„Es kommt wohl halter
auf die Laune an? ob man gut gegessen und getrunken
hat, nicht wahr?"" — Es ist mir fast so vorgekommen.
— „„Na schauen S'! da sollten Sie nicht in Weimar

ſitzen bleiben, ſondern halter nach Wien kommen."" —
Hab' auch ſchon daran gedacht. — "Na ſchauen S'!
in Wien iſt's gut; es wird gut gegeſſen und ge-
trunken."" — Hm! — ""Und man hält was auf
ſolche Leute, die Verſe machen können."" — Hm! —
"Ja, dergleichen Leute finden wohl gar — wenn S'
ſich gut halten, ſchauen S', und zu leben wiſſen —
in den erſten und vornehmſten Häuſern Aufnahme.""
— Hm! ""Kommen S' nur! Melden S' ſich bei
mir, ich habe Bekanntſchaft, Verwandtſchaft, Einfluß.
Schreiben S' nur: Goethe aus Weimar, bekannt von
Karlsbad her. Das letzte iſt nothwendig zu meiner
Erinnerung, weil ich halter viel im Kopf habe."" —
Werde nicht verfehlen. — ""Aber ſagen S' mir doch,
was haben S' denn geſchrieben?"" — Mancherlei, von
Adam bis Napoleon, vom Ararat bis zum Blocksberg,
von der Ceder bis zum Brombeerſtrauch. — ""Es ſoll
halter berühmt ſein."" — Hm! Leidlich. — ""Schade,
daß ich nichts von Ihnen geleſen und auch früher nichts
von Ihnen gehört habe! Sind ſchon neue verbeſſerte
Auflagen von Ihren Schriften erſchienen?"" — O ja!
Wohl auch. — ""Und es werden wohl noch mehr er-
ſcheinen?"" — Das wollen wir hoffen. — ""Ja,
ſchauen S', da kauf' ich Ihre Werke nicht. Ich kaufe
halter nur Ausgaben der letzten Hand; ſonſt hat man
immer den Ärger, ein ſchlechtes Buch zu beſitzen, oder
man muß daſſelbe Buch zum zweiten Male kaufen:
darum warte ich, um ſicher zu gehen, immer den Tod

der Autoren ab, ehe ich ihre Werke kaufe. Das ist Grundsatz bei mir, und von diesem Grundsatz kann ich halter auch bei Ihnen nicht abgehen."" — Hm!" —

Die Sitzung dauerte bis gegen 1 Uhr. Etwa in der letzten halben Stunde wurde die Unterhaltung matter, ja flau. Endlich sah Goethe nach der Uhr. Wir erhoben uns. Goethe sagte alsdann noch jedem einzelnen einige verbindliche Worte; zu mir sagte er: „Es freuet mich wirklich, Herr Professor, Ihre Be= kanntschaft gemacht zu haben. Ich hoffe, das wird weiter führen. Sie werden gewiß oft nach Weimar kommen, alsdann bitte ich, mich zu besuchen. In Jena wird es Ihnen schon gefallen, wenn Sie sich nur erst gewöhnt haben." Nach diesen Worten, welche ich so gut, als ich vermochte, beantwortete, wandte er sich ab und ging ein paar Schritte weiter, drehte sich aber sogleich wieder um: „Man muß nichts verschieben. Mit einem neuen Freunde muß man doch auch ein ernstes Wort sprechen, und dazu sind wir heute nicht gekommen. Die Nachwirkung des Bades hat uns auf tolle Dinge gebracht und das ist für alle recht gesund gewesen. Ich reise aber erst übermorgen nach Weimar [?] und habe morgen den Morgen frei. Kommen Sie früh zu mir. Er bestimmte 8 Uhr. Hierauf gingen wir vier Gäste zusammen nach der Stadt zurück, aber in tiefem Schweigen. Am Thore trennten wir uns: Goethe und Riemer gingen um den Graben, Huseland und ich in die Stadt und nach der Sonne.

251.

1806, 19. August.

Mit Heinrich Luden.

Goethe empfing mich ungemein heiter und freund=
lich, lobte meine Pünktlichkeit und erinnerte sich mit
Vergnügen an den gestrigen Abend. Alsdann ging er
ans Fenster. „Es ist ein schöner Tag," sagte er, „warm
bei bedecktem Himmel. Ich denke, wir gehen in den
Garten." Wir gingen und wandelten auf und ab,
kreuz und quer, und ließen uns auch von Zeit zu Zeit
etwas nieder. Er fragte mich zuvörderst über die
Städte, in welchen ich mich in den letzten Jahren auf=
gehalten hatte, über Göttingen und über Berlin. über
Göttingen nicht viel; denn er kannte die Anstalten und
Einrichtungen selbst genau: unter den gelehrten Männern
schien ihn eigentlich nur Blumenbach zu interessiren,
und mit Blumenbach war ich nur sehr wenig bekannt
geworden. Mehr über Berlin. Er erkundigte sich nach
Menschen und Dingen. Ich vermochte über das Meiste
Auskunft zu geben: denn ich war mit den bedeutendsten
Männern, die damals in Berlin lebten, das Militär
ausgenommen, entweder in Verkehr oder doch in Be=
rührung gewesen. Goethe schien mit meiner Auffassung
der Dinge und mit meinen Urtheilen über die Menschen
keineswegs unzufrieden zu sein.

Er hörte mich ruhig an, ließ zuweilen ein bei=

fälliges „Hm! Hm!" vernehmen und sprach sich auch
wohl zustimmend aus, bald erläuternd, bald bestätigend.
Damals hatte ich die Gewohnheit, meine ausgesprochenen
Ansichten, Meinungen oder Urtheile mit einem tüchtigen
Worte aus dem „Faust" zu bekräftigen; eine Gewohn=
heit, der ich nicht gänzlich entsagt habe bis diesen Tag.
Ich muß aber bemerken, daß hier nur von dem alten
„Faust" die Rede ist, von dem Fragmente, das sich
noch nicht für eine Tragödie gab, wie er im 7. Bande
von Goethes Schriften, Leipzig bei Göschen 1790, zu
finden ist. Als ich nun einige Male diesen „Faust"
angeführt hatte, sagte Goethe, den bisherigen Gang des
Gespräches abbrechend:

„Sie scheinen sehr belesen im „Faust". Hat das
wunderliche Gedicht auch Sie so stark angezogen?"

Ich glaube, Ew. Excellenz, ich würde den „Faust"
vom Anfange bis zum Ende herrecitiren können; nur
die tolle Wirthschaft in der Hexenküche dürfte mich in
einige Verwirrung bringen.

„Wo und wie haben Sie die Bekanntschaft ge=
macht? Doch wohl in Berlin; denn in Göttingen be=
kümmert man sich wohl nicht viel um den tractatum
de Fausto."

So arg, Ew. Excellenz, ist die Philisterei denn doch
in Göttingen nicht, und ich habe wirklich in Göttingen
viel Interesse für den Faust gefunden. Ich selbst hatte
ihn aber schon vor acht Jahren, als ich in Bremen
auf der Schule war, gelesen, aber freilich damals nicht

mit ſehr großer Theilnahme. Ich hatte nämlich als
Knabe in meinem Geburtsorte ein Puppenſpiel geſehen,
„der Erzzauberer Dr. Fauſt" genannt. Das Ding
mochte ſchlecht genug ſei, ergötzte oder ergriff mich je=
doch unbeſchreiblich. Bald nachher fiel mir das bekannte
Volksbuch, das in Köln, denke ich, gedruckt iſt, in die
Hände, und regte meine Phantaſie gewaltig an. Als
mir daher in Bremen, etwa im J. 1797 oder 1798,
der Goethe'ſche „Fauſt" vor die Augen kam, griff ich
mit beiden Händen zu, ſand aber meinen alten Fauſt
nicht wieder. Indeß las ich fleißig in demſelben, viele
Reime, Kernſprüche enthaltend, blieben mir im Gedächt=
niſſe hängen, und ich warf dieſen und jenen häufig in
ein Geſpräch hinein, oft zu rechter, zuweilen wohl auch
zu unrechter Zeit, niemals jedoch verſehlten ſie ihre
Wirkung auf meine jungen Genoſſen. Während meines
Aufenthaltes in Göttingen, vom J. 1799 an, kamen
einige Studirende aus Jena nach dieſer Univerſität.
Es waren zum Theil ſchon reifere Jünglinge. Einige
waren Fichte's Zuhörer geweſen: viele hatten Schelling
gehört und die Schlegel; auf alle hatte das damalige
philoſophiſche und äſthetiſche Treiben in Jena einge=
wirkt, und das Theater in Weimar hatten ſie nur ſo
oft verſäumt, als der leere Beutel Einſprache that.
Mehrere von dieſen jungen Männern wurden mir be=
freundet; unter ihnen ein Dr. Winkelmann.

„Winkelmann?"

Ja, Ew. Excellenz, Winkelmann aus Braunſchweig,

ein Verwandter des berühmten Winkelmann. Es war
eine große derbe Gestalt. Aber auf dem unbehülflichen
Rumpf saß ein sehr schöner Kopf.

„Ich glaube ihn gesehen und auch einige Worte
mit ihm gesprochen zu haben."

Er rühmte und freute sich dieser Ehre. — Da nun
mein häufiges Berufen auf den „Faust" zunächst die
Veranlassung zu unserer näheren Bekanntschaft gegeben
hatte, so wurde der „Faust" gar oft der Gegenstand
unserer Gespräche, unserer Discussionen und Dispu=
tationen.

„Wie so? wie kam es denn unter ihnen zu Dis=
putationen?"

Meine Freunde hatten den Kopf voll von allerlei
Ansichten und Ideen, die mir nicht immer recht klar
und faßlich waren, sprachen dieselben in Worten aus,
die mir oft wunderlich vorkamen, schienen aber doch so
viel bei diesen Worten zu denken, daß sie unsereinen
halb vornehm, halb mitleidig anblickten, so daß man
nicht umhin konnte, ein Mal heraus zu fahren und den
Selbstseligen entgegen zu treten.

„Ich kenne das! Aber was brachten sie denn über
den „Faust" vor, diese Philosophen?"

Genau, Ew. Excellenz, wüßte ich das in der That
nicht mehr zu sagen: auch würde ich es vor Ihnen
nicht ohne einige Befangenheit aussprechen können.

„Sagen Sie es nur immer ganz unbefangen. Es
würde mir doch interessant sein, zu hören, wie von den

jungen Leuten die Ideen ihrer Lehrer aufgefaßt werden.
Denn diese Ideen waren es doch wohl im Grunde,
welche sie sich in ihrem Kopf und auf ihre Weise zu-
rechtgelegt hatten."

Ohne Zweifel. Es waren aber lauter „hohe Intuitionen". Es waren mystische Worte, die aus dem
Ungeheuern hervorzukommen und an das Ungeheuere
gerichtet zu sein schienen. Sie verwarfen meine Auffassung des Einzelnen im „Faust", welchem ich den
Sinn gab, der in den Worten liegt, und behaupteten, man müsse sich zu der Anschauung des Geistes
erheben, aus welchem das Einzelne hervorgegangen sei.
In der Anschauung dieses Geistes aber erkenne man
und müsse man erkennen, daß dieses Fragment, „Faust"
genannt, ein Bruchstück aus einer großen, erhabenen,
ja göttlichen Tragödie sei. In dieser Tragödie, wenn
sie einst vollendet erscheine, werde der Geist der ganzen
Weltgeschichte dargestellet sein; sie werde ein wahres
Abbild des Lebens der Menschheit sein, Vergangenheit,
Gegenwart und Zukunft umfassend. In Faust sei die
Menschheit idealisirt; er sei der Repräsentant der
Menschheit. Bei seinem Auftritt in dem Fragmente
habe er sich schon von dem Unendlichen, oder dem Ab-
soluten, nicht nur losgerissen, sondern er sei auch schon
von dem Gefühle des Unglückes dieser Losreißung
durchdrungen. In ihm sei die Sehnsucht nach der
Wiedervereinigung erwacht; aus dieser Sehnsucht sei
sein Durst nach Wissen und Erkennen hervorgegangen;

er habe in demselben nach allen Seiten ausgegriffen,
und alle Wissenschaften „durchaus mit heißem Bemühn
studirt". Aber er habe das Unendliche nicht zu erkennen vermocht; denn das Unendliche sei nicht zu erkennen, sondern es müsse angeschaut und gelebt werden.
Deßwegen habe er Zweifel gegen all sein Wissen gefaßt, und all sein Erkennen für nichts erachtet; er sei
in Verzweifelung gerathen, und habe diese Verzweifelung
in sinnlichen Genüssen zu betäuben gesucht, ohne jemals
das Streben nach dem Unendlichen aufzugeben. So
sei er verirrt, so zu Schlechtigkeiten und Verbrechen
gekommen, zu welchen Mephistopheles, die Personifi-
cation des bösen Princips, ihm gerathen, ihn verleitet
und unterstützt habe. Auf diesem Wege der Verirrung,
den übrigens Faust stets richtig erkenne, wandele derselbe noch, wo das Fragment abbricht; „er taumele
noch von Begierde zu Genuß, und verschmachte noch
im Genuß vor Begierde". Aber schon ekele ihm „vor
dem Gefährten, obgleich er denselben nicht mehr entbehren könne". Aber er sei schon zu dem Gefühle gekommen, daß dieser Gefährte „ihn kalt und frech vor
ihm selbst erniedrige". Das sei ein Beweis, daß er
bald zurückkehren werde zu der Wahrheit, zu dem Unendlichen, und daß er alsdann dieses Unendliche nicht
mehr zu erkennen suchen, sondern daß er es anschauen,
daß er es leben, und durch dieses Leben des Unendlichen oder im Unendlichen selig sein werde. Das sei der
Gang der Menschheit, das der Geist der Weltgeschichte. —

In diesen oder ähnlichen Worten, welche mir unge=
fähr dasselbe zu bedeuten schienen, theilten meine Freunde
ihre Jenaische Weisheit mit, und dieselben Phrasen habe
ich später auch in Berlin häufig genug anhören müssen.

„Haben Sie Schlegel's Vorlesungen beigewohnt?"

Nein, Ew. Excellenz. Ich habe nur einpaar Male
hospitirt. Überhaupt bin ich in Berlin nur Fichte's Zu=
hörer gewesen, und auch nur in den wissenschaftlichen
Vorträgen, nicht in den populären.

„Sie scheinen also nicht viel auf Schlegel zu halten,
oder sind wohl selbst ein Gegner?"

Keinesweges. Ich verehre Schlegel's Verdienste um
die deutsche Literatur auf das Höchste, und bin ihm
selbst große Dankbarkeit schuldig: denn ich habe manches .
von ihm gelernt und bin, was ich noch höher anschlage,
oftmals mächtig durch ihn angeregt worden zum Lernen
und Denken. Seinen Vorträgen aber konnte ich nicht
wohl beiwohnen, weil sie für die Ordnung meiner Zeit
unbequem fielen. Auch bedurfte ich des Zuhörens kaum;
denn mein Freund Kohlrausch schrieb fleißig und ver=
ständig nach und erstattete mir immer getreulich Be=
richt zu gegenseitiger Besprechung. Und endlich muß
ich auch gestehen, daß ich lieber las, was Schlegel ge=
schrieben hatte, als anhörte, was er sagte. Seine Per=
sönlichkeit hatte für mich etwas Störendes. Übrigens
habe ich bei den Worten, daß ich in Berlin dieselben
Phrasen hätte anhören müssen, die ich in Göttingen
angehört hatte, durchaus nicht an Schlegel gedacht.

„Aber Sie haben nicht blos angehört, sondern Sie haben disputirt."

Nur in Göttingen mit meinen jungen Freunden. In Berlin habe ich die Redensarten nur angehört, habe zugestimmt und zuweilen etwa gelacht.

„Gelacht?"

Versteht sich: in mich hinein.

„Aber eben damit haben Sie stillschweigend das Disputiren fortgesetzt. Sie sind nicht zu der Meinung Ihrer Gegner übergegangen, sondern in der Opposition geblieben. Sie haben Ihre Argumente also fortwährend für stark genug gehalten um die Gegner aus dem Felde zu schlagen. Darf man denn die Gründe nicht kennen, mit welchen Sie gestritten haben?"

In der That, Ew. Excellenz, würde ich kaum im Stande sein, vor Ihnen diese Gründe auszusprechen. Sie waren gar verschieden, heute andere, als gestern, wie der Augenblick sie eingab. Auch waren sie von sehr verschiedener Art.

„Es würde mich doch interessiren, sie kennen zu lernen, wenigstens in der Hauptsache. Auch scheint mir billig, da Sie so gütig gewesen sind, die Meinungen des einen Theiles mitzutheilen, die entgegenstehenden Meinungen auszusprechen. Und thun Sie das nur mit völliger Unbefangenheit: vergessen Sie, daß der Dichter des „Faust" mit Ihnen spricht."

Meine Freunde aus Jena waren natürlich sämmtlich große Philosophen. Ich war im ersten Jahre

meines Universitätslebens nicht eben zum Studium der
Philosophie angeregt; denn die Lehrer in Göttingen,
Buhle und Bouterwek, verstanden es, bei aller Gelehr-
samkeit, keinesweges, für dasselbe zu begeistern. Jene
Freunde nöthigten mich zu diesem Studium, und ich
stürzte mich hinein mit dem feurigsten Eifer. Ich
studirte die Schriften von Kant und Fichte, auch alles
was von Schelling und Hegel ausging, und las alles,
was die Schlegel schrieben und diejenigen, die auf deren
Seite standen, wie z. B. die „Herzensergießungen eines
kunstliebenden Klosterbruders" und vieles Andere. Aber
zugleich pflegte ich meine alte Liebe für die Geschichte,
und Thibaut hatte mich durch seinen anmuthigen Vortrag für die Mathematik gewonnen. So kam es denn,
daß ich durch die Intuitionen nicht geblendet wurde,
daß ich verlangte, ein Begriff müsse bei dem Worte
sein, daß ich Worte verwarf, welche sich einstellten,
wenn Begriffe fehlten, wie trefflich sich auch mit denselben streiten ließ. Wir disputirten über alle Gegenstände der Philosophie, zuweilen ich allein gegen mehrere,
zuweilen unterstützt von göttingischen Freunden, besonders von einem herrlichen Jüngling Ebers aus Han-
nover, einem tüchtigen Philologen, Wolf's Schüler, mit
welchem ich den Plato las. Unser Streit wurde zuweilen so heftig, daß wir die Freundschaft aufkündigten
und grimmig auseinander liefen; aber am folgenden
oder am dritten Tage suchten wir uns wieder auf und
wandelten mit einander auf der alten Bahn, als wäre

nichts vorgefallen. Bei diesen Disputationen kamen
wir denn auch oft auf den „Faust" zurück, und ich
holte bald dieses, bald jenes Geschütz aus meinem
Arsenal hervor, um den Bau meiner Freunde zu be=
schießen.

„Das ist recht hübsch. Ich hätte kaum geglaubt,
daß man es in dieser Weise in Göttingen getrieben
habe. Ihre übrigen Disputationen würden uns zu
weit führen; was Sie aber gegen die Ansichten Ihrer
Freunde vom „Faust" vorgebracht haben, wäre ich
wohl begierig der Hauptsache nach zu erfahren. Gelang
es Ihnen, den Feind mit Ihrem Geschütz aus dem
Felde zu treiben?"

Nein, Ew. Excellenz; aber ich habe ihn doch zu=
weilen in seinem Lager stark beunruhigt. Mehr war
nicht zu gewinnen; denn, wer Recht behalten will und
hat nur eine Zunge, behält's gewiß. Man verwarf
meine argumenta ad hominem, und wandte sich mit
der Behauptung hinweg, ich stecke noch in der Sphäre
des gemeinen Menschenverstandes, und man könne nur
mit dem ordentlich disputiren, der sich zu der Höhe
der wahren Philosophie erhoben habe. Das mußte ich
mir denn wohl gefallen lassen und abwarten, ob der
Streit wieder anfangen würde: Gewöhnlich dauerte es
nicht lange.

„Nun, so fahren Sie doch eine oder die andere
Ihrer Batterien vor, damit man ihre Stärke und Trag=
weite erkenne."

4 *

Wenn Ew. Excellenz es wollen, so gehorche ich dem
wiederholten Befehl; ich muß aber um Nachsicht und
zu erwägen bitten, daß ich Student war.   Auch können
natürlich nur ein paar Beispiele gegeben werden.

„Ganz recht, ganz Recht. Geben Sie nur!“

Meine Freunde hatten, wie gesagt, behauptet: der
„Faust“ sei oder werde sein eine divina tragoedia, in
welcher der Geist der ganzen Weltgeschichte dargestellt,
in welcher das ganze Leben der Menschheit sei, Ver=
gangenheit, Gegenwart und Zukunft umfassend.   Dieser
Behauptung stellte ich den Begriff der Tragödie ent=
gegen, wie derselbe von alten und neuen Philosophen
bestimmt worden, und behauptete alsdann, eine Dar=
stellung der Weltgeschichte könne unmöglich eine Tra=
gödie sein.   Allerdings gab ich gern zu, daß der bis
jetzt geltende Begriff von Tragödie zu eng sein möge.
Wie es früher dramatische Dichtungen einer gewissen
Gattung gegeben habe, ehe man den Namen Tragödie
gefunden und mit demselben jene Gattung bezeichnet
habe, so könnten wohl neue Dichtungen nöthigen, den
Begriff der Tragödie zu erweitern.   Wie man ihn aber
auch fassen möge, so lange es ein Begriff bleibe, eine
bestimmte Dichtungsgattung umfassend, so lange dieser
Gattung andere Gattungen gegenüber ständen, so lange
könne und dürfe die Weltgeschichte nicht als Tragödie
bearbeitet werden, und eben so wenig als Komödie oder
als Schäferspiel.   Denn die Weltgeschichte sei, der Idee
nach, alles, und Tragödien und Komödien seien kleine

Theile derselben. Auch scheine mir die Einschränkung,
daß es nicht die Weltgeschichte sei, die dargestellt werde,
sondern der Geist der Weltgeschichte, oder, wie auch ge=
sagt worden, der Geist der Menschheit, nicht weiter zu
führen; denn leiblich erscheine der Geist der Menschheit
doch nicht in dem Fragmente, und werde auch nicht
in dem vollendeten „Faust" leiblich erscheinen können,
um in eigener Person zu tragiren. Auch begriffe ich
nicht, mit wem der Geist der Menschheit, falls er in
Person erschiene, tragiren sollte; ich begriffe nicht, wen
man diesem Geiste gegenüber oder an die Seite stellen
könnte. Ich fürchtete daher, demselben werde nichts
übrig bleiben, als endlose Monologen zu halten, oder
sich einsam in der freien Luft zu ergehen. Und wie
denn der Geist der Menschheit, wie er sich in der Welt=
geschichte offenbare, gedacht werden könne? Wir sprächen
zwar von einer Geschichte der Menschheit, und von
einem Geiste der Geschichte der Menschheit und philo=
sophirten über die Menschheit und ihre Geschichte, aber
wir bezögen diese Ausdrücke doch nur auf die Ver=
gangenheit. Von der Zukunft, die sie auch in die gött=
liche Tragödie hinein ziehen wollten, gelte noch immer
Horazens Wort: futuri temporis exitum caliginosa
nocte premit Deus. Die Vergangenheit aber, soweit
wir dieselbe geschichtlich zu erkennen vermögen, sei sehr
kurz, und doch abstrahirten wir aus ihr allein das
Leben der Menschheit indem wir aus dem eigenen
Geiste und den eigenen Gefühlen hinzuthäten, was uns

nöthig oder wünschenswerth zu sein scheine. Es wäre
nicht nur möglich, sondern sogar wahrscheinlich, und
ich glaubte, wir müßten es wünschen, daß unsere Nach=
kommen nach 10 000 Jahren die Weltgeschichte ganz
anders auffaßten, als wir, und in ihr, wenn nicht einen
ganz anderen Geist, doch denselben Geist viel klarer,
deutlicher und bestimmter erkennen würden; es wäre
möglich, daß sie Alles, worin wir es so herrlich weit
gebracht zu haben glaubten, nur als Anfänge, als kin=
dische Versuche betrachteten und all unsere Weisheit
als knabenhafte Thorheit.

„Hm! Hm!" — (dem Laute nach halb beifällig
und halb zweifelnd.) —

Eben deßwegen hielte ich nicht für denkbar, daß
irgendeinem Menschen der ungeheure Gedanke in den
Kopf kommen könne, das Leben der Menschheit, wenn
nicht für das Theater, doch jedes Falles in dramatischer
Weise zu bearbeiten, und am wenigsten könnte ich mir
dieses von dem Dichter des „Faust" vorstellen, in dessen
übrigen Schöpfungen z. B. in meinen Lieblingsgedichten
der „Iphigenia" und dem „Torquato Tasso", alles so
hell und lauter erscheine, so wahr, menschlich und schön,
so scharf und gerundet.

Dieses letzte Argument ward aber auf eine Weise
schnöde verworfen, welche ich, da ich ein Mal in das
Schwatzen hineingekommen bin, nicht unberührt lassen
möchte, weil sie am besten zeigen kann, wie es in den
Köpfen einiger meiner Freunde aussah.

„Nun, ich bin begierig!"

Meine Freunde gaben zu, daß der Dichter des „Faust" den Gedanken gar nicht gehabt haben möge, ja vielleicht einen ganz anderen, aber sie behaupteten, daß er diesen Gedanken dennoch gegen sein Wissen und seinen Willen dem Gedichte zum Grunde gelegt und die ganze Dichtung mit demselben durchdrungen habe. Sie sahen nämlich die dichtende Kraft oder den Dichtergeist als eine unabhängige, freiwirkende Gewalt an, welche den Menschen, den man den Dichter zu nennen pflegt, nöthige, zu dichten und so zu dichten, wie er eben dichtet. Sie nahmen an, die Dichtung bringe aus dem s. g. Dichter hervor, wie etwa der Quell aus dem Felsen. Wie alte Theologen sich die Inspiration dachten, als habe der heilige Geist den heiligen Schriftstellern die Hand geführt, damit sie eben schreiben mußten, was sie geschrieben haben, kein Jota zu viel und kein Jota zu wenig, so dachten sie sich den Dichtergeist wie eine mystische Macht, die den Menschen, in welchem sie wohnt oder welchen sie erfaßt, nur als Werkzeug gebraucht, um sich in der Weise vor der Welt zu bewähren, in der sie sich eben bewähren will. Rhythmus, Metrum, Reim, alles ist nicht Werk des dichtenden Menschen, sondern die Wirkung des dichterischen Geistes, welchem der Mensch nicht zu widerstehen vermöge, er möge sich stellen, wie er wolle.

„So? Ei, das ist ja ganz charmant!"

Meine Gegenbemerkungen, z. B., daß zwar Gott

nach einem alten Sprichworte, seine Gaben wunderbar
vertheile und seinen Freunden vieles im Schlafe gebe,
daß ich aber doch, wie hoch ich auch den Dichter ehre,
nicht umhin könne, nur Einen Geist anzunehmen, der
sich zwar im Dichter anders offenbare als im Bildhauer, im Redner, im Geschichtschreiber, der aber doch
immer derselbe bleibe; daß ferner die Dichter gerade
bei ihren schönsten Werken tüchtige Vorstudien zu
machen gehabt hätten, und namentlich der Dichter des
„Faust" für den „Götz", für die „Iphigenia", für den
„Tasso", ja, daß sich fast alle Gedichte entweder auf
Selbsterlebtes oder auf überliefertes bezögen, und daß
das Studium wie das Erleben bei dem Dichter ganz
auf dieselbe Weise vorgehe, wie bei anderen Menschen;
daß manche Dichter sich Jahre lang mit Entwürfen zu
dichterischen Schöpfungen herumgetragen, und diese Ent-
würfe, zuerst ganz im Allgemeinen aufgefaßt, nach und
nach schärfer gestaltet, selbst verändert, auch wohl Winke
und Belehrung von kritischen Freunden erhalten und
befolgt hätten, ehe sie zu der Ausführung geschritten;
daß sie auch die Darstellung selbst nicht selten über-
arbeiteten, um den Stoff zu reinigen und die Form
zu verbessern; die verschiedenen Ausgaben gäben Zeug-
nisse, daß viele Dichter die Musen um Beistand ange-
flehet, viele über die Hindernisse geklagt hätten, welche
ihnen die Sprache in den Weg lege, und daß es
daher offenbar sei, auch der Dichter habe seine Werk-
statt, und er empfinde bei der Arbeit dieselben Ge-

burtswehen, an welchen andere Sterbliche zu leiden hätten —

„Da haben Sie wohl Recht."

— Diese Gegenbemerkungen wurden als unphiloso= phisch, prosaisch und gemein zurückgewiesen. Und um mich vollends von der Nichtigkeit derselben zu über= zeugen, wurde z. B. folgende Anekdote erzählt. Ew. Ex= cellenz wären ein Mal in einem lebhaften Gespräche verwickelt gewesen. Sie hätten an einem Tische ge= sessen, auf welchem Ihr rechter Arm geruht habe. Während des Gespräches hätten Sie eine Bleifeder er= griffen und ein Stück Papier, beides mechanisch; denn Sie hätten gar nicht hingesehen. Sie hätten ange= fangen zu zeichnen, die Augen abgewendet und das Gespräch ununterbrochen fortsetzend. Am Ende hätte sich ergeben, daß Sie eine recht schöne Landschaft ge= zeichnet, und darüber seien Sie höchst verwundert ge= wesen; denn Sie hätten gar nicht gewußt, daß Sie die Bleifeder in der Hand gehalten, vielweniger, daß Sie gemalt hätten. So habe die dichterische oder die schaffende Kraft in Ihnen sich Ihrer Hand als bloßen Werkzeugs bedient; denn sie habe sich offenbaren müssen, diese Kraft, und habe sich in diesem Augenblicke nicht anders offenbaren können.

„So?"

Ein zweites Beispiel. Meine Freunde behaupteten, Faust sei, oder solle sein, der Repräsentant der Mensch= heit und Mephistopheles das personificirte Böse.

Ich leugnete beides. Was Faust sein solle, sagte
ich, oder was er einst sein werde, wenn die ganze Tragödie vollendet sei, lasse ich auf sich beruhen. Aber in
dem Fragment sei er offenbar nicht Repräsentant der
Menschheit, sondern ein einzelner. Neben ihm erschienen
ja auch andere Menschen, wie der ehrliche Wagner, die
tapferen Burschen, Frosch, Brander, Siebel und Con-
sorten, die lüsterne Frau Marthe und das wunder-
liebliche Gretchen, welche sämmtlich doch auch zur
Menschheit gehörten und, so zu sagen, einen Theil der
Menschheit in sich trügen, wenn auch nur einen sehr
kleinen. Wollte man aber den Faust etwa einen Re-
präsentanten der Menschheit nennen, wie ein Gesandter,
der Repräsentant eines Reiches oder eines Volkes sei,
oder ein Deputirter im englischen Parlamente der Repräsentant einer Grafschaft, einer Stadt, eines Fleckens,
so fürchtete ich, es würde ihm nicht möglich sein, seinen
Vollmachtsbrief vorzuzeigen. Auch sei es doch sonderbar, daß das Böse, welches sich im Leben der Menschheit finden möge, hier als Person neben dem Reprä-
sentanten der Menschheit als gehorsamer Diener her-
laufe und dergleichen mehr.

„Alles Dieses läßt sich hören; es sind jedoch nur
Negationen, was Sie vorbringen oder vorgebracht haben,
die nicht weiter führen. Indem Sie aber die Ansichten
anderer von dem „Faust" zu widerlegen suchten und
zu diesem Zweck den „Faust" abermals und abermals
lesen mußten, sind Sie ohne Zweifel zu einer eigenen

Ansicht von dem wunderlichen Gedicht gekommen, die solchen Gründen als Sie aufgestellt haben, zu wider=stehen im Stande ist. Wollen Sie nicht wenigstens zum Schlusse unserer Unterhaltung diese Ansicht, die Sie selbst aus der Lectüre des „Faust" gewonnen haben, mittheilen?"

In der That, Ew. Excellenz, habe ich wohl Ver=suche gemacht, die Idee, welche der Dichter darzustellen unternommen habe, aufzufinden, und aus derselben das Einzelne in dem Gedichte zu erklären: es hat auch wohl Augenblicke, vielleicht Stunden und Tage gegeben, in welchen ich an die Richtigkeit dieser Idee geglaubt habe. Aber sie ist mir immer wieder, wie man zu sagen pflegt, unter den Händen zerronnen, und mein Glaube ist verschwunden. Daher, wie ich alles Streiten längst aufgegeben habe, so habe ich auch aller Grübelei ent=sagt. Ich freue mich dessen, was wir haben, nehme es, wie es vorliegt, und überlasse anderen zu ergrün=den, was vielleicht unergründlich ist.

„Wie ist denn das möglich?"

Ich lese die einzelnen Scenen, und oft, und mache das Büchlein immer mit neuer Lust wieder auf. Des ge=lehrten Doctors Selbstpeinigung, die allerdings bei einem Manne von 54 Jahren etwas auffallend ist —

„Warum geben Sie ihm denn grade 54 Jahre?"

Auf und ab. Da Faust sich durch den Hexentrank 30 Jahre vom Leibe schaffen, und doch wohl, weil er nach gewissen Genüssen lüstern ist, nicht als unreifer

Bursche erscheinen will, so dächte ich 54 Jahre wären
ungefähr ein angemessenes Alter.

„Nun, ich habe Sie unterbrochen, fahren Sie doch fort!"

Des Doctors Selbstpeinigung erregt mein Mitleid
und macht mich besorgt für den Mann; seine weisen
Lehren gewinnen meinen Beifall, sein Streben nach
tieferer Erkenntniß meine Achtung, sein Gebet im Walde
greift tief in meine Brust, und sein Gespräch mit Gret=
chen über Religion spricht lebendig zu meinem Herzen.
Bei allen diesen Vorgängen nehme ich ihn, wie er eben
erscheint, und suche weder den eitlen Hans in der
Hexenküche, noch den groben Gesellen im Verkehre mit
Mephistopheles, oder den arglistigen Verführer der
Margaretha mit ihm, in jenen Vorgängen, in über=
einstimmung zu bringen. Und auf dieselbe Weise fasse
ich die übrigen Personen, wie sie sich eben geben, jedes
ihrer Worte in dem einfachen Sinne nehmend, den sie
in der Sprache haben.

„Ja; so mögen denn die Orakelsprüche, Sentimen=
talitäten, Schelmereien, Spitzbübereien und Schweine=
reien auch ihr Interesse haben. Aber es ist ein klein=
liches, ein zerhacktes Interesse. Ein höheres Interesse
hat doch der Faust, die Idee, welche den Dichter beseelt
hat, und welche das einzelne des Gedichtes zum Ganzen
verknüpft, für das Einzelne Gesetz ist und dem Einzelnen
seine Bedeutung giebt."

Darüber könnte freilich der Dichter den besten Auf=
schluß geben.

„Mit diesem Aufschlußgeben wäre die ganze Herr=
lichkeit des Dichters dahin. Der Dichter soll doch
nicht sein eigener Erklärer sein und seine Dichtung in
alltägliche Prosa sein zerlegen: damit würde er auf=
hören Dichter zu sein. Der Dichter stellt seine Schöp=
fung in die Welt hinaus; es ist die Sache des Lesers,
des Ästhetikers, des Kritikers, zu untersuchen, was er
mit seiner Schöpfung gewollt hat.“

Ich gebe dieses alles sehr gern zu, Ew. Excellenz,
aber mir scheint doch auch, daß es dem Leser oder
Kritiker unmöglich sein werde, die Idee der ganzen
Schöpfung anders, als aus der ganzen Schöpfung zu
gewinnen.

„Aber wir erkennen doch im Torso den Herkules.“

In tantum, Ew. Excellenz. Wir erkennen in dem
schön bearbeiteten colossalen Block, den ich leider nicht
gesehen habe, daß derselbe der Rumpf einer kolossalen
Statue gewesen sein müsse, und wir sind, so zu sagen,
stillschweigend übereingekommen, in dieser Statue den
Herkules zu sehen, weil wir sie sonst nicht unterzu=
bringen wissen. Wenn aber irgend ein Zauberer die
Statue wieder herstellte und ihr den Torso ohne Fuge
und Naht einverleibte: so würde sich doch vielleicht
zeigen, daß selbst Winkelmann sich geirrt habe, und
daß der Torso nicht einem sitzenden Herkules den
Kopf auf die Hand gestützt und das Auge zum
Himmel gerichtet angehöret habe. Ich sage, das wäre
möglich.

„Soll ich etwa an Statt des Torso die Löwen=
klaue nennen?"

Wenn uns eine abgeschnittene Klaue dargeboten
würde, also ein Fragment eines Löwen, so würden wir
gewiß erkennen, daß es eine Löwenklaue sei, aber ich
fürchte den Löwen, von welchem sie abgeschnitten ist,
würden wir nimmermehr erkennen. Und wenn das
Geschlecht der Löwen ausgestorben wäre, und die abge=
schnittene Klaue würde einem großen Kenner der Natur
vor die Augen gelegt, so würde er gewiß sogleich be=
haupten, es sei die Tatze eines großen und starken
Thieres, etwa aus dem Katzengeschlechte; ob er aber
aus dieser Tatze den Löwen, wie er leibt·und lebt, zu
construiren im Stande sein würde, scheint mir weniger
gewiß. So halte ich für unmöglich, daß Jemand den
„Faust" zu lesen vermöchte, ohne den großen und ge=
waltigen Dichtergeist zu erkennen, der, ich möchte sagen,
in jeder Zeile wehet und wirkt, einen Dichtergeist, den
das Heiligste durchdrungen und das Gemeinste ins
Auge gefaßt hat, ohne von demselben besudelt oder nur
berührt zu werden. Aber für unmöglich halte ich, aus
dem Fragment einen ganzen „Faust" zu construiren,
oder in dem Fragment eine Idee aufzufinden, aus
welcher die vorliegenden Scenen ebensowohl erklärt
werden könnten, als was noch an einem Ganzen
fehlen mag.

„Und dennoch hat man allgemein einen Mittelpunkt
gesucht, aus welchem heraus das einzelne, sich gegen=

seitig ergänzend, erwachsen sei und ferner erwachsen könnte. Und große Gelehrte und geistreiche Männer haben es nicht für zu gering gehalten, sich nach diesem Mittelpunkt umzusehen."

Das zeugt jedes Falles für das allgemeine Bedürfniß eines solchen Mittelpunktes.

„Was hat denn aber dieses Bedürfniß erzeugt? Doch ohne Zweifel das Fragment selbst. Das Einzelne, das Ihnen zu genügen scheint, hat andere nicht befriedigt, und doch haben sie das Büchlein nicht hinweg geworfen, sondern sie haben es festgehalten, oder es von Neuem und abermals wieder in die Hand genommen. Es muß also doch Etwas in dem Büchlein sein und durch das Büchlein hindurch gehen, das auf den Mittelpunkt hinweist, auf die Idee, die in allem und jedem hervortritt."

Ich habe nicht gerade gesagt, Ew. Excellenz, wenigstens hätte ich nicht sagen sollen, das mir das Einzelne genüge, sondern ich habe nur sagen wollen, daß ich mich des Vorhandenen freue, und daß ich das tiefere Forschen darum aufgegeben habe, weil meine Versuche mißlungen wären, und weil mir auch die Versuche Anderer mißlungen zu sein schienen. Und dann gestehe ich auch, daß die beständige Erneuerung dieser Versuche, den Mittelpunkt oder die Grund-Idee des Faust aufzufinden nicht gerade so zu erklären sein dürfte, wie Ew. Excellenz sie zu erklären geruhet haben.

„Wie wollten Sie dieselbe denn anders erklären,
als aus der poetischen Richtung des Einzelnen, welche
auf einen nothwendigen Zusammenhang, also auf einen
Mittelpunkt, auf eine Grundidee hinweist überall?"

Das könnte vielleicht auf mehr, als Eine Weise ge=
schehen. Wenn aber Ew. Excellenz mir verstatten
wollen, nur eins anzuführen, das mit gewirkt haben
könnte zu diesem allgemeinen Eifer in der Erklärung
des „Faust", so möchte ich mir fast erlauben, mit
Worten aus dem Faust zu sprechen, wenn es auch
Hexen= und Teufelsworte sind:

> Aus Eins mach' Zehn,
> Und Zwei laß gehn,
> Und Drei mach' gleich,
> So bist Du reich.
> Und Neun ist Eins,
> Und Zehn ist keins.

„Wie gehört dieses Hexeneinmaleins hierher? Was
wollen Sie damit sagen?"

Mit andern Worten:

> — Ein vollkommner Widerspruch
> Bleibt gleich geheimnißvoll für Kluge wie für Thoren.

Und je geheimnißvoller der Widerspruch ist und je
rascher sich ein Widerspruch an den anderen drängt,
als sollten sie sich gegenseitig, wie ergänzen, so erklären
oder auflösen, desto stärker und allgemeiner, denke ich,
muß das Verlangen werden, wenn der gemeine Aus=
druck verstattet ist, dahinter zu kommen.

„Im Allgemeinen möchte in dieser Bemerkung immer
einige Wahrheit sein. Auf den besonderen Fall aber
angewandt, scheinen Sie die große Theilnahme, welche
der „Faust" gefunden hat, nicht dem Werke selbst, nicht
der Macht der Poesie zuzuschreiben, sondern einem
mystischen Etwas, das hinter dem „Faust" liegt; die
Leser werden nicht angezogen durch das, was ihnen
dargeboten ist, sondern durch Etwas, was sie zu suchen
veranlaßt werden, und was sie niemals zu finden ver=
mögen."

So ist es nicht gemeint, Ew. Excellenz. Ich habe
ja von mir selbst gesagt, daß ich mich des Gegebenen
herzlich erfreue, und ich hätte hinzusetzen können, daß
ich des „Faust" erst recht froh geworden bin, seitdem
ich mich entschlossen habe, das einzelne zu genießen,
und das Suchen nach einer Grundidee, nach einem
Mittelpunkt, wodurch mir der Genuß verkümmert
worden war, gänzlich aufzugeben. Es ist aber eben
die Macht der Poesie, welche das ergriffene Gemüth
überwältigt und den klügelnden Verstand anreizt, noch
einen tieferen Sinn in den Worten und Darstellungen
zu vermuthen: er weiß sonst den Eindruck nicht zu
erklären; denn er ist eben nicht poetisch, der Verstand.
Würden ihm die Widersprüche in schlichter Prosa
dargeboten, oder in Reimen ohne Poesie, so würde er
die Widersprüche ohne Weiteres als unvernünftig zur
Seite schieben.

„Also abermals die Widersprüche? Wollten Sie

nicht die Güte haben, den einen oder den anderen dieser Widersprüche etwas näher zu bezeichnen, an welchen Sie Anstoß genommen haben, oder welche Ihnen so geheimnißvoll zu sein scheinen, daß Kluge und Thoren sich zu der Auflösung aufgefordert fühlen?"

Hätte ich ahnen können, daß mir die Ehre zu Theil werden würde, mit Ew: Excellenz diesen Morgen ein solches Gespräch zu führen, so würde ich den „Faust" einmal wieder durchgelesen haben, um Alles frisch und lebendig aufzufassen; denn es ist mir in der letzten Zeit so mancherlei durch den Kopf gegangen, daß eins und das andere im „Faust" doch zurückgetreten ist. Und deßwegen, und weil ich ohnehin doch nur wenig werde vorbringen können, will ich den ganzen wunder= lichen Hexenspuk übergehen, obwohl derselbe, als dem Glauben einer früheren Zeit angehörend, mit der Welt, in welcher wir leben, in einem schneidenden Wider= spruch steht. Und auch die Geistererscheinungen will ich übergehen, die nicht minder jenes Geheimnißvolle an sich haben, das die Seele stachelt. Selbst den prächtigen Gesellen Mephistopheles will ich nicht an= führen, obwohl er wohl Stoff zu mancher Bemerkung darböte. Dieser Teufel ist so stark von der Cultur beleckt worden, daß er ein recht behaglicher Gesell= schafter zu sein scheint, sehr verschieden von dem alten Teufel, der wie ein brüllender Löwe herumlief und die Menschen zu verschlingen suchte. Nur die Atmosphäre wird durch ihn, nach Gretchens Bemerkung, etwas

schwül gemacht, trotz seines freiherrlichen Benehmens.
Da er aber nicht Ein Teufel aus vielen ist, sondern
da er sich selbst den Teufel nennt und den Gruß der
Seinigen als Junker Satan annimmt, so muß man
erstaunen, daß der Fürst der Finsterniß sich soweit
herab läßt, den Diener eines so unholden Herrn zu
machen; man muß sich wundern, daß er sein großes Reich
so lange verlassen kann, um sich um die Seele eines
pedantischen Magisters zu bewerben, und man kommt
zu dem Schlusse, daß, wenn der Teufel sich so viele
Mühe um jede Seele geben muß, die Hölle unmöglich
stark bevölkert sein kann. Doch dieses sind nur Ein=
fälle des Augenblickes; ich komme auf den Helden, auf
Faust selbst.

Faust ist, wie mir scheint, am besten von dem Dichter
selbst bezeichnet worden. Mephistopheles nennt ihn
einen „übersinnlichen, sinnlichen Freier", allerdings
nur in Beziehung auf Gretchen; aber es ist wahr in
Beziehung auf alles, um das er sich bewirbt, wonach
er strebt. In ihm sind unverkennbar zwei Seelen —
„Hm!" —

Diese beiden Seelen, zusammengewachsene Zwillinge,
befinden sich mit einander in einem unausgleichbaren
Kampfe. Die eine, der göttlichen Natur im Menschen
entsprechend, strebt dahin, woher sie stammt, nach dem
Göttlichen, nach Wahrheit, Erkenntniß, Licht; die andere,
die thierische Natur im Menschen, treibt zu jeglichem
sinnlichen Genuß. Das ist nun, meine ich, nichts Un=

5*

erhörtes; derselbe Kampf findet sich mehr oder minder,
verschieden gestaltet und geführt, in dem Leben eines
jeden Menschen; das Abweichende und Widersprechende
ist aber, daß sonst die thierische Natur wohl in der
Jugend von Zeit zu Zeit den Sieg gewinnt, in späteren
Jahren aber von der göttlichen überwunden wird, daß
in Faust hingegen die göttliche Natur ein halbes Jahr=
hundert vorherrschend gewesen ist, und daß alsdann
die thierische alle Gewalt dergestalt ausübt, daß er, der
alternde Mann mit erkünstelter Jugend, oder vielmehr
mit einer Hexenjugend, daß

> Er taumelt von Begierde zu Genuß,
> Und im Genuß verschmachtet vor Begierde.

Und nur von Zeit zu Zeit erinnern seine Worte,
im Widerspruche mit seinen Handlungen, daran, daß
einst ein höherer Geist in ihm gelebt und gewirkt hat.
Im wirklichen Leben ist das üppige Alter widerwärtig,
und ein lockerer Greis eine häßliche Erscheinung; den
Faust macht nur die Poesie erträglich. Das ist der
erste Widerspruch. Und andere drängen sich hervor.

Faust tritt auf, nachdem er schon Philosophie,
Juristerei, Medicin und Theologie mit heißem Be=
mühen studirt hat. Nun macht er die Entdeckung, daß
wir Nichts wissen können, aber zugleich auch die Ent=
deckung, daß er weder Gut noch Geld, noch Ehr und
Herrlichkeit der Welt hat. Darum mag er so nicht
länger leben. Aber er weiß auch recht gut,

> warum sein Herz
> Sich bang in seinen Busen klemmt,
> Warum ein unerklärter Schmerz
> Ihm alle Lebensregung hemmt.

Denn er antwortet selbst:

> Statt der lebendigen Natur,
> Da Gott die Menschen schuf hinein,
> Umgiebt in Rauch und Moder nur
> Mich Thiergeripp und Todtenbein.

Auch verschreibt er sich sogleich ein Recipe:

> Flieh! Auf! Hinaus ins weite Land! —
> Denn wenn Natur Dich unterweist,
> Dann geht die Seelenkraft Dir auf.

Anstatt aber der eignen Vorschrift zu folgen, anstatt sich von allem Wissensqualm zu entladen und in die Natur hinaus zu gehen, ergreift er „das Buch von Nostradamus eigner Hand" und fängt an die Geister zu beschwören. Die Erscheinung bringt ihm nur Schauer, Demüthigung, Verwirrung. In der Fülle der Gesichte aber wird er gestört durch den ehrlichen Wagner, den trocknen Schleicher. Und wie schön und menschlich weiß er, der Mann der Verzweifelung, „des unerklärten Schmerzes", der unendlichen Sehnsucht, wie schön und menschlich weiß er den redlichen Forscher an die einzige Quelle zu verweisen, aus welcher allein der Mensch sein heiligstes Bedürfniß befriedigen kann.

> Das Pergament, ist das der heil'ge Bronnen,
> Woraus ein Trunk den Durst auf ewig stillt?
> Erquickung hast Du nicht gewonnen,
> Wenn sie Dir nicht aus eigner Seele quillt.

Er aber verläßt diese Quelle und ergiebt sich dem
Teufel.

Bei seiner ersten Erscheinung mit Mephistopheles
spricht er noch eine Sprache, die seines früheren Strebens
würdig ist. Er stellt seine Forderungen so hoch, daß
man, wenn er auf die Erfüllung bestände, selbst die
Ergebung an den Teufel verzeihen, daß man begreiflich
finden würde, wie er geglaubt habe, um einen solchen
Preis dürfe und müsse er selbst seine Seele verkaufen.

> Und was der ganzen Menschheit zugetheilt ist,
> Will ich in meinem innern Selbst genießen,
> Mit meinem Geist das Höchst' und Tiefste greifen,
> Ihr Wohl und Weh auf meinen Busen häufen.

Diese Worte erregen hohe Erwartung. Sie eröffnen
die Aussicht auf Großes, Gewaltiges, Erhabenes. Me=
phistopheles aber hat den Mann schon durchschauet,
das beweiset die schnöde und höhnische Weisheit, welche
er dem Manne zu predigen wagt, der alle Wissen=
schaften studirt hat. Und wenn Faust ihm auch noch
ein Mal mit einem scheinbar entschiedenen: „ich will“
entgegentritt, so läßt er sich nicht irre machen. Und
bald hat er die Freude zu sehen, daß der Held Ver=
nunft und Wissenschaft vergißt oder verräth, daß er
mit der feigen Frage:

> Wie fangen wir das an?

allem Willen entsagt, daß derselbe sich mit der Antwort
begnügt:

> Wir gehen eben fort.

Deßwegen höhnt ihn Mephistopheles denn auch noch:

> Den schlepp' ich durch das wilde Leben,
> Durch flache Unbedeutenheit,
> Er soll mir zappeln, starren, kleben.

Er setzt hinzu, als hätte er die Entdeckung gemacht, daß es kaum der Mühe werth gewesen, sich um diese arme Seele zu bewerben, weil sie ihm doch nicht entgangen sein würde:

> Und hätt' er sich auch nicht dem Teufel übergeben,
> Er müßte doch zu Grunde gehn.

Und in der That, welchen Gewinn hat denn Faust, der so Großes erstrebte, so Großes wollte, aus dem Bunde mit dem Teufel gezogen? Er hat mit Hülfe desselben ein junges, liebes, unschuldiges Mädchen verführt; das ist Alles. Und für diesen Zweck sind die angewandten Mittel etwas groß; denn ein solches Bubenstück ist schon manchem gelungen, ohne daß er einen Bund mit dem Teufel geschlossen, einen Hexentrank verschlungen oder Geschenke der Hölle angewendet hätte, um dem armen Kinde die Augen zu verblenden. Ist es daher zu verwundern, daß so viele, unbefriedigt von einem solchen Resultate, sich gleichsam von der Handlung losreißen, eine hohe Idee hinter derselben suchen, jede Scene, ja jedes Wort symbolisch nehmen, und es nach der Idee des Ganzen erklären oder deuten?

„Alles, was Sie da vorbringen, kann nichts gelten. In der Poesie giebt es keine Widersprüche. Diese sind nur in der wirklichen Welt, nicht in der Welt der Poesie.

Was der Dichter schafft, das muß genommen werden,
wie er es geschaffen hat. So wie er seine Welt ge=
macht hat, so ist sie. Was der poetische Geist erzeugt,
muß von einem poetischen Gemüth empfangen werden.
Ein kaltes Analysiren zerstört die Poesie und bringt
keine Wirklichkeit hervor. Es bleiben nur Scherben
übrig, die zu nichts dienen und nur incommodiren."

Eben deßwegen habe ich alles Räsonniren verworfen,
und nehme die Handlung rein und lauter, wie sie dar=
gestellt, und jedes Wort, wie es gesprochen worden ist.

„Aber Sie nehmen nur immer die einzelnen Scenen,
Sprüche, Wörter, und wollen von dem Ganzen nichts
wissen."

Weil es dem Dichter nicht gefallen hat, uns ein
Ganzes zu geben. Wir haben ja nur Bruchstücke.

„Aber eben weil es Bruchstücke sind, müssen sie ja
zu einem Ganzen gehören, und im Ganzen poetisch
aufgefaßt werden."

Ich gestehe, daß dazu eine größere poetische Em=
pfänglichkeit gehören würde, als deren ich mich rühmen
kann. Sollte es dem Dichter gefallen, einmal das
Ganze vorzulegen, so werde ich gewiß versuchen,
dieses Ganze in mich aufzunehmen, und die Idee zu
erkennen, von welcher er bei seiner Schöpfung ausge=
gangen ist. Nur würde es mir sehr wehe thun, wenn
irgend Etwas von diesem Fragmente, das mir so wohl
bekannt und so lieb geworden ist, in dem Ganzen ver=
loren ginge.

„Wie könnten aber diese Bruchstücke in einem Ganzen verloren gehen, aus welchem sie herausgenommen sind? Sie werden in demselben als organische Theile erscheinen und erst ihre wahre Bedeutung erhalten."

Diese Äußerung Ew. Excellenz scheint zu beweisen, daß das Ganze schon wirklich vorhanden ist. Alsdann würde ich mich unendlich freuen, wenn es bald erschiene, und durch die Erscheinung würde auch allem Streit ein Ende gemacht werden.

„Es ist vorhanden, noch nicht alles geschrieben, aber gedichtet. — Nun? Sie schweigen? Sie sehen mich ungläubig an?"

Wie könnte ich wagen, den Worten Ew. Excellenz meinen Glauben zu versagen? Ich bin nur überrascht und muß beschämt meinen Irrthum und meine Schwäche bekennen.

„Wie so? — Beichten Sie einmal!"

Da Ew. Excellenz die Gnade gehabt haben, mir so lange geneigtest zuzuhören, daß ich selbst betreten bin über alles, was ich zu sagen mir erlaubt habe, so will ich denn auch ehrlich bekennen, daß ich wirklich oft, weil ich es glaubte, auch behauptet habe, dieses sogenannte Fragment gehöre keineswegs einem Ganzen an, aus welchem es als Bruchstücke, gleichsam zur Probe mitgetheilt wäre und sei auch nicht im Geist eines Ganzen gedichtet, ja es sei kein dramatisches Werk, möge man es eine Tragödie nennen oder anders, das irgend eine Idee, irgend einen Gedanken, abgerundet

und vollendet darstellen und zur Anschauung bringen
solle, — es sei kein solches dramatisches Werk möglich,
in welches diese Bruchstücke dergestalt eingefugt werden
könnten, daß sie als organische Theile des Ganzen, er=
gänzend und ergänzt, erscheinen könnten. Allerdings
könnten noch viele Scenen hinzugefügt werden, im
Anfang, am Ende, in der Mitte, diese Scenen würden
ohne Zweifel von demselben hohen Dichtergeiste Zeug=
niß geben, der uns aus dem gegenwärtigen „Faust"
so gewaltig anspräche, auch möchten sie durch die Namen
Faust, Mephistopheles, Gretchen, Wagner mit dem vor=
liegenden Fragment in Verbindung gebracht werden
können und uns bekannte Gestalten zeigen, aber sie
würden immer nur an die Handlungen des Fragmentes
und aneinander gereihet sein, und niemals würde ein
Ganzes entstehen, das sich, wie von innen heraus, wie
organisch gebildet, darstellte. Die Gründe, auf welche
ich diese Behauptung stützte, liegen in dem, was ich
früher gesagt habe, und mir schien die Behauptung auf
diesen Gründen allerdings ziemlich festzustehen. Nach
dem aber, was Ew. Excellenz so eben zu versichern die
Gnade gehabt haben, muß ich allerdings einräumen,
daß ich im Irrthume gewesen bin, aber Sie werden
mir auch gewiß verzeihen, wenn ich bekenne, daß ich
nur durch die Erscheinung des ganzen „Faust" selbst
von meinem Irrthum völlig geheilt werden kann.

„Es ist Ihnen nicht zu verargen, daß Sie sehen
und nicht glauben wollen. Wie aber haben Sie sich

denn die Entstehung des „Faust" gedacht? Habe ich
Sie recht verstanden, so sind Sie der Meinung ge=
wesen, und sind noch der Meinung, daß der Dichter
gar nicht gewußt hat, was er wollte, als er die Dichtung
begann, sondern daß er auf das Gerathewohl, daß er
in das Blaue hinein gedichtet und sich nur des Namens
„Faust" wie einer Schnur bedient habe, um die
einzelnen Perlen aufzuziehen und vor der Zerstreuung
zu bewahren."

Es bleibt mir nur übrig, Ew. Excellenz einfach
und kurz zu erzählen, wie mir durch häufiges Lesen
des „Faust" die Sache erschienen ist. Der Dichter
kannte die Sage vom Faust, wohl auch ein Puppen=
spiel; zugleich ward er, vielleicht sehr früh, veranlaßt,
sich in Schriften, die Magie, Alchymie und andere ge=
heime Wissenschaften betreffend, umzusehen. Hierauf
kam er als Student nach Leipzig und sah in Auer=
bach's Keller das alte Bild, auf welchem, wie mir er=
zählt worden ist, Faust auf einem Fasse reitend den
Keller verläßt. Dieses Bild ergötzte ihn bei seinen
Kenntnissen des Faust. Nun mag ein wildes Studen=
tengelag in Auerbach's Keller hinzugekommen sein, von
welchem der Dichter Zeuge war, von welchem er jedes=
falles unterrichtet wurde. So ward er veranlaßt, einen
Scherz zu machen, das Gelag und Fausts Erscheinung
im Keller zu verbinden und theils wahr und theils
ergötzlich darzustellen. Die Scene in Auerbach's Keller
schien mir zu allererst geschrieben zu sein: sie ist so

frisch, so lebendig, so jugendlich, so burschikos, daß ich
geschworen haben würde, sie sei in Leipzig von dem
Dichter-Studiosus geschrieben oder gedichtet worden.
Die zweite Scene, die nach dem Auftritte im Keller
gedichtet worden, schien mir der Auftritt zwischen dem
Schüler und Mephistopheles. Diese Scene ist gleichfalls so frisch, so lebendig und wahr, daß sie nur aus
der unmittelbaren Anschauung des Lebens und Treibens
auf der Universität, wie es gewesen, wie es wohl hier
und dort auch noch ist, hervorgegangen sein muß. Hat
man die Universität nur einige Jahre verlassen, so
denkt man kaum noch an das Collegium logicum und
an die rastlose Heftschreiberei des Trosses der Studi-
renden. Das Gespräch mit dem Schüler aber konnte
Faust nicht führen, nur Mephistopheles durfte solche
höhnende Bezeichnungen der Wissenschaften aussprechen;
um daher den Schüler mit dem Mephistopheles zusammen zu bringen, war die Scene zwischen diesem
und Faust nothwendig, welche jenem Gespräche voraus-
geht. Diese schien mir daher als die dritte der Dichtung, nach der Zeit berechnet. Und nun sind die
übrigen nach und nach entstanden, so wie irgend ein
Vorgang im Leben den Dichter reizte oder beschäftigte.
So mag die Verführung eines Mädchens Veranlassung
zu der Schöpfung der lieben, unschuldigen und unglücklichen Margarethe gegeben haben, die ich, trotz ihrer
garstigen und rauhen Hände, von welchen sie selbst
spricht, schön nennen würde, wenn man sich auf des

Doctors Geschmack verlassen könnte; in diesem Doctor
aber regt sich, seit er den Hexentrank verschlungen hat,
Cupido, und springt hin und wieder, und des Mephi=
stopheles schnödes Wort

> Du siehst mit diesem Trank im Leibe
> Bald Helenen in jedem Weibe,

schreckt zurück. Und um aus dem alten Pedanten einen
Galan zu machen, der um Margaretha mit Glück freien
durfte, war die Hexenküche nothwendig, und um Mar=
garetha ins Garn zu locken, mußte die Nachbarin
Martha hereingezogen werden. Zuletzt von Allem schien
mir der Monolog gedichtet zu sein, mit welchem Faust
das Fragment eröffnet; der Hans Lüderlich sollte zu
Ehren gebracht, es sollte ihm ein Empfehlungsschreiben
an die Welt mitgegeben werden, damit man ihn zuließe,
auch in honnete Gesellschaft.

„Nun, nun, das ist auch eine Meinung, und eine
Meinung, die schon bestritten, vielleicht schon widerlegt
ist. Sie gäbe Stoff zu neuen Gesprächen oder zur
Fortsetzung des gegenwärtigen. Wir wollen indeß für
dieses Mal abbrechen, und den Gegenstand nicht wieder
aufnehmen, bis die ganze Tragödie vorliegt." —

So weit habe ich Goethes Unterhaltung mit mir,
wenige Tage nach derselben, aufgeschrieben, und hier
nur einiges, im Besondern einzelne Namen, ausgelassen,
und einige Sätze abgekürzt. Als jetzt eine kleine Pause
entstand und ich Goethen bestimmter ins Angesicht
schaute, kam mir vor, als ob seine Züge weniger

freundlich seien, als früher. Zwar hatte ich auch
während des Gespräches zuweilen bemerkt, daß seine
Augen stark hin und her rollten, aber das war auch
am vorigen Abende bei der heitersten Stimmung der
Fall gewesen, und darum hatte ich weder auf dieses
Rollen, noch auf eine Veränderung der Stimme zum
Kurzen und Scharfen hin geachtet. Jetzt fiel mir sein
Gesicht etwas auf, und diese Bemerkung brachte eine
kleine Unruhe in mir hervor. Als er nach einigen
Augenblicken von neuem das Wort nahm, zeigte sein
Gesicht abermals eine große Freundlichkeit, aber es war
derselben ein Zug beigemischt, den ich weder jetzt zu be=
nennen weiß, noch damals zu denken wußte. Indeß
sammelte ich mich und faßte den Entschluß, mich in
keiner Weise verblüffen zu lassen, überall bescheiden
nachzugeben, aber auch jedesfalles auf dem Weg fort=
zuwandeln, den ich einmal eingeschlagen hatte, oder
vielmehr, auf den ich, ohne zu wissen wie, gerathen
war. Und bald nach dem Beginne des Gespräches kam
mir vor, als habe er die Absicht, mich einwenig zu
necken, um zu versuchen, ob ich fest, und wie fest ich
im Sattel säße. Das schien mir aus den Wendungen
seiner Fragen und Einwürfe hervor zu gehen, welche
letztere mir zuweilen etwas wehe thaten, mir, einem
jungen Manne, der ich, wie ich wohl sagen darf, be=
geistert war für meinen neuen Beruf, und große Dinge
erwartete von meiner künftigen akademischen Wirksam=
keit. Goethe begann:

„Ja, wir haben lange geplaudert. Und doch
sind wir noch gar nicht auf das gekommen, wor=
über ich mich mit Ihnen zu unterhalten gedachte,
auf Ihr eigenes Vorhaben, auf Ihr Thun und
Treiben. Sie wollen also — Geschichte lehren? wollen
ein — Historiker werden? oder vielmehr sind ein —
Historiker?"

Meine Absicht ist allerdings, einen Versuch zu
machen, Geschichte zu lehren: Ob es mir gelingen werde,
Theilnahme zu finden oder zu erregen, ist eine andere
Frage. Übrigens würde das eine unverzeihliche An=
maßung sein, wenn ich sagen wollte, ich sei ein Histo=
riker, dagegen leugne ich nicht, daß es mein heißester
Wunsch ist, einst diesen hohen Namen zu verdienen.
Und an Fleiß und Anstrengung soll es gewiß nicht
fehlen; der Erfolg liegt in Gottes Hand.

„Warum sollte das Lehren der Geschichte Ihnen
nicht gelingen? Sie haben eine reine, wohlklingende
Stimme und gute Manieren; Sie werden gut erzählen
und das Erzählen ist leicht. Und wer hört nicht gern
guten Erzählungen zu? Das Kind liebt es, sich was
erzählen zu lassen, und der Greis hat noch dieselbe
Lust oder dieselbe Schwachheit, gleichviel. Und warum
wollten Sie sich gegen den „hohen‟ Namen eines Hi=
storikers sperren? Ein jeder, der sich mit der Historia
beschäftigt, ist ein Historicus."

Die Worte Ew. Excellenz sind eben nicht sehr er=
munternd für einen jungen Mann, der entschlossen ist,

sein Leben der Geschichte zu widmen, der Forschung, dem Lehren, der Darstellung.

„Warum nicht? Ich dächte, ich hätte einen heiteren Glanz auf diese heilige Dreieinigkeit geworfen."

Eine Erzählung, welcher Jung und Alt ein geneigtes Ohr leiht, die Erzählung einer Anekdote nämlich, mag leicht sein, und doch giebt es nicht viele Menschen, die eine Anekdote gut zu erzählen wissen; die Erzählung großer und complicirter Ereignisse und Begebenheiten hingegen, wie sie im Leben der Völker und Staaten vorkommen, hat denn doch wohl einige Schwierigkeiten, die nicht oft überwunden werden. Wenigstens wüßte ich nicht, daß es viele große Lehrer der Geschichte gegeben hätte, d. h. solche Lehrer, welche die Gegenstände der Geschichte klar und anschaulich zu entwickeln und ein lebendiges Interesse in ihren Zuhörern zu erregen und zu erhalten verstanden hätten. Und alsdann ist ja auch die bloße Beschreibung geschichtlicher Dinge oder die bloße Erzählung der Begebenheiten nicht die Hauptsache bei dem Lehren der Geschichte, es soll vielmehr durch die Erzählung der Sinn und die Bedeutung der Begebenheiten erkennbar gemacht werden. Was aber das Studium der Geschichte betrifft, so ist dasselbe, weil das Feld unermeßlich ist, gewiß das schwierigste von allen Studien.

„Zu dieser Meinung sind Sie wohl zunächst gekommen, weil Sie sich am meisten mit der Geschichte beschäftigt haben. Wäre Mephistopheles gegenwärtig,

so würde er etwa folgenden Knittelreim pathetisch her=
declamiren:

> So war es schon in meinen Tagen,
>   Ein Jeder schlägt gar hoch sich an,
> Und, würdest Du sie alle fragen:
>   Das Wichtigste hat Er gethan.
>
> Es lastet schwer die schwere Last,
>   Die selber Du zu tragen hast,
> Und ob ein Andrer ächzt und keucht,
>   Für Dich ist seine Bürde leicht.*)

Ganz unwahr mag der Spruch nicht sein; und
vielleicht hält darum z. B. jeder Philosoph seine eigenen
Gedanken für die richtigsten, ja sein eigenes System
für das einzig wahre, weil er beides nur mit großer
Mühe zu Tage gefördert hat, während er fremde Ge=
danken bequem vom Blatte abliest. In Beziehung
auf die Geschichte indeß bin ich doch der Meinung des
guten Wagner, daß schon die Mittel schwer zu er=
werben sind, womit man zu den Quellen steigt, und
weiß gar wohl, daß die Zahl dieser Quellen, zu welchen
man steigen muß, nicht gering ist. Es ist doch auch
viel vorgearbeitet, viel gethan. Die meisten Quellen
sind längst durchforscht; was sie an reiner Fluth ent=
hielten, ist ausgeschöpft, nur trübes Wasser zurückge=
blieben."

***

*) Diese Verse sind wohl nicht ganz richtig, obgleich ich sie
oft ins Gedächtniß zurückgerufen habe. Nur den Reim glaube
ich als ächt bezeichnen zu können, und den Sinn gewiß.

Es wäre aber doch möglich, daß die Forscher das Wasser auch zuweilen getrübt hätten, und daß man, würde dasselbe abgeklärt, neue Entdeckungen machen würde. Auch dürfte noch manche Quelle nicht durch= forscht und ausgebeutet sein.

„Und wenn Sie nun auch alle Quellen zu klären und zu durchforschen vermöchten, was würden Sie fin= den? Nichts anderes als eine große Wahrheit, die längst entdeckt ist, und deren Bestätigung man nicht weit zu suchen braucht; die Wahrheit nämlich, daß es zu allen Zeiten und in allen Ländern miserabel ge= wesen ist. Die Menschen haben sich stets geängstigt und geplagt, sie haben sich unter einander gequält und gemartert, sie haben sich und anderen das Bischen Leben sauer gemacht, und die Schönheit der Welt und die Süßigkeit des Daseins, welche die schöne Welt ihnen darbietet, weder zu achten noch zu genießen vermocht. Nur wenigen ist es bequem und erfreulich geworden; die meisten haben wohl, wenn sie das Leben eine Zeit lang mitgemacht hatten, lieber hinausschieben, als von neuem beginnen mögen. Was ihnen noch etwa einige Anhänglichkeit an des Leben gab oder giebt, das war und ist die Furcht vor dem Sterben. So ist es, so ist es gewesen, so wird es wohl auch bleiben. Das ist nun einmal das Loos der Menschen. Was brauchen wir weiter Zeugniß"?

Ich sah Goethe an; er machte ein sehr ernstes Ge= sicht. Dennoch antwortete ich halb lachend:

Ich kann unmöglich glauben, daß dieses Ew. Excellenz eigene Meinung sei. Mir kommt vor, Mephistopheles habe abermals gesprochen. (Goethe lächelte.)
Wenn auch viele Menschen in alten und neuen Zeiten
so gelebt haben mögen, so ist deßwegen ein solches
Leben noch nicht das Loos der Menschen, und das Loos
der Menschen ist auch nicht das Schicksal der Menschheit.

„Die Menschheit? Das ist ein Abstractum. Es
hat von jeher nur Menschen gegeben und wird nur
Menschen geben.“

Das Wort bezeichnet, denke ich, den Menschengeist,
wie derselbe sich in dem gesammten Leben der Menschen
entwickelt und offenbart. Das Abstractum muß daher
von dem Leben der Menschen abstrahirt werden. Im
Leben der einzelnen Menschen kann das Wesen und
der Geist nicht erkannt werden, weil es unübersehbar
ist; es ist nur zu erkennen im Leben der Völker, in
den gesellschaftlichen Verhältnissen der Menschen. Wer
den Geist eines Volkes erkennt, wie derselbe sich in
dem Leben des Volkes gezeigt hat, der hat das Wesen
des Lebens aller Menschen erkannt, die zu diesem Volke
gehörten. Und der Gesammtgeist aller Völker ist die
Menschheit.

„Es ist mit den Völkern, wie mit den Menschen.
Die Völker bestehen ja aus Menschen. Auch sie treten
ins Leben, wie die Menschen, treiben's, etwas länger,
in gleich wunderlicher Weise, und sterben gleichfalls
entweder eines gewaltsamen Todes, oder eines Todes

vor Alter und Gebrechlichkeit. Die Gesammtnoth und
die Gesammtplage der Menschen ist eben die Noth und
die Plage der Völker."

Aber, wie Menschen späteren Menschen, so lassen
Völker späteren Völkern etwas zurück, das nicht mit
ihnen stirbt.

„Sie lassen etwas zurück? Freilich. Mephistopheles
würde vielleicht in seiner Weise sagen:

> Was Völker sterbend hinterlassen,
> Das ist ein bleicher Schattenschlag:
> Du siehst ihn wohl, ihn zu erfassen,
> Läufst Du vergeblich Nacht und Tag.

Und vielleicht setzte er gutmüthig warnend hinzu,
der Schalk:

> Wer immerdar nach Schatten greift,
> Kann stets nur leere Luft erlangen;
> Wer Schatten stets auf Schatten häuft,
> Sieht endlich sich von düstrer Nacht umfangen."

Der Schatten, den ein Volk wirft, es mag blühen
oder zu Grunde gehen, fällt zurück, nicht vorwärts; er
fällt auf die früheren Völker und nicht auf uns, die
späteren Enkel, oder wir müßten uns freiwillig und
einfältig zugleich hineinstellen. Was uns ein Volk
hinterläßt, wenn es nicht überhaupt ohne Nachlaß ver=
scheidet, ist der Geist seines Lebens. Wir müssen uns
nur bemühen, die Erbschaft gehörig zu würdigen und
zu benutzen, und uns nicht mit dem Inventario be=
gnügen. Wir müssen die Geschichte des Volkes stu=

diren, und was sie zeigt, verwenden; denn die Geschichte
eines Volkes ist das Leben des Volkes.

„Die Geschichte eines Volkes, das Leben des Volkes?
Das ist kühn! Wie wenig enthält auch die ausführ-
lichste Geschichte, gegen das Leben eines Volkes gehalten? Und von dem Wenigen, wie Weniges ist
wahr? Und von dem Wahren, ist irgend etwas über
allem Zweifel hinaus? Bleibt nicht vielmehr alles un-
gewiß, das Größte, wie das Geringste? Daher scheint
doch das Wort von Faust festzustehen:

> Die Zeiten der Vergangenheit
> Sind uns ein Buch mit sieben Siegeln?"

Gewiß, Ew. Excellenz! so weit hat der Dichter vollkommen Recht; er würde aber Unrecht gehabt haben,
wenn er hinzu gesetzt hätte, daß auch nur eins dieser
sieben Siegel unlösbar wäre.

„Lösbar sind sie vielleicht; es fehlt aber das Instrument, sie zu sprengen."

Ich möchte doch glauben, daß dieses Instrument
nicht fehle. Wir vermögen sogar an jedes geschichtliche
Werk, an jede Überlieferung einen dreifachen Hebel an-
zulegen: die Kenntniß der Zeit, die jener Zeit voraus-
gegangen ist, von welcher die Überlieferung berichtet;
die Kenntniß der Zeit, die jener Zeit nachfolgte und
gleichsam ein Product derselben gewesen; und endlich
die Wahrheit, die jede Überlieferung theils durch ihr
bloßes Dasein, theils durch ihre Eigenthümlichkeiten der
Ansicht, der Auffassung, der Darstellung, in sich trägt.

Der Stützpunkt für jeden dieser Hebel ist die mensch=
liche Natur, das Gewicht der eigene Geist des Forschers.

„Ihre Ausdrücke erinnern mich daran, daß Sie vor=
hin sagten, Sie wären von Thibaut für die Mathe=
matik gewonnen worden. Haben Sie sich mit dieser
Wissenschaft viel beschäftigt?"

Einige Jahre hindurch nach Zeit und Umständen
ziemlich viel. Ich habe sogar selbst ein mathematisches
Buch geschrieben, das ich bald, wie einen verlorenen
Sohn, in die Welt hinein laufen zu lassen gedenke.

„Um so mehr wundert mich, daß Sie diese erste
aller Wissenschaften, in welcher Alles Gewißheit und
Wahrheit ist, verlassen haben, um sich auf der Bahn
der Geschichte zu versuchen, die bei jedem Schritte
schwankt, und in einer Arbeit zu verharren, in welcher
Sie, selbst mit drei Hebeln, nichts zu Tage fördern
werden, das Ihnen nicht streitig gemacht werden könnte.
Gewiß hat Johannes Müller Sie zu dieser Veränderung
bestimmt."

Johannes Müller hat allerdings einen großen Ein=
fluß auf mich gehabt. Er hat mich schneller zum Ent=
schlusse gebracht. Aber auch ohne ihn würde ich mich
für die Geschichte entschieden haben. Ich habe schon
die Ehre gehabt, Ew. Excellenz zu sagen, daß die Ge=
schichte meine erste Liebe gewesen sei, und die erste
Liebe hält fest. Auch haben meine Verhältnisse mir
nicht verstattet, mich z. B. durch die Beobachtung der
Wunderwerke des Himmels zu ergötzen oder zu erbauen,

oder nur auf der Erde mich einer bedeutenden Anwen=
dung meiner theoretischen Kenntnisse zu erfreuen, und
bei dem beständigen Verkehren mit Zahlen, Buchstaben
und Figuren ist mir, ich muß es gestehen, begegnet,
was Mephistopheles dem Schüler bei seiner Gottähn=
lichkeit weissagt: es ist mir bei aller Wahrheit und Ge=
wißheit recht herzlich bange geworden.

„Giebt denn Ihnen die Geschichte, bei aller Unge=
wißheit, mehr Befriedigung, als die Wahrheit der
Mathematik?"

Freilich! Die Geschichte ist gleich befriedigend für
den Geist und das Herz, für den Verstand und das
Gemüth, und zugleich regt sie die Phantasie all
gewaltig auf und treibt, wie zum Denken, so zum
Dichten. Auch wüßte ich nicht, warum eine geschicht=
liche Wahrheit weniger wahr sein sollte, als eine ma=
thematische.

„Gewiß! nur kommt es darauf an, die Wahrheit
herauszubringen. Könnte man die geschichtliche Wahr=
heit demonstriren, wie die mathematische, so wäre aller
Unterschied verschwunden; so lange man das nicht kann,
so lange wird wohl ein Unterschied bleiben, nicht zwischen
dem, was wirklich wahr ist, sondern zwischen dem, was
hier als wahr demonstrirt, dort als wahr ange=
nommen wird. Was wirklich Geschichte ist, das ist
auch wirklich wahr.

„Aber nicht alles ist wirklich geschehen, was uns
als Geschichte dargeboten wird, und was wirklich ge=

schehen, das ist nicht so geschehen, wie es dargeboten
wird, und was so geschehen ist, das ist nur ein geringes
von dem, was überhaupt geschehen ist. — Sie wissen
ohne Zweifel, warum Sir Walter Raleigh seine Ge=
schichte nicht fortgesetzt, sondern das Manuscript ins
Feuer geworfen hat?"

O, ja, Ew. Excellenz! Er that es, wie die Anek=
dote sagt —

„Er sagt es selbst."

Das hab ich nicht gewußt; denn ich muß bekennen,
daß ich noch nichts von Sir Walter gelesen habe. Dieser
also warf die Handschrift ins Feuer, weil er Augen=
zeuge eines Vorganges gewesen war, den andere
Augenzeugen, abweichend von einander, auch ganz
anders erzählten, als er denselben selbst wahrgenommen
hatte.

„Das ist uns anderen wohl auch schon ebenso ge=
gangen, und es wird in früheren Tagen nicht anders
gewesen sein."

Mich wundert nur, daß Sir Walter eine besondere
Erfahrung nöthig gehabt hat, um die Entdeckung zu
machen, daß verschiedene Menschen jeden Gegenstand
verschieden auffassen. Schon das alte Sprichwort:
Duo, quum faciunt idem, welches doch gewiß ebenso=
wohl vom Anschauen und Erzählen, als vom Handeln
gilt, hätte ihm ja die große Wahrheit lehren können,
und das Lesen mehrer Geschichtschreiber, welche den=
selben Gegenstand darstellen, hätte dieselbe bestätigen

mögen. Also, meine ich, hätte er sein Werk niemals
anfangen, oder hätte es auch fortsetzen sollen.

„Sir Walter wußte gewiß längst, was wir alle
wissen; er war aber in dem alten Schlendrian fortge=
gangen. Jetzt nun, als er den Vorfall vor seiner
Wohnung mit eigenen Augen angesehen und alsdann
die verschiedenen, abweichenden, unwahren Erzählungen
vernahm, jetzt trat ihm plötzlich der Gedanke, daß es
keine Wahrheit in der Geschichte gebe, in die Seele, und
sogleich faßte er in seinem Unmuth den Entschluß, nicht
ferner mitzuwirken zur Erhaltung und Verbreitung
des Truges, nicht ferner seinen Zeitgenossen von der
Welt der Vergangenheit ein falsches, ein lügenhaftes
Bild vorzuhalten.“

Er muß aber doch, wie mir scheint, eine wunderliche
Vorstellung von der Wahrheit der Geschichte gehabt
haben; denn es versteht sich ja von selbst, daß der
Historiker von den Begebenheiten und Ereignissen
früherer Zeiten nichts anderes wissen kann, als was
uns überliefert worden ist. Wenn er dieses redlich er=
forscht und ehrlich wiedergiebt, so, denk' ich, ist er alles
Truges frei.

„Aber der Trug bleibt. Er ist nicht Urheber der
Lüge, aber der Verbreiter; nicht der Dieb, aber der
Hehler. Die Lüge fällt nur auf eure sogenannten
Quellen=Schriftsteller zurück.“

Wenn diese Schriftsteller ehrlich und redlich aufge=
zeichnet haben, was sie wahrnahmen oder was zu

ihrer Kenntniß kam, so sind sie ebenso frei von Lug
und Trug. Sie konnten nicht mehr geben, als sie
hatten.

„Die Lüge bleibt immer; sie ist nur abermals
zurückgeworfen, und zurückgeworfen auf die Sache selbst,
und wir bekommen stets ein unwahres, ein verzerrtes,
ein schiefes und falsches Bild von der früheren Welt.
Und besser wäre doch wohl, sich gar nicht um die Vergangenheit zu kümmern, als falsche, also unnütze und
verwirrende Vorstellungen von derselben mit uns herum-
zutragen. Dadurch werden wir nur verführt, auch die
Welt, in welcher wir leben, falsch aufzufassen und ver-
kehrt in ihr und auf sie zu wirken."

Das wäre, wenn es so wäre, gewiß sehr schlimm;
aber es würde auch zu dem Loose der Menschen gehören, und wir würden genöthigt sein, es zu tragen.
Aber so ist es nicht. Die Abweichungen in den Erzählungen sind keineswegs sofort als falsche Angaben
zu bezeichnen; sie entstehen vielmehr meistens daraus,
daß der Eine etwas Anderes von dem Vorgange aufgefaßt hat, als der andere. Manches liegt auch in
den Worten. Über den Ursprung und den Zusammenhang mögen Irrthümer vorkommen, weil weder jener
noch dieser in die Augen fallen, sondern aus allgemeinen Notizen, aus Gerüchten, aus Vermuthungen er-
schlossen werden müssen. Zuweilen täuschen auch die
Sinne, nach der Stellung der Zeugen. Dieser hält
für schwarz, was dem Anderen als blau vorkommt und

was dem dritten als grün erscheint. Über die eigent=
liche Thatsache aber, über das, was zunächst unser
Interesse erregen muß, und was für spätere Ereignisse
von der größten Bedeutung ist, weil es dieselben er=
zeugt oder bedingt, pflegen die verschiedenen Zeugen nicht
von einander abzuweichen. Napoleons Bülletin mag
etwas ganz anderes enthalten, als die österreichischen und
russischen Berichte, und die Erzählungen der Officiere
und Soldaten in den verschiedenen Heeren mögen vom
Bülletin und von den Berichten abweichen, über die
Thatsachen, die entscheidend sind und, weil sie entscheidend
sind, der Geschichte angehören, über die Thatsachen, daß
am 2. December 1805 eine Schlacht zwischen dem fran=
zösisch=deutschen und dem russisch=österreichischen Heere
bei Austerlitz stattgefunden, daß die Franzosen den Sieg
gewonnen, daß die Russen sich nach Schlesien zurück
gezogen, daß der Kaiser Franz hierauf im französischen
Lager mit Napoleon eine Unterredung gehabt habe, daß
hierauf zuerst ein Waffenstillstand und weiter ein Friede
zu Preßburg abgeschlossen worden — über diese That=
sachen sind alle Nachrichten ebenso einig, als die Be=
dingungen des Friedens außer allem Zweifel stehen.
Und so möchte ich gleichfalls glauben, daß selbst wegen
des Ereignisses vor Raleigh's Wohnung die übrigen
Augenzeugen mit ihm selbst und unter einander in
vielem übereingestimmt haben: Ort, Zeit, Parteien (falls
es Parteien gab), Ausgang und Folgen sind ohne
Zweifel von allen auf gleiche Weise angegeben. Nun

will ich zwar keineswegs behaupten, daß die übrigen
Erscheinungen, welche bei einem Ereigniß, z. B. bei der
Schlacht von Austerlitz, vorkamen, ohne Bedeutung
wären, und daß man deßwegen die Verschiedenheit der
Angaben über dieselben auf sich beruhen lassen könnte,
aber einen festen Anhalt gewähren doch jene Thatsachen
unleugbar. Sie sind die Knochen, das Gerippe des
Körpers, in einem besonderen Falle der Begebenheit,
überhaupt der Geschichte. Die verschiedenen Angaben
über die übrigen Erscheinungen, unter welchen und in
welchen jene feststehenden Thatsachen stattfanden, hat
der Historiker zuerst kritisch auf ihren wahren Werth
zurückzuführen; er hat sie unter einander und mit den
Thatsachen zu vergleichen; er hat sie, nach seinen Kennt=
nissen von der Lage und der Natur der Länder, von
der Stellung der Völker zu einander, von der früheren
und späteren Geschichte, von dem inneren Zustande der
Staaten, von den Charakteren und den Gesinnungen
der handelnden Menschen zu prüfen, und alsdann wird
die Ungewißheit verschwinden, und dasjenige wird sich
als die Wahrheit herausstellen, was er als geeignet zu
Nerven, Fasern, Muskeln, Mark und Haut für jenes
Gerippe erkennt, um dasselbe mit schaffendem Geist und
künstlerischer Hand als einen lebendigen Leib hinzu=
stellen.

„Das wird freilich eine große Operation sein,
aber was der Historiker nach solcher Plage für Wahr=
heit hält, ist immer nur für ihn, ist nur subjective

Wahrheit; unbestreitbare, objective Wahrheit ist es nicht."

Fichte beantwortete die Frage des Pilatus: was ist Wahrheit? — einmal mit folgenden Worten: Wahrheit ist, was nothwendig so gedacht werden muß, wie es gedacht ist, was schlechthin nicht anders gedacht werden kann.

„Nämlich von Fichte oder von mir. Also hat ein jeder seine eigene Wahrheit. Die mathematische Wahrheit aber ist für Alle dieselbe."

Fichte erläuterte seinen Satz mit mathematischen Beispielen. Zwei zweimal gesetzt sei vier, weil es unmöglich sei, die Sache anders zu denken, sobald man nur wisse, was zwei und was vier. Er habe, sagte er, das Lachen nicht lassen können, als ihm zum ersten Male demonstrirt worden sei, daß vier Einheiten nicht mehr getrennt, sondern vereint gedacht, eben vier seien; denn das, habe er gemeint, verstehe sich ja von selbst und könne gar nicht anders gedacht werden. Und so würde alles, was nicht anders gedacht werden könne, nothwendig allgemein als Wahrheit erkannt werden, sobald es nur allgemein verstanden würde.

„Da eben liegt es. Der Unterschied ist, daß die Mathematik jeden Menschen zwingen kann, anzuerkennen, daß alle rechte Winkel gleich sind, daß Sie hingegen in historischen Dingen mich niemals zwingen können, Ihrer Meinung zu sein."

Nein, aber ich glaube doch, daß ich jeden von der

Wahrheit zu überzeugen im Stande sein würde, der
nicht etwa entschlossen wäre, sich nicht überzeugen zu
lassen. Und das scheint mir ein Vorzug. Der Mathe=
matiker zwingt die Menschen, die Wahrheit seiner Sätze
anzunehmen, er unterwirft die Geister einem gewissen
Fatalismus, bei welchem keine Freiheit der Entschließung
möglich ist. Der Historiker läßt die Geister frei; er
wendet sich an den ganzen Menschen, an Verstand,
Herz und Gemüth, und will nur die freie Überzeugung
gewinnen.

„Man braucht wahrlich nicht den Widerspruch zu
seinem Grundsatze gemacht zu haben, um den Gang der
Dinge anders zu denken, als sie uns überliefert oder
von irgend einem Historiker dargestellt worden sind
oder dargestellt werden können. Und so lange dieses
der Fall ist, so lange wird es verstattet sein, die Ge=
schichte des Irrthums zu zeigen, und ihre Überliefe=
rungen als falsch anzusehen.“

Es leidet gar keinen Zweifel, daß auch der gelehr=
teste, redlichste, scharfsinnigste und geistreichste Historiker
in Irrthümer verfallen kann, ja daß er in Irrthümer ver=
fallen muß, weil auch er seinen Theil von dem allgemeinen
Loose der Menschen zu tragen hat. Das ist aber auch kein
Unglück. Lessing verbat sich ja die Wahrheit; er hielt
das Suchen nach Wahrheit dem Menschen für zuträg=
licher, als die Wahrheit selbst. „„Wenn,““ sagt er,
irgendwo, „„der liebe Gott vor mich hinträte und zu
mir spräche: in der rechten Hand halte ich die Wahr=

heit, in der linken den Irrthum; Lessing, wähle! so
würde ich antworten: Vater, die Wahrheit ist für Dich,
laß mir den Irrthum.'" Und wenn nun auch ein
Historiker in seinem redlichen Irrthume das Geschehene
anders darstellt, als es geschehen ist, welcher Schaden
ist zu fürchten? Das Geschehene wird dadurch nicht
ungeschehen, daß ein Historiker es übergeht; es wird
dadurch nicht verändert, weder in seinem Ursprunge,
noch in seinem Wesen oder in seinen Folgen, daß ein
Historiker es unrichtig ableitet, unrichtig verlaufen und
unrichtig wirken läßt, sondern es behält in der Vergangenheit die Stelle, die es gehabt, nimmt den Raum
ein, den es ausgefüllt, und kann den Einfluß auf die
spätere Zeit nicht verlieren, den es einmal ausgeübt
hat. Auch werden die Überlieferungen, welche ein Historiker unrichtig gedeutet und unrichtig benutzt hat,
nicht zerstört, sondern sie liegen unverletzt für und für
vor der Welt. Also kann ein anderer Historiker die
Geschichte von Neuem bearbeiten und die Irrthümer
des ersten berichtigen; und sollte er selbst in neue Irrthümer verfallen, so mag ein dritter hinzutreten, beide
zurechtweisen und die Wahrheit herstellen, die er erkannt
zu haben glaubt. Auf solche Weise kommt Leben in
das Studium der Geschichte, Leben in die Geschichtschreibung, und der Geist findet Gelegenheit, sich zu
üben und zu versuchen, desto öfter, je zahlreicher und
je abweichender die Überlieferungen und die Bearbei-
tungen sind. Überlieferungen hingegen, wie Sir Walter

Raleigh sie gewollt zu haben scheint, nämlich eine voll=
kommene Übereinstimmung aller Zeugen nicht nur über
die Hauptthatsachen, sondern auch über alle Umstände,
über alle Erscheinungen, unter welchen die Thatsachen
geschehen sind, würde den Tod in das Studium und
in die Geschichtschreibung bringen, selbst wenn ihr Zeug=
niß eben so vollständig als einstimmig wäre. Wir
hätten alsdann an Einer Überlieferung vollkommen
genug, und die seelenvollste Wissenschaft würde zu einem
langweiligen Gedächtnißkram hinabsinken, zu einer drü=
ckenden Masse von Namen, Zahlen und Notizen. Ein
Gipsabdruck, von einer Leiche genommen, hat gewiß die
größte Ähnlichkeit mit dem Bau des Gesichtes des Hin=
geschiedenen, aber es ist eine seelenlose Larve, die uns
nimmer das Bild des Mannes gewähren wird, wie er
dagestanden hat voll von Leben und Kraft. Viel lieber
will ich die Büste besitzen, welche der Künstler mit
freiem Geist und freier Hand geschaffen hat, um den
Charakter des Mannes, seinen Geist und seinen Willen,
ja sein ganzes Leben und Sein hineinzulegen; und es
verdrießt mich nicht, daß etwa das Wärzchen fehlt, das
jene Larve getreulich aufgenommen hat. So will ich
auch in der Geschichtschreibung nicht die nackte, todte, aber
treue Wirklichkeit, sondern eine lebensvolle, farbenreiche
Welt, welche die unzweifelhaften Thatsachen unverkürzt
und unentstellt darbietet, aber mit poetischem Geist auf=
gefaßt und mit künstlerischer Hand ausgearbeitet.

„Sie machen also den Historiker zum Dichter.“

Da ich selbst noch nichts in der Geschichte geleistet habe, Ew. Excellenz, so darf ich ja wohl meine Meinung aussprechen; denn ich rede nicht pro domo mea. Ich glaube wirklich, daß Geschichte nicht würdig geschrieben werden könne, ohne eine wahre ποίησις, und daß Niemand ein Historiker sein könne im schönsten Sinne des Wortes, dem die schöpferische oder dichterische Kraft fehlt. Denn er muß ja die Welt der Vergangenheit vor Augen haben, in welcher die Ereignisse stattfanden, die er darstellen will, und die er nur in der Anschauung dieser Welt darstellen und in ihrer ganzen und ächten Bedeutung darstellen kann. Diese Welt aber wird ihm nicht zur Anschauung dargeboten, sondern er muß sie schaffen, um sie anschauen zu können.

„Wenn man auch dieses zugäbe, so würde doch ein großer Unterschied zwischen dem Dichter und dem Historiker bleiben. Der Dichter schafft seine Welt frei, nach seiner eigenen Idee, und darum kann er sie vollkommen und vollendet hinstellen, der Historiker ist gebunden; denn er muß seine Welt so aufbauen, daß die sämmtlichen Bruchstücke hineinpassen, welche die Geschichte auf uns gebracht hat. Deßwegen wird er niemals ein vollkommenes Werk liefern können, sondern immer wird die Mühe des Suchens, des Sammelns, des Flickens und Leimens sichtbar bleiben.“

Um so größer ist die Aufgabe des Historikers, um so schwieriger seine Arbeit, um so mehr verdient ein gelungenes geschichtliches Werk Dank, Ehre und Preis,

ein weniger gelungenes Nachsicht und Schonung. Auch
darf nicht übersehen werden, daß der Dichter nur seine
eigene Idee, so tief und groß, als die Kraft seines
Geistes sie zu fassen vermag, darzustellen sucht, der
Historiker aber die Idee Gottes, wie sie sich im Leben
der Menschen offenbart hat.

„Am Ende steht Ihnen der Historiker über dem
Dichter."

Ja nicht, Ew. Excellenz! Ich kann mich überhaupt
mit der Stufenleiter, auf welche man die Geister zu
stellen pflegt, nicht recht vertragen, und möchte glauben,
daß die Bahnen des Geistes nicht unter einander ge-
baut sind, sondern neben einander fortlaufen. Jedenfalls glaube ich, daß derjenige, der Tüchtiges in der
Geschichte leistet, niemanden seine Stelle zu beneiden
brauche.

„Wenn ich nun aber aus Ihren Bemerkungen über
geschichtliche Forschung und Geschichtschreibung das
Resultat ziehe, so scheint doch, mit Schillers Worten,
der langen Rede kurzer Sinn zu sein, daß Faust recht
habe:

> Was man den Geist der Zeiten heißt,
> Das ist im Grund der Herren eigner Geist,
> In dem die Zeiten sich bespiegeln."

Mit diesem classischen Spruche bin ich vollkommen
einverstanden. Wenn uns aber die Herren Geist
geben und wäre es auch der eigene, und wenn sie
uns in diesem Geiste das Spiegelbild der Zeiten

zeigen, so können wir, denke ich, einigermaßen zufrie=
den sein.

„Aber nun doch noch eine Frage. Was wollen Sie
denn zuletzt mit Ihrer Geschichte, mit allen diesen histo=
rischen Wahrheiten, Irrthümern, Dichtungen? Welches
ist das endliche Ziel Ihrer Studien und Ihrer Be=
strebungen?"

Das ist eine große Frage, Ew. Excellenz, die eine
weitläufige Antwort nothwendig macht. In der Kürze
wüßte ich sie in der That nicht besser zu beantworten
als mit Faust's Worten:

> — Was der ganzen Menschheit zugetheilt ist,
> Will ich in meinem innern Selbst erkennen.

„Genießen, wollen Sie sagen."

Ew. Excellenz halten's zu Gnaden: ich möchte doch
bei dem Erkennen bleiben, und mich mit dem Genusse
begnügen, den etwa das Erkennen abwirft. Das Er=
kannte aber möchte ich alsdann durch Lehre und Schrift
mittheilen. Übrigens darf ich wohl nicht hinzufügen,
daß ich natürlich nur von meinem Wunsch und Willen
gesprochen habe; das Vollbringen liegt nur zum klein=
sten Theil in des Menschen Hand. Aber in magnis
voluisse sat est.

„Ja, ja. Wir haben nunmehr Stoff zu vielen
künftigen Unterhaltungen. Aber es ist schon weit am
Tage, wir müssen's dießmal unterbrechen."

Indem ich nun meine Entlassung zu nehmen ge=
dachte, sagte ich ungefähr folgende Worte: Ich kann

nicht aussprechen, mit welchen Gefühlen ich von Ew.
Excellenz scheide. Der gestrige Abend hatte mir die
Brust mit der heitersten Freude angefüllt, und mit
dieser Freude trat ich diesen Morgen bei Ihnen ein.
Im Laufe des Gespräches aber ist ein Schatten in
diese reine Heiterkeit gefallen, dem ich nicht auszuweichen vermocht habe, und der mich jetzt, da ich Ew.
Excellenz verlassen soll, etwas stark zu incommodiren
anfängt.

„Wie so, Lieber? Was ist denn das?"

Seit ich die Vocation nach Jena angenommen hatte,
hat mich der Gedanke begleitet, daß mir nun auch das
Glück beschieden sein möchte, nach welchem ich mich
schon lange gesehnt hatte, das Glück, in die Nähe Ew.
Excellenz zu kommen, Sie zu sehen, Sie zu sprechen.
Und doch vermochte ich die Erfüllung dieses Wunsches
nicht ohne große Ängstlichkeit zu denken. Zu meiner
Sehnsucht mischte sich, bei meiner Verehrung und Bewunderung des Fürsten der Dichter, ich möchte sagen,
eine heilige Scheu. Ich fürchtete, daß ich, wenn mir
einmal die Ehre zu theil werden möchte, Ew. Excellenz
vorgestellt zu werden, wie ein Berauschter vor Ihnen
erscheinen möchte, unbehülflich, hölzern, verwirrt, tölpel-
haft. Der gestrige Abend hat mich nun über alle Verlegenheit rasch und glücklich hinweg gerissen, aber ich
fürchte, er hat mich zu weit hinweggerissen; ich fürchte,
daß ich heute gesprochen habe, wie ich nicht hätte
sprechen sollen. Ich bin aber in die Rednerei hinein-

gekommen, ich weiß selbst nicht wie. Ich habe wohl
gefühlt, daß ich nicht hätte hinein kommen sollen, da
ich aber einmal hinein gekommen war, so vermochte ich
mich nicht wieder hinaus zu finden. Was ich Irriges
gesagt haben mag, das werden Ew. Excellenz gewiß
nicht beachtet haben, aber ich bitte so unterthänig als
herzlich, mir auch zu Gnaden zu halten, was etwa Un=
gebührliches und Ungehöriges vorgekommen ist.

„Ei, lieber Herr Professor, seien Sie darüber ganz
ruhig. Wir haben unter vier Augen gesprochen, im
Ernst und im Scherz, und ich wüßte nicht, was wir,
einer dem anderen, vorzuwerfen oder übel zu nehmen
hätten. Unser Gespräch hat mich interessirt und unter=
halten, sonst würde es wohl auch nicht so lange ge=
dauert haben. Ich habe in Ihnen einen jungen Mann
kennen gelernt, der klar sehen will, der sich nicht durch
hohle Worte verwirren und nicht durch Blendwerke irre
führen läßt. Sie streben eifrig nach Wahrheit, ohne
der Poesie entfremdet zu sein, selbst ihre täuschenden
Gebilde mögen Sie wohl leiden. Das ist löblich und gut.
In Ihrem wissenschaftlichen Treiben sind Sie auch auf
gutem, auf dem rechten Wege. Fahren Sie fort, in der
Geschichte zu leben und kühn in die vergangenen Zeiten
zu schauen, ungestört von den Wirrungen der Gegen=
wart. Forschen Sie mit Anstrengung aller Kräfte in
den Jahrbüchern der Völker; theilen Sie ehrlich und
redlich mit, ohne alle Nebenabsicht, was Sie durch Ihre
Forschung als wahr erkannt zu haben glauben, in Wort

und Schrift; in Ihrer Darstellung aber machen Sie
sich frei von jedem Vorbilde, und geben Sie nament=
jede Hämmerung und Verrenkung auf, die an Johannes
Müller, der selbst nur ein Nachahmer von Tacitus ist,
erinnern könnte; überhaupt fröhnen Sie nicht der Ge=
schmacklosigkeit der Zeit und verachten Sie die Weis=
heit, die in den s. g. literärischen Blättern altklug ver=
kündigt zu werden pflegt. Schreiben Sie vielmehr klar
und einfach, ohne Scheu vor einem poetischen Anflug,
und ziehen Sie eine bequeme Entwickelung der ge=
schraubten Kürze vor, die man schlagend zu nennen
und hoch zu bewundern pflegt. Sie werden späteren
Geschlechtern gefallen, wenn Sie auch den Tadel Ihrer
Zeitgenossen zu erdulden haben sollten.   Jedenfalls hoffe
ich von Ihrer Anstellung in Jena Gutes für Sie selbst
und für die Universität. Und nun" (mir die Hand
reichend) „leben Sie recht wohl. Auf baldiges Wieder=
sehen!"

Ich mochte mich 12 bis 16 Schritte entfernt haben,
als Goethe mir nachrief: „Herr Professor Luden." —
Rasch kehrte ich um, und fragte nach seinen Befehlen.
„Ich habe Sie," sagte er „gebeten, mich in Weimar zu
besuchen, habe aber vergessen hinzuzusetzen: kehren Sie
ja nicht in einem Wirthshause ein, sondern fahren Sie
bei mir vor. Es soll immer ein Couvert für Sie be=
reit gehalten werden, und so oft Sie über Nacht in
Weimar bleiben können und wollen, sollen Sie auch ein
Bette finden. Und so noch einmal: leben Sie recht wohl!"

252.

1806, 31. August.

Mit Riemer.

a.

„Das Beste in den Briefen des Bonifacius sind die Stellen aus der Bibel, weil es ewig nur Mosaik ist, was die Leute machen, aber in dem Sinne gut.

Wir haben ja auch unsere Lotteriesprache, und von den Humanisten, welche römisch schreiben, kann man dasselbe sagen.“

b.

„Die beiden ersten Acte der „„Minna von Barn= helm““ sind schön und gut, sie haben Handlung und Fortschritt; im dritten stockt's. Man weiß nicht, woran es sich accrochirt; da erscheint ein retardirender Auftritt zwischen dem Wachtmeister und Franziska. Man sieht, Lessing hat Lust an den Charakteren selbst gewonnen und spielt mit denen, malt sie zu einzelnen Scenen aus, die als solche recht schön sind. Sensation des Stücks bei seiner ersten Erscheinung. Im Tellheim die Ansicht seiner Zeit und Welt im Punkt der Ehre, in Minna Lessing's Verstand.“

253.

1806, Ende September.

Mit Georg von Reinbeck.

Bei dem Dichterfürsten Goethe glaubte ich keiner fremden Empfehlung zu bedürfen; denn er hatte mehrere meiner Dramen auf die Bühne zu bringen gewürdigt und hatte mir öfter durch Reisende nach Petersburg freundliche, mich ehrende Grüße gespendet. Er nahm mich wie einen Bekannten auf, erkundigte sich nach meinen Zwecken, meinen Arbeiten und erzählte mir von der nicht ungünstigen Aufnahme meiner Dramen und von seiner Absicht bei der Aufführung meiner, nach Monsieur de Pourceaugnac des Molière bearbeiteten Posse „Herr von Hopfenkeim". Er klagte darüber, daß das deutsche Publicum zu prüde sei und nicht recht Spaß verstehe, wodurch der Bühne ein Gebiet ver=schlossen werde, das wenigstens den Genuß größerer Mannigfaltigkeit geben könne, und, recht behandelt, könne das Grotesk=Komische gerade ein Vehikel sein, so manches zur Sprache zu bringen, was in zarterer Behandlung einen zu ernsten Charakter gewinne.

———

Goethe und Bertuch hatten keine besonders hohe Meinung von Klinger's Charakter und erzählten mir manche Anekdote aus seinem früheren Leben, die ihn

als einen Phantasten darstellt, der bloß durch ein an=
genommenes fast brutales Wesen habe Aufsehen er=
regen wollen.

254.

1806, 18. October.

Über Goethes Heirath.

Mir [Voß] war es rührend, wie Goethe am zweiten [?]
Abend nach der Schlacht, als wir um ihn versammelt
waren, der Vulpius für ihre Treue in diesen unruhigen
Tagen dankte und mit den Worten schloß: „So Gott
will, sind wir morgen Mittag Mann und Frau."

255.

1806, October.

Mit Voß.

Goethe war mir in den traurigen Tagen ein Gegen=
stand des innigsten Mitleidens. Ich habe ihn Thränen
vergießen sehen. „Wer," — rief er aus — „nimmt
mir Haus und Hof ab, damit ich in die Ferne ziehen
kann?"

256.

1806, 2. November.

Mit Riemer.

„Es ist ein gräuliches Verfahren, welches die Mineralogen bei der Bestimmung der Farben beobachten.
Nicht nur mengen sie apparente Farben, chemische, und
unter diesen durchsichtige und Erdfarben untereinander,
sondern auch die physischen mischen sie mit chemischen
wie auf der Palette durcheinander: Morgenroth mit
gelblich braun u. dergl."

257.

1806, November.

Mit Riemer.

„Wenn Paulus sagt: gehorchet der Obrigkeit,
denn sie ist Gottes Ordnung, so spricht dies eine
ungeheuere Cultur aus, die wohl auf keinem frühern
Wege als dem christlichen erreicht werden konnte: eine
Vorschrift, die, wenn sie alle überwundenen jetzt be-
obachteten, diese von allem eigenmächtigen und unbilligen,
zu ihrem eigenen Verderben ausschlagenden Verfahren
abhalten würde."

258.

1806, 6. November.

Mit Riemer.

Angefangen an dem Schema und der Einleitung zur Morphologie, des Abends um acht Uhr.

„Das Gall'sche System kann dadurch zu einer Erläuterung, Begründung und Zurechtstellung gelangen.

Es ist ein sonderbarer Einwurf, den man gegen dasselbe davon hergenommen hat, daß es eine partielle Erklärungsweise sei von Erscheinungen, die aus dem gesammten organischen Wesen ihre Erklärung schöpfen. Als wenn nicht alle Wissenschaft in ihrem Ursprunge partiell und einseitig sein müßte! Das Buchstabiren und Syllabiren ist noch nicht das Lesen, noch weniger Genuß und Anwendnng des Gelesenen; es führt doch aber dazu. Eine Würdigung dieser erst aufkeimenden Wissenschaft oder dieser Art des Wissens ist noch viel zu früh."

259.

1806, November.

Mit Riemer.

„Wie die Schalthiere im nächsten Bezug auf den Kalk stehen, daß man sagen kann, sie seien organisirter Kalk; so kann man sagen, daß diejenigen Insekten,

welche auf färbenden Pflanzen leben und gleichsam
lebendig den Farbestoff derselben darstellen, als die
Coccusarten, gleichsam die organisirten Pflanzen sind.
Steffens nannte gewisse Käfer in Bezug auf den
Blumenstaub, den sie der Blume zuführen, das fliegende
Gehirn derselben. Mit demselben Rechte einer witzigen
Combination, wenn es weiter nichts wäre, kann man
jene Insekten organisirten Farbestoff nennen. Leben=
diger Farbestoff, wie Jeder sagen würde und könnte,
drückt das Nämliche aus, nur versteckter."

260.

1806, 7. November.

Mit Riemer.

a.

„Die Naturphilosophie construirt zuerst aus dem
Lichte die Solidität und die Schwere. Den die Schwere
constituirenden Kern des Erdkörpers bilden die Metalle.
Demnach müßte man sagen: die Metalle seien das soli=
dirte Licht und Darsteller der Schwere; daher auch ihr
übriger Bezug zum Lichte theils durch ihren Glanz,
theils durch die Farbe, die sie in ihrem regulinischen,
krystallischen und kalkhaften Zustande bereits haben und
noch annehmen."

b.

„Bücher werden jetzt nicht geschrieben, um gelesen zu
werden, um sich daraus zu unterrichten und zu belehren,
sondern um recensirt zu werden, damit man wieder
darüber reden und meinen kann, so in's Unendliche fort.

Seitdem man die Bücher recensirt, liest sie kein
Mensch außer dem Recensenten, und der auch so so.
Es hat aber jetzt auch selten Jemand etwas Neues,
Eigenes, Selbstgedachtes und Unterrichtendes, mit Liebe
und Fleiß Ausgearbeitetes zu sagen und mitzutheilen,
und so ist Eins des Andern werth."

261.

1806, 9. November.

Mit Christiane Kotzebue geb. Krüger.

Es wird Dich [August v. Kotzebue] von Goethe
freuen, daß er kurz nach der Plünderung, wie Krause
begraben wurde, auf dem Kirchhofe zu mir kam, mich
fragte, wie es mir gegangen, und wünschte, daß ich in
sein Haus gekommen wäre. Er sei nicht ausgeplündert,
weil er sich eine Sauvegarde, die ihm zwar viel ge=
kostet, ausgebeten. Er habe bis auf den Wein doch
das Seinige behalten, und bedauerte mich sehr freund=
schaftlich über meinen Verlust.

262.

1806, 10. November.

Mit Riemer.

„Qualis rex, talis grex paßt niemals mehr als jetzt, und miles gregarius versteht man jetzt, wovon es ausgeht.

Es bemerkte jemand sehr gut, daß Napoleon in seinem Zimmer wie ein Löwe oder Tiger in seinem Käfig unruhig auf und abgeht und sich dreht.“

263.

1806, 18. November.

Mit Riemer.

„Der Freiheitssinn und die Vaterlandsliebe, die man aus den Alten zu schöpfen meint, wird in den meisten Leuten zur Fratze. Was dort aus dem ganzen Zustand der Nation, ihrer Jugend, ihrer Lage zu andern, ihrer Cultur hervorging, wird bei uns eine ungeschickte Nach=ahmung. Unser Leben führt uns nicht zur Absonde=rung und Trennung von andern Völkern, vielmehr zu dem größten Verkehr; unsere bürgerliche Existenz ist nicht die der Alten; wir leben auf der einen Seite viel freier, ungebundener und nicht so einseitig beschränkt als die Alten, auf der andern ohne solche Ansprüche des Staats an uns, daß wir eifersüchtig auf seine

Belohnung zu sein Ursache und deswegen einen Patri-
cieradel zu souteniren hätten. Der ganze Gang unserer
Cultur, der christlichen Religion selbst führt uns zur
Mittheilung, Gemeinmachung, Unterwürfigkeit und zu
allen gesellschaftlichen Tugenden, wo man nachgiebt, ge-
fällig ist, selbst mit Aufopferung der Gefühle und Empfindungen, ja Rechte, die man im rohen Naturzustande
haben kann. Sich den Obern zu widersetzen, einem
Sieger störrig und widerspenstig zu begegnen, darum
weil uns Griechisch und Lateinisch im Leibe steckt, er
aber von diesen Dingen wenig oder nichts versteht, ist
kindisch und abgeschmackt. Das ist Professorstolz, wie
es Handwerksstolz, Bauernstolz und dergleichen giebt,
der seinen Inhaber ebenso lächerlich macht, als er ihm
schadet."

264.

1806, 20. November.

Mit Riemer.

„Der Streit, ob die männliche Schönheit in ihrer
Vollkommenheit, oder die weibliche in ihrer Art höher
stehe, kann nur aus der größern oder geringern Annäherung der männlichen oder der weiblichen Form an
die Idee geschlichtet werden. Nun reicht die männliche
aber mehr an die Idee, denn in ihr hört das Reale
auf: des Mannes Bildung geht offenbar über die des
Weibes hinaus und ist keineswegs die vorletzte Stufe ꝛc."

265.

1806, November.

Mit Riemer.

a.

„Den Verstandesphilosophen begegnet's und muß
es begegnen, daß sie undeutlich aus gar zu großer Liebe
zur Deutlichkeit schreiben. Indem sie für jede Enun=
ciation die Quelle oder ihr Acheminement nachweisen
wollen, von dem Orte an, wo sie ins Räsonnement
eingreift, bis zu ihrem Ursprunge, auf welchem Wege
wieder anderes acheminirt und einläuft, geht es ihnen,
wie dem, der einen Fluß von seiner Mündung an
aufwärts verfolgt, und so immer auf einfallende Bäche
und Flüßchen stößt, die sich wieder verzweigen, so daß
er am Ende ganz vom Wege abkommt und in Dever-
ticulis logirt. Beispiele geben Kant, auch Hegel.
Aristoteles ist noch mäßig mit seinen Denn's und
γάρ. Sie weben eigentlich nicht den Teppich, sondern
sie dröseln ihn auf und ziehen Faden aus; die Ideal=
philosophen sitzen eigentlich am Stuhl, zetteln an und
schießen ihr Schiffchen durch. Manchmal reißt wohl
ein Faden, oder es entstehen Nester, aber im Ganzen
giebt's doch einen Teppich."

b.

Es wird bald Poesie ohne Poesie geben, eine wahre
ποίησις, wo die Gegenstände ἐν ποιήσει, in der Mache

sind, eine gemachte Poesie. Die Dichter heißen dann
so, wie schon Moritz spaßte, a spissando, densando,
vom Dichtmachen, weil sie Alles zusammendrängen, und
kommen mir dann vor, wie eine Art Wurstmacher, die
in den sechsfüßigen Darm des Hexameters oder Tri=
meters ihre Wort= und Sylbenfülle stopfen.“

c.

„Die Stelle aus Delille's l'Imagination [Chant IV,
p. 224.], welche den Eindruck der Verödung von Ver=
sailles schildert, ist poetisch durch den Gegenstand, und
die rhetorisch=energische Behandlung, welche die Fran=
zosen ihren Poesien geben, thut hier gut und ist an
ihrer Stelle. Wie aber da, wo der Mann sich im
Gegenstand vergreift und diesen λιχυθος (Farbenkasten)
an unrechten Stellen ausschmiert!“

d.

„Die Weiber haben das Eigene, daß sie das Fertige
zu ihren Absichten verarbeiten und verbrauchen. Das
Wissen, die Erfahrung des Mannes nehmen sie als ein
Fertiges und schmücken sich und anderes damit. Nicht
die Raupe zu erziehen, das Cocon abzuhaspeln, die
Seide zu spinnen, zu färben und zu appretiren, sondern
sie zu Blumen zu versticken oder in schon gewebtem
Stoffe sich damit zu putzen, ist im allegorischen Sinne
dieses Bildes ihre Sache. Daher folgen sie dem Manne
nicht in seiner Deduction und Construction, ob sie ihnen
schon manchmal artig vorkommen kann, sondern sie

halten sich an das Resultat; und wenn sie ihm auch
folgen, so können sie ihm doch darin nicht nachahmen
und es in anderem Falle wieder so machen. Der Mann
schafft und erwirbt, die Frau verwendet's: das ist auch
im intellectuellen Sinne das Gesetz, unter dem beide
Naturen stehen. Daher muß man einer Frau das
Fertige geben; und aus eben dieser Ursache sind sie das
wünschenswertheste Auditorium für einen Dogmatiker,
der nur Geist genug hat, das, was er ihnen sagt, angenehm
und sinnlich ergreifend zu sagen. Das Positive lieben
sie in diesem Falle, solche Undulisten sie auch in andern
Rücksichten sein mögen."

e.

Horaz. Sein poetisches Talent anerkannt nur in
Absicht auf technische und Sprachvollkommenheit, d. h.
Nachbildung der griechischen Metra und der poetischen
Sprache, nebst einer furchtbaren Realität ohne alle
eigentliche Poesie, besonders in den Oden.

266.

1806, 23. November.

Mit Riemer.

Obgleich die Natur einen bestimmten Etat hat, von
dem sie zweckmäßig ihre Ausgaben bestreitet, so geht
die Einnahme doch nicht so genau in der Ausgabe auf,
daß nicht Etwas übrig bliebe, welches sie gleichsam zur
Zierde verwendet. Die Natur, um zum Menschen zu

gelangen, führt ein langes Präludium auf von Wesen
und Gestalten, denen noch gar sehr viel zum Menschen
fehlt. In Jedem aber ist eine Tendenz zu einem Andern,
was über ihm ist, ersichtlich. Die Thiere tragen gleich=
sam das, was hernach die Menschenbildung giebt, recht
zierlich und schön geordnet als Schmuck, zusammenge=
packt in den unverhältnißmäßigen Organen, als da sind
Hörner, lange Schweife, Mähnen u. s. w., welches Alles
beim Menschen wegfällt, der schmucklos, durch sich selbst
schön und in sich selbst schön, vollendet dasteht; der
Alles, was er hat, auch ist, wo Gebrauch, Nutzen, Noth=
wendigkeit und Schönheit alles Eins ist und zu Einem
stimmt. Da beim Menschen nichts Überflüssiges ist,
so kann er auch nichts entbehren und verlieren, und
was er verliert, kann er deswegen auch nicht ersetzen
(Haare und Nägel ausgenommen und die geringe Re=
productionskraft in Rücksicht auf Haut, Fleisch und
Knochen), dagegen bei den Thieren, und je niedriger die
Thiere stehen, die Reproductionskraft ebenso wie die
Zeugungskraft größer ist. Die Reproductionskraft ist
nur eine unabgelöste Zeugung, und umgekehrt."

267.

1806, 26. November.

Mit Riemer.

„Daß der Mensch zu Behauptung seiner Freiheit
den Gegensatz des Gegebenen selbst hervorruft, diese
Erscheinung zeigt sich auch im Physischen, wo das Auge

8*

den Gegensatz einer gegebenen Farbe selbst hervorbringt,
und mit dem Gegebenen und dem selbst Hervorgebrachten
die Totalität abschließt."

268.

1806, 27. November.

Über Friedrich Ludwig Zacharias Werner.

Er [Goethe] hatte ... eines Abends [bei Frau
Schopenhauer] ... zu einer ausführlichen Erörterung
der Gesellschaft die Frage vorgelegt, welchen Sinn der
Titel von Werner's Luther, „Weihe der Kraft", wohl
haben möchte. Jeder sollte seine Meinung sagen, ob
eine geweihte Kraft, oder eine Weihung der Kraft, oder
eine Weihung durch die Kraft oder was sonst darunter
zu verstehen sei. Seine Absicht ging indeß weniger
dahin, jene Worte erklärt zu wissen, als darüber zu
scherzen.

269.

1806, 30. November (?).

Mit Karl Ludwig Fernow.

Am Abend desselben Tages, wo ich meinen Brief
an Sie [Böttiger] absandte, hatte ich eine sehr interessante Unterhaltung mit Goethe. .... Ich kam zufällig
mit G. über das Journal= und Zeitungswesen unsers
Vaterlandes zu sprechen. Sie wissen, wie G. von jeher

über die Neuigkeitskrämereien der Journale gedacht hat,
und er war auch jetzt indignirt über so manche Nach=
richten, welche in den letzten Zeiten über Weimar be=
sonders in der „Allgemeinen Zeitung" gestanden haben,
z. B. die Notiz, unsere verwittwete Herzogin und ihre
Flucht von Weimar vor der Schlacht, welche hier all=
gemein gemißbilligt worden, umsomehr, da die Beweg=
gründe zu ihrer Abreise dort völlig falsch angegeben
worden, und die andere, daß die Herzogin von Weimar
dem gefallenen Prinzen Louis Ferdinand von Preußen
einen Lorbeerkranz geweihet habe, woran, wie Sie leicht
denken können, kein wahres Wort ist, und andere In=
discretionen mehr, die Ihnen bekannt sind. Er sagte
mir, er habe deshalb auch sehr ernstlich an Cotta ge=
schrieben, daß er jetzt besonders, wo Deutschland nur
Eine große und heilige Sache habe — die, im Geiste
zusammenzuhalten, um in dem allgemeinen Ruin wenig
stens das bis jetzt noch unangetastete Palladium unserer
Literatur auf's Eifersüchtigste zu bewahren — der=
gleichen Frivolitäten, welche nur zum Gespött der
Schadenfrohen und zum Geklatsche der Müßiggänger
dienen, nicht in seinen Blättern hegen und pflegen
müsse. Er sagte, nach dem 14. October müsse kein
„Freimüthiger" mehr existiren; besonders müsse man
in Sachsen, welches vor vielen andern geschont worden
und so günstige Bedingungen für seine fernere Existenz
erhalten, jetzt mehr als je zusammenhalten, da Dresden,
Leipzig, Jena und Weimar künftig leicht der Hauptsitz

der germanischen Cultur im nördlichen Deutschland
bleiben dürften, sowie sie es auch schon früher größten=
theils gewesen seien. Alle die Neckereien, welche ehe=
mals in Zeiten der Ruhe und friedlicher Verhältnisse,
wenn auch unanständig, doch im Wesentlichen unschäd=
lich gewesen, würden jetzt höchst nachtheilig werden,
wenn sie dazu beitragen könnten, daß die Franzosen
die einzige Achtung, die sie jetzt noch für die Deutschen
haben konnten, verlieren müßten. Es sei also jetzt, wo
alles auf der Spitze stehe, eine wahre Verrätherei, mit
dem alten Leichtsinne fortzufahren, Orte, welche als ein
Sitz der Cultur, und Männer, welche als thätige Be=
förderer derselben einige Ansprüche auf öffentliche Ach=
tung haben können, unwürdig zu behandeln, und daß
der Feind uns um so weniger ehren werde, wenn wir
uns selbst so wenig ehren und achten, daß wir nicht
besseres zu thun wissen, als vor seinen Augen unsere
Blößen aufzudecken. Besonders müsse Weimar und
diejenigen in W., welche z. Th. dazu beigetragen, auch
selbst in den Augen der Franzosen unsere Literatur
achtungswürdig zu machen, jetzt mit gebührender Rück=
sicht behandelt werden, umsomehr, da der Kaiser Na=
poleon selbst auf Weimar aufmerksam geworden, sodaß
er den berühmten Johannes Müller in einer Unter=
redung gefragt hat, ob denn W. auch in Deutschland
selbst wegen seiner höhern Bildung in demselben An=
sehen stehe, wie bei den französischen Gelehrten. Man
müsse also auf alle Weise verhüten, daß der, in dessen

Hand jetzt das Schicksal liege, die Achtung, die wir
ihm durch ein höheres geistiges Übergewicht abgenöthigt
haben, nicht verliere u. s. w.

270.

1806, 2. December.

Mit Riemer.

„Wenn die Natur einen bestimmten Etat für die
genera der organischen Wesen hat, demzufolge sie eine
starke Ausgabe durch eine Ersparniß wieder compensiren
muß, so hat sie ihn wahrscheinlich auch bei den Indi=
viduen. Um nur vom Menschen zu reden, so scheinen
die starken Ausgaben an gewissen Theilen der Organi=
sation gewisse Schwächen an anderen nach sich zu ziehen.
Und auf dieser Lässigkeit, auf dieser Balancirung, scheint
es, beruht alle Verschiedenheit der Bildung, und nur
auf diesem Wege dürfte Galls Theorie zu begrün=
den sein.“

271.

1806, 8. December.

Mit Riemer.

„Es werden die Franzosen nach innen zu genöthigt,
sich tugendhaft zu zeigen, ehrlich, honett, rechtschaffen
u. s. w. zu sein, da sie nach außen zu als Räuber,
Spitzbuben und Mörder zu agiren gezwungen sind.
Wir Deutsche waren im Bewußtsein unserer Tugenden

früherhin im Ausdruck freier und loser, da wir jetzt
bei ungebundenen Sitten zu einer Decenz des Aus=
drucks streben müssen.“

272.

1806, December.

Mit Riemer.

a.

„Man kann die Phalangen (Wirbel im Rücken und
sonst) als die Knoten ansehen bei den Pflanzen. Wie
die Pflanze von Knoten zu Knoten wächst, so die Or=
ganisation der Thiere. Die Knochen der Arme und
Beine sind auch nichts anderes als größere Knoten oder
Phalangen. Von Eins fängt's an, geht im Vorderarm
und im Unterschenkel in zwei, dann in drei, vier, fünf
über 2c.“

b.

„Die Farbe zeigt eine Polarität, sie oxydirt und
desoxydirt, und wird es: beides Erscheinungen wie bei
Magnet und Electricität. Sollte die Farbe nicht eine
nur für den Sinn des Auges erfolgende Erscheinungs=
weise eines und desselben Entis sein, das sich bald als
Magnetismus, bald als Electricität, bald als Chemis=
mus zeigt? Sollte nicht beim Erscheinen der pris=
matischen Ränder gleichsam eine Oxydation und Des=
oxydation des Lichtes durch das Medium des brechenden
Mittels und auf Anlaß dessen vorgehen? Daß also
das Prisma nur für den Sinn des Auges thäte, was

bei dem Galvanismus die beiden Drähte im Wasser thun, eine Zersetzung des Lichts hervorbringen. Electricität wird ja sehr leicht für die tactische Empfindung als Galvanismus erregt, warum nicht eben so leicht für die Empfindung des Auges durch das prismatische Medium als Farbe?"

273.

1806, 11. December.

Mit Riemer.

„Die Nationen lassen sich auch mit Pflanzen, ihren Blüthen und Früchten vergleichen. Die untern Stände sind die Kotyledonen und die daraus sich entwickelnden ersten Stengelblätter; die höhern Stände und die Kulturen derselben repräsentiren die fernern Blätter, Blüthen, Früchte.

Hier öffnete sich ein weites und artiges Feld für die Rungische allegorisch-symbolisch-mystische Pflanzenmetamorphose."

274.

1806, 13. December.

Mit Riemer.

„Der Krieg ist in Wahrheit eine Krankheit, wo die Säfte, die zur Gesundheit und Erhaltung dienen, nur verwendet werden, um ein Fremdes, der Natur Ungemäßes, zu nähren."

275.

1806, 15. December.

Mit Riemer.

Von Jean Pauls neuestem Erziehungsbüchlein sagte
G.: Es komme ihm vor wie ein Züchtling, dessen Ketten
man immer klirren höre, wenn er auch noch so leise
Bewegungen mache. Man höre immer die Catena von
Citaten, Excerpten, Collectaneen und so fort.

276.

1806, 16. December.

Mit Riemer.

Goethe bemerkte, daß, da er nach Gall die Gabe
habe, sich nur gleichnißweise auszudrücken, er nun auch
das Verhältniß der Newtonischen Lehre zu seiner und
der frühern in einem Gleichniß darstellen wolle: er
habe dieses gefunden in den verschiedenen astronomischen
Systemen. Das Newtonische verhalte sich zu dem
neusten seinen, wie das Tycho-de-Brahische zu dem
Kopernikanischen.

277.

1806, um 23. December.

Über Geistesgegenwart der Bethmann.

Schauspieldirector Schmidt erzählte Mittags bei Goethe ein Geschichtchen von der Schauspielerin Bethmann bei Aufführung des Don Carlos. Der Darsteller des letzteren, Mattausch, hatte beim Abgang am Schluß des achten Auftritts im zweiten Aufzug den verhängnißvollen Brief fallen lassen und die Bethmann, Eboli, war durch die unter den Zuschauern entstehende Unruhe darauf aufmerksam gemacht worden. Schmidt fährt nun fort:

Bis hierher hatte ich, als ich bald darauf nach Weimar kam und bei Goethe speiste über Tische den Vorfall erzählt und bat ihn nun zu rathen, was die Beth=mann wohl in diesem Augenblicke gethan haben möchte; denn er hatte uns vorher auch lange auf den Namen des damals noch anonymen Verfassers von dem Lustspiel „Das Räthsel" [Contessa] rathen lassen. Er stand einige Augenblicke an, und Frau v. Goethe meinte, sie würde gethan haben, als sehe sie den Brief nicht. „Da wären denn freilich Madame wohlfeilen Preises davon gekommen," erwiederte Goethe und forderte mich auf weiter zu erzählen; „denn wer kann errathen," fügte er hinzu, „was eine kluge verständige Schauspielerin in so kritischem, dringendem Augenblick thut!" — Die Bethmann, in demselben Moment, als sie den Brief erblickte, bezeigt die höchste, freudigste Überraschung und stürzt mit der auffallendsten Hast auf den Brief hin,

ergreift ihn begierig, durchfliegt ihn mit vor Hoffnung
funkelnden Augen — und wirft ihn endlich mit dem
Gest getäuschter Erwartung wieder hin, als sei es ein
falsches Papier.

278.

1806, um 23. December.

Über die Aufführung des „Egmont" bei Jfflands
Weimarer Gastspiel.

Schmidt war von Wien nach Berlin und Weimar gesandt
worden, um bei etwaiger Auflösung der dortigen Bühnen nach
der Schlacht von Jena Schauspieler anzuwerben und traf Ab=
machungen mit zweien. Er erzählt dann weiter:

Auch in Bezug auf die andern vorzüglichen Mit=
glieder unterließ ich jedoch nicht, meinem Auftrag ge=
mäß weitere Schritte zu thun, worüber mir Goethe,
als ich vor meiner Abreise das letzte Mal bei ihm
speiste, das aus seinem Munde mir höchst erfreuliche
Zeugniß gab, daß er meine Schritte, die ihm nicht un=
bekannt geblieben wären, ganz gebilligt, und daß ich es
zu vereinigen gewußt habe, meinen Pflichten ganz treu
zu bleiben und doch dem Theater in Weimar nicht
nachtheilig zu werden..... Zugleich bedauerte er, daß
es nicht möglich gewesen sei, mich während meines
Aufenthalts seinen „Egmont" sehen zu lassen. Ich
hätte dabei abnehmen können, auf welche sinn= und
effectvolle Art Klärchens Erscheinung am Schlusse, die
er mir beschrieb, plastisch bewirkt würde. Ich fragte

ihn hierauf, ob das Stück noch mit den Abänderungen
in Weimar gegeben würde, wie sie mir von Iffland's
Gastspiel her, der 1796 den Egmont als Gast gab, er=
innerlich waren. Goethe fragte, worin sie bestanden
hätten. Ich erwähnte nur die eine, daß nämlich bei
der Unterredung Egmont's im Kerker, im fünften Act,
auch Alba im weiten, schwarzen Gewande mit der Ka=
puze über den Kopf herabgezogen und dem Henker=
schwert an der Seite gegenwärtig gewesen sei, und daß
dann Egmont bei einem Ausbruch seines Unmuths (es
war bei der Rede: „und ich falle ein Opfer seines —
Alba's — niedrigen Hasses, seines kleinlichen Neides ɔc.")
noch die Worte hinzugefügt habe: „Ja, ich darf es
sagen und wenn Herzog Alba selbst es hören sollte"
— womit er Alba die Kapuze herabriß und dieser in
seines Nichts durchbohrendem Gefühle dastand. „„Ja,""
erwiederte Goethe, „„ich erinnere mich, daß es damals
so arrangirt war und zwar von Schiller selbst. In
Schiller'sche Stücke hätt' es auch wohl gepaßt, allein
das ist mein Genre nicht.""   Dies ganz seine eigenen
Worte.

279.

1806, 24. December.

Mit Riemer.

Goethe wünschte einmal die Frage: ob ein nützlicher
Irrthum, eine nützliche Lüge einer schädlichen Wahrheit

vorzuziehen sei, in einer Fabel zu behandeln. Ich soll
ihn daran erinnern, wiewohl sie in der Iphigenie schon
durchgeführt sei. Während Orest und Pylades ihre
Zwecke durch Lug und Trug zu erreichen streben, sucht
sie auf ihre Weise durch die Wahrheit dahin zu ge=
langen.

G. habe nur drei Arten, sein Urtheil zu äußern,
indem er lobe, oder schweige, oder schelte.

280.

1806, 26. und 27. December.

Mit Riemer.

„Haug gehört zu den wiederkäuenden Thieren, wie
die Newtonianer sind, bei denen der Schlund sich in
lauter aufeinanderfolgende Magen zusammenfaltet. Das
Newtonische Heu schlucken sie hinunter, aber sie können's
im Magen weder verdauen noch sonst los werden. Sie
ruminiren es also durch alle Magen herauf und können's
immer nicht digeriren, da hingegen andere edlere Thiere
das ihrem Magen Widerspenstige gleich von sich geben. —
Den Haug müßte man in ein Ragout zerpflücken
(discerpiren) und ihn recht zierlich auf einem silbernen
Teller über einer Lampe à la * * * zurechte machen.“

281.

1806, gegen Ende December (?).

Über das Goethe=Bildniß der Caroline Bardua.

Caroline war jedem dankbar, der ihr sitzen mochte. . . . . Das merkwürdigste war das Bild Goethe's; er war der erste, der ihr saß*) . . . . Goethe erscheint mit noch dunkeln Haaren, in bloßem Hals, einen rothen Mantel [Toga?] um die Schultern geworfen: im grünen Damast des Hintergrundes bildet sich wie zufällig ein Lorbeerkranz um den Kopf. Man sieht wohl, daß es das Bild eines Anfängers ist: der Kopf erscheint etwas kolossal, aber majestätisch wie eines Imperators. Oft hörte man Carolinens Vater den Freunden, welche kamen, das Bild zu sehen, wiederholen, was Goethe gesagt habe: Mit diesem Bilde sei er für die Nachwelt zufrieden.

282.

1806, 30. December.

Bei Jffland's Almanach für's Theater.

Auf meine Bemerkung, daß die Deutschen den Franz Moor nicht los werden könnten, erwiederte G., daß

---

*) [Aber wahrscheinlich nicht zu dem nachbeschriebenen Bilde; zum ersten scheint er 1805 gesessen zu haben, zu obigem saß er im December 1806.]

Iffland ihn in seiner Jugend gut gespielt habe, und weil er ihn nicht losgeben wolle, ihn nun in das Würdige ziehe, einen Richard aus ihm mache 2c. Was es denn aber helfe, Eine grelle Figur abzudämpfen, wenn die übrigen es noch blieben, ja nur stärker hervorträten? Schiller's Intention, als Mann von Genie, sei vielmehr gewesen in diesem fratzenhaften Stücke auch einen fratzenhaften Teufel auftreten zu lassen, der die andern übertrumpfe. — — — Aber nun beschneiden sie ihm die Krallen, und da soll es ein würdiger Hundsfott werden, damit ihn ein würdiger Mann spielen könne."

283.

1806, Ende (?).

Mit Riemer.

„Der Charakter, d. h. die Mischung der ersten menschlichen Grundtriebe, der Selbsterhaltung, der Selbstschätzung 2c. ist das, wovon auch die Ausbildung der übrigen Seelenkräfte ausgeht und worauf sie ruht.

Die Franzosen haben diesen Verstand, weil sie diesen Charakter haben; es ist nur dieser Verstand und kein anderer.

Aus ihrem Charakter geht es hervor, daß sie die Welt bezwingen, nicht aus ihrem Verstande; denn ihr Verstand hat schon die Farbe ihres Charakters und

redet blos ihren ursprünglichen Tendenzen und Nei=
gungen das Wort. Das Eigennützige, das Habsüchtige,
das Alles sich Aneignende, Fremdes Ausschließende,
dieses bestimmt sie mehr, als was nicht so ist. Wenn
nun eine ganze Nation so ist, muß sie ja die Welt
gewinnen."

284.

1806.

Mit Riemer.

Der Sultan wider Willen. Goethe hatte sich
immer und zumeist im Jahre 1806 mit dieser Geschichte
getragen, für die er eine besondere Liebe zu haben
schien. Vier Damen von ganz verschiedenen Charakteren
interessiren sich alle für Einen Mann; jede ist auf eine
eigene Art liebenswürdig, jede findet er, wenn er sich
ihr nähert, seinem Zustande angemessen, allein liebens=
würdig und unbegreiflich, wie er eine andere lieben
kann u. s. w.

285.

1806, Winter auf 1807 und Späteres.

In Gesellschaft bei Johanna Schopenhauer
geb. Trosiener.

a.

Die Gesellschaft nahm — den 12. November 1806
— einen ganz kleinen Anfang. Wie Fernow, der schon

früher die Bekanntschaft der Frau Schopenhauer ge=
macht hatte, mich gegen Abend dazu abholte, fand ich
[Stephan Schütze] Goethe, Meyer und den Kammer=
rath Ridel (den frühern Erzieher des Erbprinzen [Karl
Friedrich]). Ich fühlte mich umsomehr beglückt, hier
Goethen vorgestellt zu werden, da ich bisher vergebens
darnach gestrebt hatte; denn damals war er lange nicht
so zugänglich, wie in späterer Zeit. . . . . . Fünf Per=
sonen saßen denn also um die Schopenhauer her, die
in stiller Geschäftigkeit hinter der Theemaschine ihr
Amt als Wirthin verwaltete, während ganz gemächlich
wissenschaftliche Gespräche geführt wurden. Die Unter=
haltung verbreitete sich über Italien, die italienische
Sprache und ihre verschiedenen Dialekte, über welche
Fernow nach vielen mit Fleiß angestellten Nachfor=
schungen seine Bemerkungen mittheilte. Man blieb
indeß immer nur bei Erfahrungssätzen stehen; auf
ästhetische oder philosopische Betrachtungen, auf die ich
am meisten begierig war, ließ man sich nicht ein. Um
endlich doch auch etwas zu sagen, faßte ich mir ein
Herz und äußerte gegen Goethe, da man seines „Eg=
mont" erwähnte, daß die Lichterscheinung Clärchens
zuletzt dem Stück erst eine höhere Bedeutung gäbe, in=
dem sie das Verdienst Egmont's um die ganze Nation
der Niederländer in seinen Folgen ausspräche. Schiller
hatte sich wie bekannt gegen die Erscheinung erklärt.
Goethe lobte mich über mein Lob und sagte, daß er
das Stück auch nicht ohne die Erscheinung sehen möchte.

.... Bei der nächsten Gesellschaft sah ich ... die Gesellschaft eine ganz andere Gestalt gewinnen. Mehrere Familien .... waren noch dazu eingeladen; mit jedem Donnerstag erweiterte sich der Kreis. ..... Vorlesungen, die gehalten wurden, Gespräche über Werke der Kunst, die man auch öfters aufgelegt fand, wechselten ab mit leichter Unterhaltung über Vorfälle des Tages, über das Theater, über neue Erscheinungen in der Literatur, über bekannte ausgezeichnete Personen, selten über Politik, die man gern vermied, nachdem der Feind ganz Deutschland überzogen hatte. „Man möchte draußen sein," sagte Goethe, „aber es giebt kein Draußen." ..... — Goethe war am meisten bemüht, den Krieg von sich abzuhalten und sich das Leben angenehm zu machen. Er dichtete um diese Zeit: „Ich hab' meine Sach' auf nichts gestellt." — Am Sylvesterabend, wo Frau Schopenhauer einen engeren Kreis (wozu ich auch mit gehörte) geschmackvoll bewirthete, war er überaus heiter. Unter anderm erzählte er von dem Erfolge des großen Räthsel, das er in die Welt ausgesandt. Briefe über Briefe kamen mit Auflösungen; es kostete viel Porto, und der Bediente gerieth außer sich. „Lassen wir das noch eine Weile," sagte er. „Es ging vorzüglich nach dem Harze zu, und endlich brach es sich am Brocken." — Dann neckte er die Bardua, die mich mit einem Einfalle malen sollte. Den folgenden Tag, als er wiederkam, saß sie unter dem Tische, weil sie seinen Befehl nicht vollzogen hatte.

9*

Wie sie aber jetzt hervorrauschte, erschreckte sie sein
ernstes Gesicht — der Scherz war vorüber.

...... Dann kam von mir ein Lustspiel daran:
„Der Dichter und sein Vaterland — als Vorschlag
zu einer Todtenfeier für alle Dichter, die gestorben sind
und noch sterben werden." Es wurde zur Zeit der
Jenaischen Schlacht gedruckt und jetzt, vom Krieg umringt, mußte es sein Publikum in Weimar, ja, in diesem
Kreise suchen. Fernow brachte es am Neujahrstage
zum Vortrag, und Goethe, der es schon kannte, äußerte
zuletzt, wo das zu einem Denkmal gesammelte Geld
auf den Grabhügel des todtgeglaubten Dichters gelegt
wird und er nun plötzlich selbst, es zu empfangen
hervortritt: „Hier will ich dem Autor den Vorschlag
thun, daß er einen von den Gesandten der grünen
Inseln sagen läßt: Ich muß protestiren; für diesen Fall
habe ich keinen Auftrag." Gewiß ein köstlicher Einfall,
der den Widerspruch — für einen lebenden Dichter
nichts zu thun und für den todten Schätze zu einem
Denkmale zu sammeln — recht in das hellste Licht
setzt. Goethe schickte das Lustspiel auch an Knebel, und
die Herzogin Amalia, glorreichen Andenkens, ließ es
sich ebenfalls in ihrer Abendgesellschaft vorlesen.

— — — — — — — —

Ein Hauptgegenstand der Betrachtung blieb in diesem
Kreise immer Goethe, und gewiß werden es die meisten
Leser gern sehen, wenn ich bei ihm noch besonders ver-
weile. Doch dürfen sie nicht zu viel erwarten. Es ist

nicht meine Absicht, hier ein vollständiges Bild von
ihm zu entwerfen, wie es mir nach fünfundzwanzig-
jährigem Verkehr mit ihm vielleicht möglich wäre,
sondern nur einzelne Züge von ihm anzuführen, wie
sie eben in dieser Gesellschaft zum Vorschein kamen.

Das Merkwürdigste war, ihn fast jedesmal in einer
anderen Stimmung zu sehen, sodaß, wer ihn mit einem-
male zu fassen glaubte, sich das nächstemal gewiß gestehen mußte, daß er ihm wieder entschlüpft sei. Man
hatte bald einen sanft-ruhigen, bald einen verdrießlich-
abschreckenden (auch Kummer drückte sich bei ihm gewöhnlich durch Verdrießlichkeit aus), bald einen sich
absondernden, schweigsamen, bald einen beredten, ja red-
seligen, bald einen episch-ruhigen, bald — wiewohl
seltener — einen feurig-aufgeregten, begeisterten, bald
einen ironisch-scherzenden, schalkhaft-neckenden, bald einen
zornig-scheltenden, bald sogar einen übermüthigen Goethe
vor sich. Wenn uns ein solcher Wechsel bei ihm in
Verwunderung setzt, rührt es nur daher, daß wir die
menschliche Natur überhaupt zu wenig kennen. Diese
große Verschiedenheit oder Menge von Stimmungen
war bei Goethe etwas ganz Natürliches, ja Nothwen-
diges; denn wie hätte er bei seiner Richtung auf Uni-
versalität in so vielerlei Verhältnisse und Gemüthsver-
fassungen sich mit Leichtigkeit versenken können, wenn
seiner Phantasie nicht auch eine große Schmiegsamkeit
des Gefühlsystems wäre beigegeben worden, ein wandel-
bares Mitempfinden, das bei aller Ruhe und Freiheit

doch zum Medium des Auffassens und zur Grundlage
einer neuen Schöpfung dienen muß. Eine solche inner=
liche Beweglichkeit ist aber auch im gewöhnlichen Leben
nachwirkend. Goethe übte gewiß eine Herrschaft über
sich, wie leicht niemand; dennoch drang ein Nachhall
der letzten Stunde oder die Laune des Augenblicks oft=
mals durch die feste Haltung hindurch, und als Gast,
ohne besondere Verpflichtung, ließ er sich hier weit
freier gehen als zu Hause, wenn er selbst Gäste em=
pfing. — Es konnte einem ganz ängstlich zu Muthe
werden, wenn er verstimmt in die Gesellschaft trat und
aus einem Winkel in den andern ging. Wenn er
schwieg, wußte man nicht, wer nun reden sollte, wenn
nicht etwa Bertuch mit einer Erzählung aushalf. Unter
diesen Umständen und da er ohnehin sich gern gegen
die Außenwelt verwahrte, muß man es der Wirthin
als einen klugen Einfall nachrühmen — wenn es nicht
vielleicht auf Meyer's Rath geschah — daß sie nicht
weit von der Thüre einen Tisch mit Apparat zum
Zeichnen aufgestellt hatte, woran er sich nach Belieben
setzen konnte, wenn er eben nicht zum Reden aufgelegt
war. Hier brachte er viele Landschaften zu Stande,
die, wenn wirkliche Maler auch nichts Besonderes daran
fanden, für die Wirthin doch immer ein sehr ehren=
werthes Andenken blieben.

Um so liebenswürdiger war er aber, wenn er ge=
sellig=aufgelegt in einem kleinen Kreise ein leichtes
Wechselgespräch unterhielt, worin einer um den andern

sein Scherflein beisteuerte. Gewöhnlicherweise warf er
weder mit Witz noch Ideen um sich, ja, er vermied
diese sogar, sondern er gefiel sich meist im Ton einer
heitern Ironie, die etwas zu loben schien, dessen Un-
haltbarkeit sich so von selbst ergeben mußte. So wurde
der Tadel zu einem anmuthigen Ergötzen und das Un-
vollkommene wieder zum Genuß. Schnelle Kreuz- und
Quersprünge konnte er in der Unterhaltung nicht leiden.
Ich ließ öfters damit an, von Einfällen des Augenblicks
verleitet, und ich hatte dann immer zu bemerken, daß
er sich mit der Hand über das Gesicht fuhr. —

Noch mehr liebte er, etwas ruhig durchzusprechen,
wobei andere oft nur beipflichtend und fragend beför-
derlich waren, während er eigentlich das Gespräch führte
und fortsetzte. Höher noch stieg seine Liebenswürdigkeit, wenn er ganz und gar einer epischen Stimmung
sich hingab, wenn er z. B. ein römisches Carneval beschrieb' oder sonst etwas von Italien erzählte. Hier
konnte man stundenlang ihm zuhören und die ganze
übrige Gesellschaft darüber vergessen. Die Ruhe, die
Klarheit, die Lebendigkeit, der an's Komische hinstreifende
halb feierliche Ton, womit er schilderte, und alles deutlich vor Augen stellte, flößte mit dem Reize der Unterhaltung zugleich ein großes Behagen, ein großes Wohlgefallen am Leben ein, wodurch der Blick sich erweiterte
und das Herz von einer schönern Welt Besitz nahm.
Man erkannte darin das Ziel der Goethe'schen Muse,
schon dieses Leben in ein anmuthiges Eden zu ver-

wandeln und den bestmöglichen Gebrauch desselben zur
Aufgabe unserer Weisheit zu machen. So angenehm
fesselnd indeß auch seine Schilderungen waren, die
höchste Glorie umleuchtete ihn erst in Augenblicken der
Begeisterung, wenn ein lebhaftes Roth die Wangen
überflog, deutlicher der Gedanke auf der erhabnen Stirn
hervortrat, himmlischer noch die Strahlen seines Auges
glänzten, und sein ganzes Antlitz sich zum Ausdruck
einer göttlichen Anschauung verklärte. Es war dieß
namentlich der Fall, als er eines Abends Calderon's
standhaften Prinzen vorlas (den 22. März 1807). Bei
der Scene, wo der Prinz als Geist mit der Fackel in
der Nacht dem kommenden Heere voranleuchtet, wurde
er so von der Schönheit der Dichtung hingerissen, daß
er mit Heftigkeit das Buch auf den Tisch warf, daß
es auf die Erde fiel.

Nicht am Großen allein, an jeder neuen Erscheinung
von nur einiger Bedeutung nahm er den wärmsten Antheil, sobald in der Kunst nur die Natur, sei es einfach oder durch künstliche Formen, siegreich hindurch
drang, und wenn irgend etwas Aufsehen machte, ließ
er sich davon erzählen, wobei er fast immer auf Seiten
des Volks war, dessen Stimme er gern für ein Zeugniß
der unbewußten Natur nahm. Er haßte die Kritiker,
die an den Fehlern haften und in der Negation sich
herumdrehen. Von ihm konnte man lernen zu genießen. Er hielt sich an das Schöne eines Kunst-
werkes und sagte dann wohl bei einer Eigenheit: „Das

muß man nun dem Künstler zugeben, er will seine
Freiheit, will auch seinen Spaß haben." Wenn nur
etwas Freude machte, ging seine Nachsicht sehr weit.
Sprach man z. B. von ergötzlichen Scherzen in
Clauren'schen Lustspielen, so ließ er seine Weise und
das aus dem Leben Dargestellte gern gelten: „es
käme wohl nur darauf an," sagte er, „es mehr zu
heben." Dieß war ein Lieblingsausdruck von ihm,
womit er zugleich seine eigene Art des Idealisirens
bezeichnete. Recht tolles Treiben in den Weimarischen
Volksstücken ergötzte ihn vorzugsweise, und der Aus=
spruch: „es ist etwas Verruchtes!" war für diesen Fall
in seinem Munde für ein Lob zu achten. Er fügte
dann auch wohl hinzu: um zu einer solchen Komik zu
gelangen, müsse man von etwas Absurdem ausgehen. —

Mit Vergnügen sah man ihn in größerer Bewegung,
wenn eben etwas Neues, wie z. B. zur Zeit die erste
Sammlung von Volksliedern oder das Nibelungenlied
oder die allemanischen Gedichte seine Phantasie ergriffen
hatte, und, geschah es dann, daß er in der ersten Auf=
regung im Lobe etwas übertrieb, wer hätte ihm das
übel deuten sollen! Es war so reinmenschlich und so
poetisch zugleich. Er kam auch bald wieder in sein
voriges Gleichgewicht zurück. Ein Übel entsprang in=
deß gar oft daraus für einseitige Verehrer und Be=
wunderer des Schönen. Sie beriefen sich nun alle auf
Goethe, als ob er sich gerade für dieses oder jenes,
wie wenn es das Einzige oder Höchste wäre, erklärt

hätte; jede Partei zählte ihn zu den Ihrigen und
machte ihn zu ihrem Anwalt oder gar zum Oberhaupt.
Goethe aber blieb an keiner Sache haften; mit all=
seitiger Empfänglichkeit wanderte er durch eine große
Mannigfaltigkeit von bedeutenden Erscheinungen, und
mit Recht konnte er daher von sich sagen: „Wenn die
Leute glauben, ich wäre noch in Weimar, dann bin ich
schon in Erfurt."

Man muß überhaupt nicht glauben, daß Goethe
in seinen Ansichten immer fest und entschieden gewesen
wäre. Nein! das aber sicherte grade seine Freiheit für
die Erkenntniß so verschiedener Dinge, daß er sich
immer das weitere vorbehielt, jedes Ding immer wieder,
so oder anders, in Betrachtung zog, und das, was ihm
für den Augenblick gewiß schien, immer wieder einer
neuen Prüfung unterwarf. Sein Zweifeln und An=
nehmen ging oft bis in das Sonderbare. So sagte er
einmal zu mir: „Ich weiß doch nicht, ob nicht die Fran=
zosen (mit ihren klassischen Trauerspielen) auf dem
rechten Wege waren." Er sprach vielleicht in seinem
eignen Interesse, da er selbst durch seine ruhig=epische
Natur die Richtung bekommen hatte, daß er die han=
delnden Personen in seinen Dramen ohne viel Geräusch
ihr Inneres, was allerdings immer die Hauptsache bleibt,
in ausführlichen Reden gegen und neben einander sich
aussprechen ließ. Daß er auf diese Weise keine thea=
tralische Wirkung hervorbringen konnte, fühlte er nach=
her gar wohl und sagte: „Ich habe gegen das Theater

geschrieben." So erwähnte er gelegentlich auch als eines Vortheils der besondern Kraft, die bei Shakespeare in Sprüngen und plötzlichen Übergängen läge. — Ein andermal äußerte er gegen mich: „Es kam doch wohl auf Richelieu an, der französischen Kunst und Literatur eine andere Wendung zu geben." Ich entgegnete: „Sollte so etwas wohl von einem einzelnen Menschen abhängen?" Da sah er mich mit großen Augen an und sagte nach einer Pause: „Legen Sie mir Münzen aus allen Zeiten vor, ich will sagen, aus welchem Jahrhunderte sie sind." Mir war, als ob sein Geist plötzlich in einer furchtbaren Glorie hervorträte, da ich ihn so sein ganzes Selbstgefühl, ohne Hehl die Kraft seines Genies aussprechen hörte. — Über Shakespeare, bei dem manche alles als klug berechnete Kunst bewundern, war seine Meinung, daß er mit genialem Naturinstinkt gearbeitet, sich gleichsam einen Rahmen gezogen und da mit dreister Hand seine Figuren hineingezeichnet habe. In Calderon sah er schon mehr einen künstlichen Dichter. Über Werke der bildenden Kunst äußerte er sich indeß viel häufiger, als über Werke der Poesie: mit dieser war er vermählt, jene blieb immerfort seine Geliebte. — Außerdem lag die weite Natur und das ganze Leben zur Betrachtung vor ihm. Zu welchem unbemerkten Punkt in der Erscheinung man sich auch im Gespräche verirren mochte, man traf ihn dort. Ich erwähnte einmal das Belauschen der Stille bei dem allmähligen Verhallen des Tages. Da hatte er schon längst an

einem schwülen Sommerabende draußen auf dem Hügel
gesessen und auf die Töne hingehorcht, die mit leisem
Athem bis zur schweigsamen Mitternacht in der Luft
sich begegnen. — Ein andermal fragte er mich, ob mir
auch das Glück zu Theil geworden, zuweilen im Traume
zu fliegen, und wie das geschehe; er möchte gern in
der Art und Weise auf etwas Allgemeineres kommen.
Er fliege im Zimmer oder in einem Saale immer oben
im Kreise herum. Ich erwiederte: Mein Fliegen sei
unstät, bald niedriger, bald höher, wohl bis auf das
Dach. — Still für mich erkannte ich in seiner Art zu
fliegen wieder den Charakter der ruhig epischen Be-
schaulichkeit, aber laut gegen ihn hätte ich doch diese
Bemerkung nicht machen mögen.

Goethe liebte bei aller Natürlichkeit — in Verbindung mit dem Plastischen — doch das Förmliche und
Feierliche ein wenig. Zum Theil rührte dieß vielleicht
auch von der strengen Sitte der alten Zeit her. Wenn
er eintrat, schritt er, ohne rechts oder links zu schauen,
mit steifer Haltung durch alle Personen hindurch ge-
radeswegs auf die Wirthin zu, machte ihr sein ernstes
Kompliment und verneigte sich dann mit einer sanften
Verbeugung gegen die übrigen im Kreise herum. Mit
kurzen, schnell wechselnden Reden über etwas leicht hin-
zugleiten, war ihm nicht eigen; eher that er etwas mit
der Milde eines halb ausgesprochenen Wortes ab.
Sonst sprach er in der Regel etwas langsam, nach den
tiefern Tönen zu, mit einer bequemen Würde, die den

Gegenstand von sich entfernt hält und auch gegen per=
sönliche Annäherung sich verwahrt. Dieß Entfernt=
halten drückte sich auch praktisch häufig in den Worten
aus: „das ist nun so!" — oder: „das wird sich machen
lassen!" — Selbst das Heitere mußte sich oft der Förm=
lichkeit unterwerfen, wie einmal z. B. bei der Verlosung
eines Bildes (d. 10. Februar 1814), wozu erst um=
ständliche Vorbereitungen getroffen wurden, und sein
Sohn dann an einem besonderen Tische mitten im
Zimmer wie zu Gericht saß. — Einen Auftritt dieser
Art gab es eines Abends bei einer Vorlesung, wobei
das Feierliche aber beinahe in's Komische umschlug.
Goethe hatte nämlich schottische Balladen mitgebracht
und erbot sich, eine von ziemlicher Länge selbst vorzu=
tragen, doch so, daß den wiederkehrenden Satz, der bei
jedem Verse vorkam, die Frauen immer im Chor da=
zwischen sprechen sollten. Der pathetische Vortrag be=
gann, die Damen hielten sich bereit und fielen zur
rechten Zeit ein, glücklich kam man über den ersten
Vers hinaus, aber als dieselben Worte sich zum zweiten=
und drittenmal wiederholten, überwältigte die Frau
Professorin Reinbeck ein unwillkürliches Lachen. Goethe
hielt inne, ließ das Buch sinken und strahlte sie alle
mit den feurigen Augen eines donnernden Jupiters an:
„Dann lese ich nicht!" sagte er ganz kurz. Man war
nicht wenig erschrocken; aber Johanna Schopenhauer
bat vor, gelobte auf's neue Gehorsam und verbürgte
sich für die übrigen. Nun ging es in Gottes Namen

wieder vorwärts — und in der That! sämmtliche
Damen auf Kommando das Kinn taktmäßig zugleich be=
wegen zu sehen, hatte so viel von der Komik an sich,
daß die volle Autorität eines Goethe dazu gehörte, die
ganze Gesellschaft in dem angeordneten feierlichen Ernste
zu erhalten. Eine ähnliche Peinlichkeit erlebte ich an
einem musikalischen Abend (d. 31. Dezember 1807), als
die Hofräthin Sänger und Sängerinnen vom Theater
zu sich eingeladen hatte. Goethe kam von der Lektüre
Italienischer Schäfer=Idyllen und befand sich in einer
sanften lyrischen Stimmung, in welcher er sich auch
mit großer Anmuth über das Gelesene aussprach. Nach=
dem herrliche Lieder, besonders von Zelter, waren ge=
sungen worden, während Goethe in den Zimmern auf
und abging, setzte sich die Gesellschaft an verschiedene
Tische. Ich bekam meinen Platz unter den Künstlern
und gab mich hier um so lieber lustigen Einfällen hin,
als in diesem Kreise sich eine Lachtaube befand, die
für Scherze sehr empfänglich und reizbar war. Aber
plötzlich — mitten in der Fröhlichkeit — klopfte Goethe
auf den Tisch, augenblickliche Stille und Gesang ge=
bietend. Da hätte man sehen sollen, wie das halb
ausgesprochene Wort auf den Lippen erstarb, wie die
Mienen zuckten und ein Wetterleuchten über die Ge=
sichter fuhr. Lachtaube hatte die erste Stimme — sie
kämpfte ritterlich — mit bewundernswürdiger Fassung
rang sie sich auf und die andern folgten ihrem Flug,
während manche bitter=süße Thräne über hochgeröthete

Wangen floß. Zum Glück haben Schauspieler sich
mehr in der Gewalt als andere Menschen. — Sie
blieben nun auf ihrer Hut, und wie Goethe einmal
aufgestanden war, schlich einer nach und kam mit der
Nachricht zurück: er lacht! was denn die vorige Lust
wieder zurückführte. — In muntrer Laune verlor sich
Goethe zuweilen in eine bis zum Ermüden anhaltende
Scherzhaftigkeit oder in eine Neckerei mit einer und
derselben Sache. So plagte er uns einmal einen
ganzen Abend (den 19. April 1812), indem er verlangte, daß wir den Inhalt der neuen, uns völlig unbekannten Stücke errathen und angeben sollten, von
denen er eben im Theater die Probe gehalten. Trafen
auch einzelne Worte zu, wie wenn man zu einer Aufführung Requisite zusammenschleppen sieht und von
einem Degen auf einen Offizier, von einem Hirschfänger
auf einen Jäger schließt, so wollte doch kein ganzer
Zusammenhang entstehen, und wir blieben immerfort
auf der Folter der Langenweile. Ob er es selbst nicht
fühlt, fragte man sich, welchen Zwang er uns anthut?
Aber es gehört nun einmal mit zu den Eigenschaften
eines großen Geistes, daß er mit seiner Überlegenheit
gegen Andere zuweilen die Grenzen überschreitet, besonders, wenn er durch Huldigung und Unterwerfung
schon verwöhnt ist. Wer sich darüber verwundert, kennt
die menschliche Natur nicht. — Ein andermal — er
kam mit einer Weinlaune, noch halb geputzt, vom Hofe
— übte er völligen Übermuth aus, und zwar gegen

Wieland auf eine fast bösliche Weise (den 13. November 1808). Er reizte ihn durch Widerspruch, und man hörte gleich, daß es ihm nicht darum zu thun war, Recht zu behalten, sondern nur, ihn in Harnisch zu setzen. Wieland nahm die Sache ernsthaft, und ärgerte sich denn auch in allem Ernste. Meyer hielt sich zu Goethe als sein treuer Adjutant, und seine zurecht= weisenden Worte: „Lieber Wieland, Sie müssen das nicht so nehmen!" klangen mir verletzend.

Mit wirklichem Zorn trat er eines Abends (den 17. Mai 1808) ein, als ihn Friedrich Schlegel aus seiner Ruhe aufgejagt hatte, wenn ich nicht irre, durch die öffentliche Behauptung, daß in seiner poetischen Ge= sinnung die Grundsätze von Voltaire anzutreffen wären. Man trachte dahin, meinte er, ihn ganz allmählich herunterzuziehen, ihm etwas und dann wieder etwas zu nehmen u. s. w. „Aber man sollte nur wissen," fuhr er fort, „wie sie es in Jena getrieben haben. Da haben sie angereizt, einen Musenalmanach herauszu= geben — um ihre eignen Gedichte zu drucken und ein schönes Honorar zu bekommen. Diese Scene hat Falk in seinem Buche über Goethe sehr ausführlich be= schrieben, aber so viel aus seiner eigenen Phantasie hinzugedichtet und die einfachen Worte so überschweng= lich mit seinen ihm eignen pathetischen Ausdrücken ver= mischt, daß Goethe darin nicht wieder zu erkennen ist.

b.*)

I. Goethe hatte einen von Runge in Papier ausgeschnittenen Blumenstrauß zur Ansicht in die Abendgesellschaft der Schopenhauer mitgebracht, wodurch letztere bewogen worden war, einen von einer Fuchsie umschlungenen Kastanienzweig auszuschneiden und diesen am 3. December 1806 Goethen vorzulegen. Sie schreibt darüber:

Nun hättest Du [Arthur Schopenhauer] ihn und seine Freude über meine Kunst sehen sollen, wie er es gewahr wurde. Gegen Runge's Bouquet mußte ich freilich zurückstehen, aber meines war in der Art ein erster Versuch; denn die Blumen sind in Lebensgröße. Nun kamen verschiedene, die meine Arbeit für Runge's Arbeit hielten, welche sie früher gesehen hatten, und Goethe rief dann ganz triumphirend, wenn sie lange bewundert hatten: „Nein, die Frau, die kleine Frau hat das gemacht! Solche Streiche macht sie! Sehen Sie einmal, sehen Sie einmal recht, wie hübsch das ist!" Er freute sich darüber wie ein Kind zum Weihnachten. . . . Die übrigen gingen an's Clavier im Nebenzimmer, ich blieb allein bei Goethe an seinem Zeichentische: denn ich kann ihn nicht genug sehen und hören. Nun erzählte er mir von einem Ofenschirme, den ich so machen müßte, machte mir mit ein paar Strichen eine Zeichnung dazu

---

*) Die Schilderungen unter b können leider nur in den von Düntzer in brockenhafter, verwirrender Darstellung veröffentlichten, z. Th. unbestimmbaren Bruchstücken von Briefen der Schopenhauer an ihren Sohn wiedergegeben werden.

und will mir auch beim Aufleben helfen. Hernach
versammelten sich Meyer, Fernow und Schütze um uns;
wir machten einen kleinen Kreis, die Barbua kam dazu,
mit welcher heillos umgegangen ward, und der Abend
verging unter Scherz und Lachen."

II. [Den 7. (?) December 1806.] Die Frau des
Marschall Lannes kommt hier durch und sollte bei ihm
[Goethe] logiren. Weil sie schon viele Tage erwartet
wurde und nicht kam, so meinte er, sie käme gar nicht,
aß richtig zu Mittag eine kalte Gänseleberpastete, die
für die Dame bereitet war und kam den Abend zu mir.
Nun kam die Dame, und die Pastete war verzehrt, und
er war bei mir und mußte fort.

III. Gestern [19. (?) December] war mein Zirkel
kleiner, aber um so interessanter, obgleich niemand etwas
zum Vorlesen mitgebracht hatte. Ich schnitt wieder
Blumen aus, und Goethe war beschäftigt, sie zu einem
Ofenschirme zu ordnen, den er selbst aufleben will.
Dabei erzählte er Anekdoten aller Art. Die Barbua
malt jetzt Goethe; ich glaube fast, er würde mir auch
sitzen, wenn ich ihn darum bäte. Den Muth dazu hätte
ich wohl, aber wenn's zur Ausführung käme und er
mich dann so ernsthaft mit seinen durchdringenden
Augen ansähe, dann wäre ich in Gefahr, davonlaufen
zu müssen. Also lasse ich es lieber; die Barbua wird
mir aber das Bild, welches sehr ähnlich werden soll,
copieren. — Letzt sprach man bei mir vom Latein, wie
nothwendig es wäre und wie wenig es jetzt gelernt

würde. Ich sagte, Du hättest es in Deiner Kindheit
durchaus nicht lernen können, obgleich Du lebende
Sprachen sehr leicht vollkommen begriffest. Goethe
sagte: es wundere ihn nicht; es wäre ungeheuer schwer,
da hälfe keine Methode, die ganze Kindheit müsse
darauf zugebracht werden. „Wenn zehn Louisd'or auf
einem Tische liegen, kann man sie leicht einstreichen,
aber wenn sie tief in einem alten Brunnen liegen und
Steine, Schutt und Gebüsch obendrauf, dann ist's ein
ander Ding; ein Kind kriegt dann wohl mühsam hinein,
aber ein Erwachsener muß es bleiben lassen." Ich sagte,
Du hättest Lust, es noch zu lernen, ich wolle Dir aber
abrathen. Dies solle ich auch nicht thun, sagte er; es
bliebe doch immer etwas hängen, und wenn Du es
noch thun wolltest, so wäre es sehr gut und nützlich,
obgleich Du es zur Vollkommenheit nicht bringen
würdest.

IV. Er ist ein unbeschreibliches Wesen; das Höchste
wie das Kleinste ergreift er. So saß er denn an diesem
Abend [25. December] eine lange Weile im letzten
meiner drei . . . Zimmer mit Adele . . . und der
jüngsten Conta, einem hübschen, unbefangenen sechzehn=
jährigen Mädchen. Wir sahen von weitem der leb=
haften Conversation zwischen den dreien zu, ohne sie
zu verstehen; zuletzt gingen sie alle drei hinaus und
kamen lange nicht wieder. Goethe war mit den Kindern
in Sophie's Zimmer gegangen, hatte sich dort hinge=
setzt und sich Adele's Herrlichkeiten zeigen lassen, alles
10*

Stück vor Stück besehen, die Puppen nach der Reihe
tanzen lassen, und kam nun mit den frohen Kindern
und einem sehr lieben milden Gesichte zurück, wovon
kein Mensch einen Begriff hat, der nicht die Gelegen=
heit hat, ihn zu sehen, wie ich.

V. Am Abend des 4. [Januar] fing Goethe an von
seinem herannahenden Alter zu sprechen mit einer Weich=
heit des Tones, mit einem so edlen Selbstbewußtsein,
daß es uns alle tief rührte. Dabei hielt er mich fest
bei der Hand; er thut das oft und erinnert mich dabei
lebhaft an Deinen Vater, der mich dann auch so fest=
halten konnte.

VI. Am Donnerstag . . . [den 5. Februar] bestand
mein Zirkel fast nur aus Herren, aber es waren gerade
die interessantesten; Frau v. Goethe war die einzige
Dame. „Weil wir eben in solchem kleinen vertrau=
lichen Zirkel sind“ — fing er an — „so will ich
denn eine Naturnothwendigkeit mittheilen; es ist billig,
daß man unter Freunden sich dergleichen wechselseitig
mittheilt.“ Und damit fing er aus einem Briefe eine Ge=
schichte von einer Mamsell, die in die Wochen gekommen
war, zu lesen an. Darüber kam die Bardua. „Ge=
rechter Himmel, da kommt die Bardua!“ rief er aus; „nun
darf ich nicht weiter lesen.“ „„Es thut nichts,““ sagte
ich: „„die Bardua muß draußen bleiben.““ Das war
Wasser auf seine Mühle. Der Bardua kündigte er
gleich gravitätisch an, sie müsse draußen bleiben. Den
Bertuch, den Sohn, der gewaltig lang ist, stellte er an

die zugemachte Thür, welche die Bardua von außen
gewaltig berannte. „Halten Sie Ihren Posten wohl,
Bertuch! Denken Sie, Sie sind in Breslau. Es soll
Ihr Schade nicht sein; ich will schon so lesen, daß Sie
dort so gut hören sollen, wie hier." Die Bardua
machte einen erbärmlichen Spektakel; er ließ sich nicht
stören und verwies sie nur von Zeit zu Zeit mit ein
paar Worten zur Ruhe und Geduld. Zuletzt spielte
sie aus Leibeskräften auf dem Claviere. „Eine Kriegs=
list!" sagte er; „hilft nichts! wir lesen lauter." Und
so erhob er die Stimme oder ließ sie sinken, nachdem
sie accompagnirte, wie in einem Melodram bis ans
Ende, wo sie dann feierlich hereingeholt ward. Alles
dies ist nichts, aber man muß es sehen. Dieses kleine
Intermezzo stimmte uns alle lustiger; es wurde viel
den Abend gelacht. Zuletzt aber kam das Gespräch auf
die Allemannischen Gedichte [von Hebel]. Meyer, als
Schweizer, und Legationsrath Weyland, als Elsasser,
sind der Sprache mächtig und lesen manches daraus
sehr hübsch vor. Goethe ist die Sprache fremd, er las
aber doch sein Lieblingsstück, „Das Gespenst an der
Kanderer Straße", und er las es, wie nur er lesen
kann.

VII. Seit ein paar Abenden [vor dem 10. März
1807) liest Goethe selbst bei mir vor, und ihn dabei
zu hören und zu sehen ist prächtig. Schlegel hat ihm
ein übersetztes Schauspiel von Calderon [„Der stand=
hafte Prinz"] im Manuscripte geschickt; es ist Kling=

klang und Farbenspiel, aber er liest auch den Abend
keine drei Seiten: sein eigner poetischer Geist wird
gleich rege. Dann unterbricht er sich bei jeder Zeile,
und tausend herrliche Ideen entstehen und strömen in
üppiger Fülle, daß man alles vergißt und den Einzigen
anhört.

VIII. Er hat jeden Abend seinen „standhaften
Prinzen" standhaft gelesen bis gestern [22. März], wo
er ihn zu Ende brachte. Es ist ein wundersames Wesen
darum, und es sind wahrlich Dinge darin, die gerade
ins Herz dringen, und wo es mir anfängt möglich zu
erscheinen, daß man Calderon neben Shakespeare nennt.
Aber wie viel Wust, Haupt= und Staatsactionen sind
mit hineingewebt, und dann das ganze südliche Wesen,
das Farbenspiel, das Spiel mit Bildern und Tönen,
die unsere nördliche Naturen gar nicht ansprechen. In=
dessen ist es doch ein hoher Genuß, von Goethe dies
lesen zu hören; mit seiner unbeschreiblichen Kraft, seinem
Feuer, seiner plastischen Kunst reißt er uns alle mit,
obgleich er eigentlich nicht kunstmäßig liest. Er ist viel
zu lebhaft, er declamirt, und wenn etwa ein Streit
oder gar eine Bataille vorkommt, macht er einen Lärm
wie in Drurylane, wenn es dort eine Schlacht gab.
Auch spielt er jede Rolle, die er liest, wenn sie ihm
eben gefällt, so gut es sich im Sitzen thun läßt. Jede
schöne Stelle macht auf sein Gemüth den lebhaftesten
Eindruck: er erklärt sie, liest sie zwei=, dreimal, sagt
tausend Dinge dabei, die noch schöner sind — kurz, es

ist ein eigenes Wesen, und wehe dem! der es ihm nach=
thun wollte. Aber es ist unmöglich, ihm nicht mit
innigem Antheile, mit Bewunderung zuzuhören, noch
mehr, ihm zuzusehen; denn wie schön dieses alles seinem
Gesichte, seinem ganzen Wesen läßt, mit wie einer
eigenen hohen Grazie er alles dies treibt, davon kann
niemand einen Begriff sich machen. Er hat etwas so
rein Einfaches, so Kindliches. Alles, was ihm gefällt,
sieht er leibhaftig vor sich; bei jeder Scene denkt er
sich gleich die Decoration und wie das Ganze aus=
sehen muß.

IX. Zwischendurch singt die Bardua uns ein Lied
von Goethe, von Zelter oder Himmel componirt. Er
hat das gern und extert die gute Bardua nicht wenig,
wenn sie undeutlich ausspricht oder gar die Verse ver=
wechselt. Letzt habe ich entdeckt, daß sein Lied „Ich
hab' mein' Sach' auf nichts gestellt" recht gut zur
Melodie „Es gingen drei Bursche zum Thore hinaus"
sich paßt. Darüber hatte er große Freude, und nun
muß die Bardua es jeden Abend singen.

c.

In der Gesellschaft im Hause der Frau Hofräthin
Schopenhauer hatten wir [Reinbeck] das Vergnügen,
Bertuch, Riemer, Falk, Fernow und einige Damen zu
finden. Zum erstenmale erschien die Frau Geheim=
räthin v. Goethe darin, eine Frau von noch vielem
materiellen Reiz, an welcher man Gutmüthigkeit und

einen stets gleich heitern Sinn rühmte, wie dies mit Temperamenten der Art gewöhnlich verbunden ist. Später kam der Geheimrath. Er trat mit einem freundlich gezogenen Hm! Hm! nach allen Seiten grüßend ein und sah sich gleich nach einem Stuhle um. Jetzt beschaute er sich den Kreis und als sein Auge auf mich fiel, stand er auf und kam auf mich zu. Natürlich erhob ich mich sogleich. Er bückte sich feierlich und sagte: er habe mir seinen Dank abzustatten. Ich fragte, wodurch ich so glücklich gewesen sei, mir diesen zu erwerben. „Ich hatte immer den Vorsatz, Rußland einmal zu besuchen," antwortete er, „Sie haben mich aber vollkommen davon geheilt." „Das würde ich sehr bedauern," erwiderte ich, „zunächst für Rußland .. dann aber auch, erlauben Ihre Excellenz, daß ich es sage, um Ihrer selbst willen" .. Es war von seiner Seite eine scherzhafte Wendung, mir anzudeuten, daß er meine damals erschienenen „Flüchtige Bemerkungen auf einer Reise über Moskau" ꝛc. gelesen habe, die einiges Aufsehen machten durch die von den gewohnten Lobpreisungen eines Storch hier und da abweichenden Ansichten und Schilderungen nach einem 14jährigen Aufenthalt in Petersburg .. Goethe war in der besten Laune von der Welt. Er sprach viel über Rußland, fragte nach mehreren Bekannten daselbst .. Die Conversation wurde allgemein und war ungenirt, und ich dankte meinem lieben Fernow für diese reiche Quelle des Genusses, die er mir in Weimar eröffnet hatte und

die ich von diesem Abend an nie unbenutzt ließ. Ich
machte hier die interessantesten Bekanntschaften. Goethe
fehlte selten dabei. . . Da fand sich immer etwas Neues
zu berichten oder vorzuzeigen, wozu dann auch Goethe
und Meyer hilfreich waren. . . Oft wurde auch vorge=
lesen, besonders Calderon in der Übersetzung von
Schlegel. Die Rollen wurden vertheilt und an den
Chören mußten auch die Frauen theilnehmen. Goethe
wies sie an, wie sie sprechen sollten, wobei es denn oft
belustigenden Widerspruch gab. Im Tragischen gefiel
mir Goethes Vortrag nicht, ich fand zuweilen falsches
Pathos darin, aber im Komischen war er ganz unver=
gleichlich. Oft betraf auch die Unterredung die Sprache,
und ich erinnere mich noch des Aufwandes von Scharf=
sinn, für aufgegebene Fremdwörter echt deutsche zu
suchen. So schuf Goethe für Balanciren: in der
Schwebe, und ich glaube, der Ausdruck, der in den
meisten Fällen so treffend ist, trat an diesem Abend
zuerst hervor. Der unlängst erlebten Katastrophe
wurde fast gar nicht gedacht, und ich erinnere
mich nicht, daß Goethe jemals über Politik gesprochen
hätte.

——— ——— ——— ——— ——— ———

Wir besuchten zum letztenmale die Gesellschaft im
Schopenhauer'schen Hause und fanden sie zahlreicher
als gewöhnlich. Goethe unterhielt sich viel mit mir
von meinen Plänen, die damals noch ins Weite gingen
und nach dem schönen Italien strebten und man kann

sich leicht vorstellen, wie unterhaltend und belehrend
seine Äußerungen waren. Gelesen wurde diesen Abend
nicht, und wenn dies der Fall war, so pflegten Goethe
und Meyer, nachdem etwa eingetroffene neue Kunst=
blätter beschaut und beurtheilt waren, auf kleinen Papier=
blättern mit Bleistift zu zeichnen, Goethe gemeiniglich
Landschaften, die er dann wohl in Sepia ausführte.
Das geschah auch diesmal. Ich saß am Zeichentische
Goethe gegenüber. Er hatte ein Blatt vollendet, sah
zu mir herüber und schnellte das Blättchen mir zu
und ich — ich muß mich schon auslachen lassen —
statt es sogleich einzustecken als ein höchst willkommenes
Andenken, war zu schüchtern dazu. Ich besah es und
legte es dann wieder zu Goethe hinüber auf den Tisch.
Als er aufgestanden war, wollte ich das Versäumte
nachholen, allein das Blättchen war nicht zu finden.
Wahrscheinlich war ein Anderer gescheidter gewesen und
hatte es an sich genommen. In Hinsicht der Kunst
waren diese Zeichnungen nicht eben bedeutend. Auch
zeigte sich in Goethe kein besonderer musikalischer Sinn,
aber seine Lieder in Reinhardt'schen oder Zelter'schen
Compositionen zu hören, machte ihm auch bei mittel=
mäßigem Vortrag Vergnügen.

286.

1806 oder 1807.

Mit Luden.

Nach der Schlacht bei Jena erkundigte ich mich bei jeder Gelegenheit, wie es Goethen in den unglücklichen Tagen gegangen wäre, und alle Erkundigungen brachten mich zu dem Glauben, daß auch Er sein Kreuz zu tragen gehabt und den Jammer getheilt hätte, den ein siegreicher Feind, übermüthig und trotzig, wie über die Besiegten, so über die wehrlosen Angehörigen der Besiegten zu bringen pflegt. Etwa vier Wochen nach dem unglücklichen Tage fand ich Goethe bei Knebel. Er war zum ersten Mal wieder in Jena.*) Sein Gesicht war sehr ernst, und seine Haltung bewies, daß auch auf ihm der Druck der Zeit lag. „Der Mann," sagte Knebel, „hat's empfunden." — „‚Ich habe schon gehört,'" fügte Goethe zu mir gewendet hinzu, „‚daß Sie sehr hart mitgenommen sind.'" Ich konnte mein Schicksal in wenige Worte zusammenfassen und that es. „‚‚Von allem,'" sagte ich, „‚‚was wir während meiner Anwesenheit nach Jena geschafft hatten, und was ich bei meiner Abreise zurückließ, habe ich nicht das Geringste wiedergefunden bei meiner Zurückkunft, einige zerbrochene Kisten, Kasten und Koffer ausgenommen. Ich habe den Schmerz gehabt, meine junge Frau in eine völlig

---

*) Ich finde nicht, daß Goethe nach der Schlacht eher, als im Mai 1807 nach Jena gekommen sei.

leere und kalte Wohnung einzuführen, die kaum noth=
dürftig gereinigt war von abscheulichem Schmutze."" Herr
v. Knebel rief aus und nicht zum ersten Male: „es ist
greulich! es ist ungeheuer!" Goethe aber sagte einige
Worte so leise, daß ich sie nicht verstand. Als ich
hierauf Gelegenheit nahm, zu fragen, wie denn Se.
Excellenz durch die Tage der Schmach und des Un=
glücks hindurchgekommen, antwortete Goethe mit folgen=
den Worten: „„Ich habe gar nicht zu klagen; etwa wie
ein Mann, der von einem festen Felsen hinab in das
tobende Meer schauet und den Schiffbrüchigen zwar
keine Hülfe zu bringen vermag, aber auch von der
Brandung nicht erreicht werden kann, und nach irgend
einem Alten soll das sogar ein behagliches Gefühl
sein;"' — „nach Lukrez!" rief Knebel hinein*) — „„so
habe ich wohlbehalten dagestanden und den wilden
Lärm an mir vorübergehen lassen."' Ich will nicht
leugnen: bei diesen Worten, in der That mit einer ge=
wissen Behaglichkeit ausgesprochen, lief mir einige Kälte
über die Brust hinweg. Aber sie war schnell verflogen,
und da Knebel kein Wort sagte, sondern sich mit seiner
gewöhnlichen Beweglichkeit abgewendet etwas zu thun
machte, so erlaubte ich mir das Schweigen zu unter=
brechen: „„Zuletzt ist es auch nicht der Mühe werth,
von meinem Verlust zu sprechen. Er ist mir nur ver=
drießlich, weil ich zur Zeit noch jeden Augenblick daran
erinnert werde; denn ich bin in meinen Arbeiten unter=

---

*) De rerum natura. II. 1 sqq.

brochen und gestört, ich kann die alten nicht fortsetzen
und keine neuen beginnen, weil es mir an allem noth=
wendigen Geräth und Gezeug gebricht. Überhaupt ver=
schwindet das Unglück der einzelnen, der Städte, Ge=
meinden und Familien, vor dem ungeheueren Unglücke,
das auf Deutschland, unserem Vaterlande liegt. Mich
drückt und quält lediglich die Zeit der Schmach und
Schande, die über uns eingebrochen ist, die uns bevor=
steht. Wäre die Schlacht bei Jena gewonnen worden,
gern hätte ich jegliches Opfer dargebracht und auch
nackt und bloß den fliehenden Feinden nachgejubelt.
Und dann: alles was mir genommen worden, kann er=
setzt werden. Das beste ist mir doch geblieben, und
solange wir selbst sind und die Berge da feststehen und
die ewige Sonne scheint, so lange gebe ich nicht verloren
weder meine eigene Sache noch die Sache des Vater=
landes."" Knebel antwortete mit einigen Ausrufungen:
„Bravo! So recht!" und dergleichen; Goethe aber sagte
kein Wort und verzog keine Miene. Hierauf lenkte Knebel
das Gespräch auf etwas Literarisches; ich aber beurlaubte
mich bald.

287.

1807, zu Anfang.

Mit Riemer.

a.

„Weiber verstehen alles à la lettre oder au pied
de la lettre, verlangen aber, daß man sie nicht so ver=
stehen soll."

b.

„Ein Gott kann nur wieder durch einen Gott ba=
lancirt werden. Die Kraft soll sich selber einschränken,
ist absurd. Sie wird nur wieder durch eine andere
Kraft eingeschränkt. Dieses specificirte Wesen kann sich
nicht selbst einschränken, sondern das Ganze, welches
sich specificirt, schränkt sich eben dadurch selbst ein, aber
nicht das Einzelne sich."

c.

„Nur nichts als Profession getrieben! Das ist mir
zuwider. Ich will alles, was ich kann, spielend treiben,
was mir eben kommt und so lange die Lust daran
währt. So hab' ich in meiner Jugend gespielt unbe=
wußt; so will ich's bewußt fortsetzen durch mein übriges
Leben. Nützlich? — Nutzen das ist eure Sache. Ihr
mögt mich benutzen; aber ich kann mich nicht auf den
Kauf oder die Nachfrage einrichten. Was ich kann
und verstehe, das werdet ihr benutzen, sobald ihr wollt
und Bedürfniß danach habt. Zu einem Instrument
gebe ich mich nicht her; und jede Profession ist ein
Instrument, oder wollt ihr es vornehmer ausgedrückt,
ein Organ."

288.

1807, 14. Januar.

Mit Riemer.

„Die mathematischen Formeln außer ihrer Sphäre,
d. h. dem Räumlichen, angewendet, sind völlig starr

und leblos, und ein solches Verfahren höchst ungeschickt. Gleichwohl herrscht in der Welt der von den Mathematikern unterhaltene Wahn, daß in der Mathematik allein das Heil zu finden sei, da sie doch, wie jedes Organ, unzulänglich gegen das All ist. Denn jedes Organ ist specifisch und für das Specifische."

289.

1807, 19. Januar.

Mit Riemer.

Abends „Der Amerikaner" [Lustspiel von Vogel]; Goethe bemerkte, daß er sich zu einer vortrefflichen Oper machen ließe.

290.

1807, 20. Januar.

Mit Riemer.

Nach Goethes Bemerkung gebe ein schmarutzender Tyrann oder tyrannischer Schmarutzer ein gutes Stück.

291.

1807, 3. Februar.

Mit Riemer.

Die Reflexion führt darum so leicht auf's Unrichtige, auf's Falsche, weil sie eine einzelne Erscheinung,

eine Einzelheit, ein Jedesmaliges zur Idee erheben
möchte, aus der sie Alles ableite; mit einem Worte,
weil es eine partielle Hypothese ist. Z. E. wenn man
sagt: „Jeder handle aus Eigennutz." — „Die Liebe sei
nur Selbstsucht." — Als wenn die Natur nicht so
eingerichtet wäre, daß die Zwecke des Einzelnen dem
Ganzen nicht widersprechen, ja sogar zu seiner Erhaltung dienen; als wenn ohne Motive etwas geschehen
könnte, und als wenn diese Motive außerhalb des
handelnden Wesens liegen könnten und nicht vielmehr
im Innersten desselben; ja, als wenn ich die Wohlfahrt des Andern befördern könnte, ohne daß sie
auf mich inundirte, keineswegs mit meinem Verlust,
mit meiner Aufopferung, welche nicht immer dazu erfordert wird, und welches nur in gewissen Fällen geschehen kann.

Wäre es wahr, daß Jeder nur aus und zu seinem
Vortheil handle, so würde einmal folgen, daß, wenn
ich zu meinem Abbruch, Nachtheil, Detriment handelte,
ich erst die Wohlfahrt des Andern beförderte, welches
absurd ist. Ferner, daß, wenn ich dem Andern Schaden
thäte, wenn ich in Zorn gegen ihn aufwallte und ihn
schlüge oder dergl., daß ich alsdann zu meinem Vortheil, für mein Interesse handelte, welches ebenso absurd
ist. Man unterscheidet hier nicht die Aufwallung, die
Regung der Natur, die in jedem Einzelnen den Mittelpunkt vom Ganzen aufschlagen will."

„Außerordentliche Menschen, wie Napoleon, treten

aus der Moralität heraus. Sie wirken zuletzt wie physische Ursachen, wie Feuer und Wasser."

„Ja schon Jeder, der aus der Subordination heraus= tritt — denn die ist das Moralische — ist insofern unmoralisch."

„Wer von seinem Verstande zum Schaden Anderer Gebrauch macht, oder diese auch nur dadurch einschränkt, ist insofern unmoralisch."

„Jede Tugend übt Gewalt aus, wie auch jede Idee, die in die Welt tritt, anfangs tyrannisch wirkt."

292.

1807, 11. Februar.

Mit Riemer.

Die Wahlsprüche, bemerkte Goethe, deuteten auf das, was man nicht hat, sondern wonach man strebt. Nec temere nec timide.

Richter in Göttingen hatte ebensowenig auream mediocritatem als Wieland, der sein ganzes Leben in Extremis zubrachte.

293.

1807, 22. Februar.

Mit Riemer.

„Es ist ganz einerlei, auf welcher Seite Ihr zu= grunde geht, auf der activen oder passiven," erwiederte

Goethe scherzhaft auf die Bemerkung, daß ein kleiner,
zeither wilder vorwitziger Knabe auf einmal wie ge=
knickt und umgekehrt erscheine, ohne krank zu sein, so=
daß man ihn nicht wiedererkenne.

294.

1807, 1. März.

Mit Riemer.

Kotzebue sei wie ein Pagliasso: wenn er die Leute
auf dem Drahte tanzen sieht, so sagt er: „Was ist
denn das weiter! Das kann ich auch — nämlich auf
dem Erdboden. Was soll denn das dort heißen?
Warum nicht hier? Das kann Ich und noch dazu
***. Das macht mir einmal nach auf eurem Draht!"

295.

1807, 19. März.

Mit Riemer.

a.

„Man wird sich dessen, was man hat oder nicht
hat, ist oder nicht ist, erst am Gegentheile von diesem
bewußt oder inne.

Darum werden so viele Menschen durch die Er=
scheinung eines neuen, fremden Menschen in der Ge=

sellschaft beunruhigt. Er entdeckt ihnen, was sie nicht haben, und dann hassen sie ihn, oder er entdeckt ihnen durch sein Gegentheil, was sie haben, und so verachten sie ihn wieder. Ist er besonders höflich und galant, so ist er den Groben zuwider; ist er grob, so ist er den Höflichen und im Grunde allen zuwider: und so durch alles durch."

b.

"Die Natur kann zu allem, was sie machen will, nur in einer Folge gelangen. Sie macht keine Sprünge. Sie könnte z. E. kein Pferd machen, wenn nicht alle übrigen Thiere vorausgingen, auf denen sie wie auf einer Leiter bis zur Structur des Pferdes heraufsteigt. So ist immer eines um alles, alles um eines willen da, weil ja eben das Eine auch das Alles ist. Die Natur, so mannichfaltig sie erscheint, ist doch immer ein Eines, eine Einheit, und so muß, wenn sie sich theilweise manifestirt, alles übrige diesem zur Grund= lage dienen, dieses in dem übrigen Zusammenhang haben."

296.

1807, 24. März.

Mit Riemer.

"Die Formel der Steigerung läßt sich auch im Ästhetischen und Moralischen verwenden.

Die Liebe, wie sie modern erscheint, ist ein Ge=
steigertes. Es ist nicht mehr das erste einfache Natur=
bedürfniß und Naturäußerung, sondern ein in sich coho=
birtes, gleichsam verdichtetes und so gesteigertes Wesen.

Es ist einfältig diese Art zu verwerfen, weil sie auch
noch einfach existirt und existiren kann.

Wenn man in Küche und Keller ein Gesteigertes
sucht und darauf ausgeht, warum soll man nicht auch
diesen Genuß für die Darstellung oder für das un=
mittelbare Empfinden steigern dürfen und können?

Jeder Koch macht auf diese Weise seine Brühen
und Saucen appetitlicher, daß er sie in sich cohobirt."

297.

1807, 28. März.*)

Mit Riemer.

„In dem, was der Mensch technicirt, nicht bloß in
den mechanischen, auch in den plastischen Kunstproduk=
tionen ist die Form nicht wesentlich mit dem Inhalt
verbunden, die Form ist dem Stoff nur auf= oder ab=
gedrungen. Die Produktionen der Natur erleiden zwar
auch äußere Bedingungen, aber mit Gegenwirkung von
innen. Kurz es ist hier ein lebendiges Wirken von
außen und innen, wodurch der Stoff die Form erhält.

---

*) [Wohl so, statt 18. März?]

Die Form des Leuchters ist dem flüssigen Messing
aufgenöthigt. Sich selbst überlassen, hätte es sich aus
sich und durch die einwirkende Luft geformt.

Man könnte einen Leuchter auch aus Salz gerinnen
lassen. Hier würde sich das Salz zwar innerlich kry=
stallisiren, aber nach außen zu wird ihm die Form des
Leuchters aufgedrungen!"

298.

1807, Mai (?).

Mit Georg Reinbeck.

Ich machte .... meinen Abschiedsbesuch bei Goethe,
den ich so gar liebgewonnen hatte. Er war allein. Ich
mußte auf dem Sopha Platz nehmen, und er setzte sich
auf einen Stuhl, mir gegenüber. Es war eine gewisse
Feierlichkeit, nicht Vornehmigkeit, die ich auch wohl
kannte, in seinem Benehmen und mir war's recht
schwer um's Herz. Unser Gespräch betraf meine Reise
und meinen Aufenthalt in Heidelberg. „Die Natur und
die Vergangenheit bieten Ihnen dort viel," sagte er,
„ob aber das Leben? Ich weiß nicht, ob Sie mit dem
deutschen Universitätswesen bekannt sind? Es ist nicht
eben das angenehmste, und in Heidelberg besonders
scheint viel Parteiwuth zu herrschen, und die Wissen=
schaft trennt statt zu vereinigen. Es ist wie mit der
Kirche dort. Protestanten und Katholiken sind in einem

Gebäude unter dem nämlichen Dache vereinigt, allein
in der Mitte ist zwischen beiden eine dicke Mauer.
Haben Sie dort Bekannte?" Ich sagte ihm, daß ich
von Dresden aus an Professor Fries und von dem
guten Generalsuperintendenten (Voigt) an Heinrich Voß
Briefe hätte. „Da sind Sie gut versehen," erwiderte
er, „grüßen Sie mir den Heinrich, das ist ein lieber
kindlicher Mensch, und grüßen Sie auch den Alten von
mir!" Unser Gespräch verbreitete sich über mehreres
und auch mit Wehmuth von meiner Seite über meinen
achtmonatlichen Aufenthalt in Weimar und das darin
Erlebte, wobei ich es für ein wahres Glück schätzte, zu
einem so langen Aufenthalt gleichsam gezwungen worden
zu sein. „Was Sie an Ihrem Aufenthalt hier etwa zu
tadeln finden," versetzte er, „wird Ihnen in der Erinnerung
vielleicht noch mehr Genuß gewähren, als was Sie jetzt zu
loben haben. Überstandenes Ungemach hat einen eigen-
thümlichen Reiz." Ich konnte das aus einer reichen
Erfahrung nur bestätigen. Endlich mußte doch aber an
den Aufbruch gedacht werden und ich konnte den Entschluß dazu nicht finden. Als ich zuletzt fast gewalt-
sam aufbrach, versagte mir das Wort. Ich stammelte
einiges — ich weiß selbst nicht was. Goethe war sichtbar bewegt. Er reichte mir die Hand. „Reisen Sie
glücklich," sagte er, „und vergessen Sie uns nicht!"
Nie, nie! rief ich, und man wird's natürlich finden, daß
ich Wort hielt, und ich habe auch die Freude, daß ich
in Weimar nicht ganz vergessen wurde.

299.

1807, 11. Mai.

Mit Riemer.

Als über Tisch von Erasmus die Rede war, sagte Goethe: „Erasmus gehöre zu denen, die froh sind, daß sie selbst gescheidt sind, und keinen Beruf finden, andre gescheidt zu machen, — was man ihnen auch nicht verdenken könne."

300

1807, 17. Mai.

Mit Riemer.

Zu Goethe. „Flucht nach Ägypten" diktirt. Goethe äußerte, er habe nie auf Despoten schimpfen hören, als die selbst Despoten gewesen, kleine oder große. Mit Beziehung auf die Jenaische Brandstätte bemerkte er: „Niemals werde ein Fürst oder großer Herr von einer Sache schlechter unterrichtet, als wenn er sich selbst dahin begebe, um sich zu unterrichten." Ferner äußerte er: „Die Franzosen hätten keine Imagination, sonst hätten sie statt der zwanzig Häuser in Jena und Weimar, wenn sie nicht zufällig abgebrannt, sondern von ihnen angezündet sind, die Stadt an allen Ecken angezündet und mit Stumpf und Stiel abgebrannt; das hätte dann anders in die Welt hineingeklungen."

— Er sagte weiter: „Die Weiber müßten nur lieben oder hassen; da wären sie ganz scharmant. Die Männer aber müßten weder lieben noch hassen. So käme alles wieder ins Gleichgewicht." „Die Irrthümer des Menschen machen ihn eigentlich liebenswürdig."

.

301.

1807, Mai.

Mit Riemer.

„Die Arzneikunde ist mehr politisch als ein anderes. Man muß auf die Krankheit losgehen wie auf einen großen Herrn oder ein hübsches Mädchen, die man be— will, wie ein Diplomat den andern durch einen Pfiff, um ihr etwas abzugewinnen. Nur en tant, daß er pfiffig ist, ist er ein guter Arzt."

302.

1807, 19. Mai.

Mit Riemer.

a.

Gespräch über Kunst. „In der Malerei fehle schon längst die Kenntniß des Generalbasses, es fehle an einer aufgestellten approbirten Theorie, wie es in der Musik der Fall ist."

b.

Als die Rede davon war, daß Napoleon seinen
Soldaten den Sold vorenthalte, sagte Goethe: da alle
Welt über den Egoismus, der jetzt herrsche, Klage führe,
so sei Napoleon gekommen, die Menschen uneigennützig
zu machen.

303.

1807, 21. Mai.

Mit Riemer.

Zu Goethe. „Die neue Melusine". Abends zu
Frommanns. über die Eitelkeit. Man mußte sich jetzt
in der Gesellschaft einander die Eitelkeit auf. Dadurch
gehe die Gesellschaft zu Grunde; denn nun würden die
einen bloß passiv, indem sie dächten: wenn ich die an=
genehme Eigenschaft, die ich besitze, nicht zeigen soll, so
will ich thun als hätte ich gar keine. Und nun passen
sie den andern auf. Dadurch bemächtigt sich gerade der
Schlechteste der Gesellschaft, der dreist genug ist. —
„Im Alter schlafe man eigentlich nicht, der Schlaf ziehe
sich nur über die Gegenstände des Tags wie eine Art
von Flor und lasse sie durchscheinen." So sah Goethe
vorige Nacht sein Märchen von der Melusine unter
einer Architektur hervorschimmern. Er hielt das im
Traume für das Schöne und Rechte und wollte es
festhalten; aber wie er erwachte, verschwand der Un=
sinn. — Die Nachtigallen, bemerkte Büffon, schlagen

nur so schön während der Begattungszeit. Nachher ist
ihre Stimme rauh und ganz anders, so daß man einen
andern Vogel zu haben glaubt. Die Griechen kannten
daher die Nachtigall als zwei verschiedene Vögel unter
zweierlei Namen, wie Plinius bemerkt. Die Thiere
werden erst vocal in dieser Zeit, als Hirsche, Auer-
hähne u. dergl.

304.

1807, 22. Mai.

Mit Riemer.

Elektrometer. Die Luft ist niemals elektrisch, sondern
der Gegenstand in ihr wird es durch seine Position
und Berührung mit einem anderen.

305.

1807, 25. Mai.

Mit Riemer.

Nach 4 Uhr von Jena weggefahren. Prächtiger
Morgen. über Lenz und Moritz gesprochen. Lenz
hatte einen besonderen Hang zur Intrigue, auch gegen
Goethe troß seiner Anhänglichkeit. Sie hatten zusammen in Straßburg studirt. — Moritz' italienische
Reise ist gewissermaßen verdorben durch das Bestreben,
es Goethe nachzuthun. Seinen Aufsatz über die Kunst
ist Goethe durchgegangen.

306.

1807. 27. Mai.

Mit Riemer.

„In der Jugend sieht man das Detail als Masse, die Masse als Detail; im Alter umgekehrt."

307.

1807, etwa Juni.

Mit Riemer.

a.

„Die Welt ist wie ein Strom, der in seinem Bette fortläuft, bald hier bald da zufällig Sandbänke ansetzt und von diesen wieder zu einem andern. Wege ge= nöthigt wird. Das geht Alles so hübsch und bequem und nach und nach; dagegen die Wasserbaumeister eine große Noth haben, wenn sie diesem Wesen entgegen= arbeiten wollen."

b.

„Man ist sehr übel dran, daß man den Aerzten nicht recht vertraut und doch ohne sie sich gar nicht zu helfen weiß."

c.

„Wir sind nicht darauf eingerichtet, das Leben zu verlassen, wenn es nichts mehr werth ist, und da muß

derjenige immer noch gepriesen werden, der es als er=
träglich haltbar verspricht."

d.

„Daß die Pfaffen so dumm gewesen, sich ein solches
Besitzthum, wie ein Bad, ein Gesundbrunnen ist, ent=
gehen zu lassen und keine Anlagen und Anstalten für
Wunderkuren damit zu verbinden, wie beim Teich
Bethesda." — „Die Naturlehre war damals völlig ge=
trennt von der Idee; das Ideale war bloß geistlich,
christlich, und in der Natur, glaubte man, seien Zauberer,
Gnomen, die alle unter dem Teufel standen. Die Welt
gehörte dem Teufel, selbst bis auf Luther.

308.

1807, 2. Juni.

Mit Riemer.

„Man kann schon einen nicht, geschweige denn viele
unter einen Hut bringen, denn jeder setzt ihn sich anders
zurecht!" Bei Gelegenheit von einem Apophthegma
im Zinkgräf.

309.

1807, 6. Juni.

Mit Riemer.

„Man muß nicht auf die Sachen böse werden;
denn das thut den Sachen ganz und gar nichts —

jagt Marc Aurel. — Also indigniren die Menschen
mich dann und wann wohl, aber die Sachen finden
mich immer entschlossen."

310.

1807, 13. Juni.

Mit Riemer.

Abends mit Goethe spazieren. Jugendgeschichten
aus Wetzlar. Goué, Gotter, v. Born ꝛc. Geheime
Ritterorden. Mystifikationen. Zu der Zeit, wo ganz
Deutschland seinen „Götz von Berlichingen" bewunderte,
befand sich Goethe in größter Verlegenheit, wie er das
Papier dazu bezahlen sollte: denn er hatte mit Merck
gemeinschaftlich es drucken lassen, jener den Druck, er
das Papier besorgt, und hernach in Commission ge=
geben, aber sein Lebtag nicht einen Heller dafür ein=
genommen. Zinkgräf Apophth.: „Wer einen Stein
nicht allein erheben mag, der soll ihn auch selbander
liegen lassen."

311.

1807, 1. Juli.

Mit Riemer.

Als ich in Elnbogen einiges gezeichnet hatte, rieth
er mir, Everdingen's Sachen zu studiren, weil ich das
Aperçu der Silhouette habe.

312.

1807, 8. Juli.

Mit Riemer.

„Die Kunst stellt eigentlich nicht Begriffe dar, aber
die Art, wie sie darstellt, ist ein Begreifen, ein Zu=
sammenfassen des Gemeinsamen und Charakteristischen,
d. h. der Stil."

313.

1807, 10. Juli.

Mit Riemer.

„Die Götter haben im menschlichen Körper eine
unmögliche Synthese geleistet: das Thier und den
Menschen zu verbinden. Die Eingeweide kommen alle
übereinander zu stehen, da sie bei den Thieren hängen,
in der Wampe. Sie hätten auch den Vogeltypus
nehmen können; dann," scherzte er, „legten die Weiber
Eier und brüteten sie aus; dann u. s. w."

314.

1807, 13. Juli.

Mit Riemer.

v. Kleist. Dessen „Amphitryon". „Der antike
Sinn in Behandlung des Amphitryon ging auf Ver=
wirrung der Sinne, auf den Zwiespalt der Sinne mit

der Überzeugung. Wie im „Miles gloriosus" [von Plautus] das Eine Mädchen zwei Personen vorstellt, so stellen hier zwei Personen Eine dar. Es ist das Motiv der „Menächmen" [von Plautus], nur mit dem Bewußtsein des Einen Theils, Molière läßt den Unterschied zwischen Gemahl und Liebhaber vortreten, welches also eigentlich nur ein Gegenstand des Geistes, des Witzes und zarter Weltbemerkung ist. Wie es Falk genommen, wäre nachzusehen. Der gegenwärtige Dichter, Kleist, geht bei den Hauptpersonen auf die Verwirrung des Gefühls hinaus. Höchst wahrscheinlich ist bei den Alten keine Hauptscene zwischen Jupiter und Alkmene vorgekommen, sondern die Hauptmotive fielen zwischen die beiden: Sosias und Amphitryon. Die Situation zwischen Amphitryon und Alkmene enthält eigentlich auch kein dramatisches Motiv.

315.

1807, 14. Juli.

Mit Riemer.

„Das Stück [„Amphitryon" von Kleist] enthält nichts Geringeres, als eine Deutung der Fabel ins Christliche, in die Überschattung der Maria vom heiligen Geist. So ist's in der Scene zwischen Zeus und Alkmene. Das Ende ist aber flatrig: der wahre Amphitryon muß es sich gefallen lassen, daß ihm Zeus diese Ehre angethan hat; sonst ist die Situation der Alkmene peinlich und die des Amphitryon zuletzt grausam.

316.

1807, 22. Juli.

Mit Riemer.

Longus: Bei Gelegenheit von „Daphnis und Chloe“ ward [von Goethe] bemerkt, daß der Autor einen großen Reichthum von Motiven der Pastoralwelt auf eine höchst geschickte Weise zusammengefunden und besonders das Hauptmotiv der Retardation in der größten Mannigfaltigkeit zu nutzen gewußt.

„Es ist verwunderlich, daß man die Schriftsteller späterer Zeiten aus Ursachen, die von der Sprache und der Technik hergenommen sind, gegen die früheren unbedingt zurücksetzt, da doch im dritten Jahrhundert so gut ein Genie geboren werden konnte, als im ersten.

Selbst eine glückliche neue Benutzung schon früher von andern gebrauchter Motive setzt einen Schriftsteller keineswegs herab, vielmehr gereicht ihm solches zur Ehre, wenn er es nur recht macht.

Es ist jedoch zu bemerken, daß die Schriftsteller einer späteren Zeit gegen die einer früheren in einem gewissen Vortheile stehen, indem das Bedeutende des menschlichen Lebens und Treibens schon öfter vorge=

bracht und durchgearbeitet worden ist, und daher einem
guten Kopfe eine bessere Auswahl und eine glücklichere
Verbindung möglich wird."

317.

1807, 23. Juli.

Mit Riemer und Himmel.

„Vocalmusik heißt sie, weil man beim (jetzigen)
Singen nur die Vocale hört."

318.

1807, 24. Juli.

Mit Riemer.

a.

„Die Bildung wird zwar von einem Wege (in's
Holz) angefangen, aber auf ihm nicht vollendet. Ein=
seitige Bildung ist keine Bildung. Man muß zwar
von Einem Punkte aus=, aber nach mehreren Seiten
hingehen. Es mag gleichviel sein, ob man seine Bildung
von der mathematischen, oder philologischen oder künst=
lerischen Seite her hat, wenn man sie nur hat; sie
kann aber in diesen Wissenschaften allein nicht bestehen.
Die Wissenschaften einzeln sind gleichsam nur die Sinne,
mit denen wir den Gegenständen Face machen; die
Philosophie oder die Wissenschaft der Wissenschaften ist
der sensus communis. Aber so wie es lächerlich wäre,

wenn einer das Sehen durch das Hören, das Hören
durch das Sehen compensiren und ersetzen wollte, sich
bemühte, die Töne zu sehen statt zu hören: so ist es
lächerlich, durch Mathematik die übrigen Erkenntnißarten
zu compensiren und vice versa, so in allen übrigen;
oder es wird eine Phantasterei. Daher giebt es jetzt
so manche Phantasten, die ohne positive Kenntnisse
durch phantastische Combination dessen, was von jenen
öffentlich verlautet, sich das Ansehen tiefer Einsicht in
das Wesen einer jeden zu geben wissen. Exempla sunt
odiosa."

b.

„Die stoische Philosophie ist — wie ich schon sonst
bemerkte — eine Philosophie für die Armen, nämlich
beruhend auf dem Abweisen des Objects als in nostra
potestate non situm."

319.

1807, 30. Juli.

Mit Riemer.

Bei Gelegenheit einer [Adam] Müller'schen Vorlesung
über das spanische Drama: „Alles Spinozistische in
der poetischen Produktion (oder: Was in der poetischen
Produktion Spinozismus ist) wird in der kritischen
Reflexion Machiavellismus."

320.

1807, 1. August.

Mit Riemer.

Bei Gelegenheit eines geistreichen, wiewohl mali=
tiösen Urtheils über „Corinna" [der Stael] von Rein=
hard: Goethe ist einer von den gutwilligen Lesern, die
das Brod des Autors mit der Butter guten Willens
überstreichen und so die Lücken zukleben, wenn sie
nicht gar zu groß sind: „R. ißt das Brod trocken, und
da kann er freilich sonderbare Dinge erzählen von dem,
wie es ihm geschmeckt."

321.

1807, 2. August.

Mit Riemer.

a.

Fernow hatte das Bouterweck'sche Buch über die
französische Literatur schon gestern den 1. August ge=
bracht, worin der lustige Vorschlag zu einer Tragödie:
daß man einer Dame das Herz ihres Geliebten zu essen
giebt. Mittags nach Tische über Bouterwecks Vorschlag
uns lustig gemacht und das Trauerspiel schematisiert.
Zu einer romantischen Tragödie, worin man das Herz
eines Liebhabers der Geliebten zu essen giebt, entwarf
Goethe das Scenario.

b.

„Alle Philosophie über die Natur bleibt doch nur Anthropomorphismus, d. h. der Mensch, eins mit sich selbst, theilt allem, was er nicht ist, diese Einheit mit, zieht es in die seinige herein, macht es mit sich selbst eins.

Um die Natur zu erkennen, müßte er sie selbst sein. Was er von der Natur ausspricht, das ist etwas, d. h. es ist etwas Reales, es ist ein Wirkliches, nämlich in Bezug auf ihn. Aber was er ausspricht, das ist nicht alles, es ist nicht die ganze Natur, er spricht nicht die Totalität derselben aus.

Wir mögen an der Natur beobachten, messen, rechnen, wägen 2c. wie wir wollen, es ist doch nur unser Maß und Gewicht, wie der Mensch das Maß der Dinge ist. Das Maß könnte größer oder kleiner sein, es ließe sich mehr oder weniger damit abmessen, aber das Stück, das Gewebe, bleibt nach wie vor, was es ist, und nichts weiter von ihm als seine Ausdehnung in Bezug auf den Menschen ist durch jene Operation ausgesprochen. Mit Duodecimal= oder Decimalmaß wird nichts von der sonstigen anderweitigen Natur des Dinges ausgesprochen und verrathen.

Dies zur Verständigung und Vereinigung mit denen, welche noch von Dingen an sich sprechen. Ob sie gleich von den Dingen an sich nichts sagen können, eben weil es Dinge an sich, das heißt außer Bezug auf uns und

wir auf sie sind, und sie alles, was wir von den
Dingen sagen, für unsere Vorstellungsart halten (wo=
bei nur zu bemerken ist, daß es nicht bloße Vorstellungs=
art sein kann, sondern das Ding in unserer Vorstel=
lungsart, von ihr bekleidet), so leuchtet doch daraus
soviel ein, daß sie mit uns darin einig sind, daß, was
der Mensch von den Dingen aussagt, nicht ihre ganze
Natur erschöpft, daß sie dieses Ausgesagte nicht nur
allein, einzig, sondern noch viel mehr und anderes sind.
Und das ist doch wahr: denn man entdeckt täglich mehr
Relationen der Dinge zu uns, empfindet ihnen noch
immer etwas ab. Das heißt die Dinge sind unendlich.
Das wissen wir ja. Mit einem Worte: der Mensch
spricht das Objekt nicht ganz aus. Aber was er davon
ausspricht, das ist ein reales, wäre es auch nur seine
Idiosyncrasie, das heißt der Bezug, den es auf ihn
allein hat. Wäre das nicht, wer sollte den Bezug aus=
sprechen? Der Mensch ist in dem Augenblicke, als
er das Objekt ausspricht, unter und über ihm, Mensch
und Gott in einer Natur vermittelt. Wir sollten nicht
von Dingen an sich reden, sondern von dem Einen an
sich. Dinge sind nur nach menschlicher Ansicht, die ein
verschiedenes und mehreres setzt. Es ist alles nur Eins:
aber von diesem Einen an sich zu reden, wer ver=
mag es?

Dinge sind ja selbst nur Verschiedenheiten, durch
den Menschen gesetzt und gemacht; und die Verschieden=
heiten, die er setzt und macht, wird er ja wohl auch

als solche Verschiedenheiten, nämlich als das, wofür er sie erkennt, als verschieden aussprechen können!"

c.

über Tisch: Betrachtungen über die Natur, welche, immer dieselbe, zu verschiedenen Sinnen anders rede. „Die Farbe ist für's Auge, aber sie ist nicht bloß für's Auge. Das Blaue z. B. ist etwas, kein bloßer Name; es ist ein Chemisches, es beruht auf der Natur des Körpers. Daher die Farben auch zu fühlen sein müssen ꝛc.

322.

1807, 3. August.

Mit Riemer.

Goethe bemerkte bei der Müller'schen Vorlesung über die spanische Poesie und seinem Lobe von Schlegels Übersetzung des Calderon: „Sie sei denn doch nur ein ausgestopfter Fasan gegen einen wirklichen, aber ein gut ausgestopfter." Es ist dies ein treffender Vergleich für die Wirkung der Übersetzung gegen das Original, zumal der modernen. Bei Voß paßt es nun ausdrück= lich; wo es noch die Federn des Alten sind, dieselbe Epidermis (im Silbenfall).

323.

1807, 8. August.

Mit Riemer.

a.

„Es sind zwei Formeln, in denen sich die sämmt=
liche Opposition gegen Napoleon befassen und aus=
sprechen läßt, nämlich: Afterredung (aus Besserwissen=
wollen) und Hypochondrie."

b.

„Wenn ein Weib einmal vom rechten Wege ab ist,
dann geht es auch blindlings und rücksichtslos auf dem
bösen fort, und der Mann ist nichts dagegen, wenn
er auf bösen Wegen wandelt; bei ihr aber wirkt dann
die bloße Natur."

324.

1807, August.

Mit Riemer.

a.

„Die Phänomene, wenn man sie auch gut aper=
cevirt hat, werden immer wieder dadurch entstellt und
zu Grunde gerichtet, daß man sie aus der jedesmaligen
Philosophie zu erklären und dieser zu subsumiren
sucht, so wie umgekehrt die herrschende Philosophie sich

wieder solche physische Vorstellungsarten aneignet, die
in ihren Kram dienen, z. B. die Naturphilosophie die
Newton'sche Lehre, damit sie auch hier alles aus dem
Lichte ableiten können."

b.

„Der Mann soll gehorchen, das Weib soll dienen.
Beide streben nach der Herrschaft. Jener erreicht sie
durch Gehorchen, diese durch Dienen. Gehorchen ist
dicto audientem esse; dienen heißt zuvorkommen. Jedes
Geschlecht verlangt von dem andern, was es selbst
leistet, und erfreut sich dann erst: der Mann, wenn
ihm das Weib gehorcht (was er selbst thut und thun
muß); das Weib, wenn ihr der Mann dient, zuvorkommt,
aufmerksam, galant und wie es heißen mag ist. So
tauschen sie in der Liebe ihre Rollen um; der Mann
dient, um zu herrschen, das Weib gehorcht, um zu
herrschen."

325.

1807, 13. August.

Mit Riemer.

„Die femmes auteurs (und wohl überhaupt) fassen
die Männer nur unter der Form des Liebhabers auf
und stellen sie dar: daher alle Helden in weiblichen
Schriften die Gartenmanns-Figur machen." — Goethe
äußerte: Coquetterie ist Egoismus in der Form der

Schönheit. Die Weiber sind rechte Egoisten, indem man nur in ihr Interesse fällt, sofern sie uns lieben oder wir ihre Liebhaber machen, oder sie uns zu Liebhabern wünschen. Eine ruhige, freie, absichtslose Theilnahme und Beurtheilung fällt ganz außer ihrer Fähigkeit. Sie sehen alles nicht etwa nur aus ihrem Standpunkt, sondern in persönlichem Bezug auf sich. Die Weiber bestreben sich innerlich und äußerlich anmuthig liebenswürdig zu erscheinen, zu gefallen mit Einem Worte, und wenn wir dasselbe thun, so nennen sie uns eitel.

326.

1807, 18. August.

Mit Riemer.

„Der Philister negirt nicht nur andere Zustände, als der seinige ist, er will auch, daß alle übrigen Menschen auf seine Weise existiren sollen. Er geht zu Fuß und ist sein Lebenlang zu Fuß gegangen. Nun sieht er jemand in einem Wagen fahren. Was das für eine Narrheit ist, ruft er aus, zu fahren, sich dahin schleppen lassen von Pferden! Hat der Kerl nicht Beine! wozu sind denn die Beine anders als zum Gehen? Wenn wir fahren sollten, würde uns Gott keine Beine gegeben haben! — Was ist es denn aber auch weiter! Wenn ich mich auf einen Stuhl setze und Räder unten anbringe und Pferde vorspanne, so kann

ich auch fahren so gut wie jener. Das ist keine
Kunst!

Man wird in philisterhaften Äußerungen immer
finden, daß der Kerl immer zugleich seinen eignen Zu=
stand ausspricht, indem er den fremden negirt, und daß
er also den seinigen als allgemein sein sollend verlangt.
Es ist der blindeste Egoismus, der von sich selbst nichts
weiß, und nicht weiß, daß der der andern ebensoviel Recht
hätte, den seinigen auszuschließen, als der seinige hat,
den der andern."

327.

1807, 28. August.

Mit Riemer.

a.

„Der böse Wille, der den Ruf eines bedeutenden
Mannes gern vernichten möchte, bringt sehr oft das
Entgegengesetzte hervor: er macht die Welt aufmerksam
auf eine Persönlichkeit, und da die Welt, wonicht ge=
recht, doch gleichgültig ist, so läßt sie sich's gefallen nach
und nach die guten Eigenschaften desjenigen gewahr zu
werden, den man ihr auf das schlimmste zu zeigen Lust
hatte. Ja, es ist sogar im Publikum ein Geist des
Widerspruchs, der sich dem Tadel wie dem Lobe ent=
gegensetzt, und im ganzen braucht man nur nach Mög=
lichkeit zu sein, um gelegentlich zu seinem Vortheil zu

erscheinen; wobei es dann hauptsächlich darauf ankommt,
daß die Augenblicke nicht allzu kritisch werden und der
böse Wille nicht die Oberhand habe zur Zeit, wo er
vernichten kann."

b.

Zu Bolza; [Gasthofsbesitzer in Karlsbad] . . . er-
zählte Goethe vom Dichter Zachariä, mit dem er in
Leipzig, noch als Student gegessen, und der sie junge
Leute dort recht lieb gehabt.

328.

1807, 3. September.

Mit Riemer.

Gespräch über Einrichtungen des Lebens und Ver-
fahrens bei jetzigen politischen Umständen; was ein
junger Mensch zu thun habe. Es ist weiter nichts,
als das gesellschaftliche Betragen, ausgedehnt auf eine
größere Gesellschaft, auf Franzosen u. s. w.

329.

1807, 19. September.

Mit Riemer.

„Die menschliche Natur scheint eine völlige Resigna-
tion nicht allzulange ertragen zu können. Die Hoffnung

muß wieder eintreten und dann kommt auch sogleich
die Thätigkeit wieder, durch welche, wenn man es ge=
nau besieht, die Hoffnung in jedem Augenblick reali=
sirt wird."

In diesem Sinn habe er das Vorspiel zu Eröffnung
des Theaters geschrieben, wo er Gewalt und Ver=
tilgung, Flucht und Verzweiflung, Macht und Schutz,
Friede und wiederherstellende Freude lakonisch vorge=
führt habe.

330.

1807, 26. September.

Mit Riemer.

„Vernunftkultur hätten am Ende einzig nur die
Frommen; bei den andern (Jakobi ꝛc.) gewinnt zuletzt
der Verstand doch die Überhand, daß man das höchste
zu irdischen Zwecken benutzt. So eine sinnlich ver=
ständige Kultur, wie z. E. Wegwoods, sei auch schätz=
bar, und schätzbarer als diese. Es seien zu allen Zeiten
nur die Individuen, welche für die Wissenschaft gewirkt.
Nicht das Zeitalter. Das Zeitalter war's, das den
Sokrates durch Gift hinrichtete, das Zeitalter, das Huß
verbrannt: die Zeitalter sind immer sich gleich ge=
blieben.

331.

1807, 1. October.

Mit Riemer.

a.

Mit Goethe im Garten; über Motive und über Geschichte der Philosophie. „Die Wissenschaften bilden sich auch aus und im Gegensatze. Das Zeitalter der Sophisten forderte den natürlichen Menschenverstand und das rechtliche Gefühl des Sokrates. Das Zeit= alter der Scholastiker einerseits das Sittliche des Pe= trarca und in der Physik den Forschungsgeist des Roger Baco u. s. w."

b.

„Die norddeutschen Poesien, insonderheit die mora= lischen Lieder, kommen mir vor wie die reformirten Kirchen, die auch ohne Bilder sind."

332.

1807, 7. October.

Mit Riemer.

Bei Gelegenheit von Görres dummem Urtheil über Goethe, und daß Tieck, Runge und Jean Paul die einzigen Dichter seien: „So lieb' ich sie aber!" sagte G. Noch ward bemerkt, daß einzelne Menschen einzelne

Organe constituiren und ausmachen: Gehör, Auge, Verstand, Gedächtniß u. s. w.

333.

1807, 13. October.

Mit Riemer.

Früh zu Goethe. Geschrieben über Baco v. Verulam, das Haupt aller Philister, und darum ihnen so auch zu Rechte.

334.

1807, 21. October.

Mit Riemer.

„Die Geschichte der Wissenschaften ist eine große Fuge, in der die Stimmen der Völker nach und nach zum Vorschein kommen."

335.

1807, October und November.

Mit Riemer.

„Der Mensch ist wie eine Republik oder vielmehr wie ein Kriegsheer: Hand, Fuß und alle Gliedmaßen dienen und helfen zu dem Zwecke, den sich das Haupt vorgesetzt hat, und ermüden nicht, beseelt von der Vor-

stellung des Zwecks; darum nennen es auch die Alten
das *ἡγεμονικόν*.

Aber das *ἡγεμονικόν* muß auch die Einsicht haben,
und den Soldaten die gehörige Erholung lassen.

An den Franzosen sieht man recht die Zusammen=
wirkung von Geist und Leib, die ganze Armee ist ein
Mensch, der keine Anstrengung, keine Ermattung und
nichts scheut.

Das Ganze ist ein großer Riese, dem vielleicht hie
und da ein Finger oder eine Hand verloren geht, oder
ein Bein u. s. w. abgeschossen wird, das er wie der
Fierabras ersetzt, aber den Kopf verliert er nie."

336.

1807, 11. November.

Mit Riemer.

Goethe trug mir eines Morgens, den 11. November
1807 auf der Reise nach Jena, die ganze Idee und
Tendenz seines Gedichts [„Pandora"] so umständlich
und ausführlich vor, daß es mir leid that, sie nicht
auf der Stelle niederschreiben zu können, sowohl um
ihn künftig daran zu erinnern, als auch um die kleinen
anmuthigen Züge und Ausschmückungen nicht zu ver=
lieren, die einen augenblicklich improvisirten Vortrag
vor dem mit Reflexion und Bedenklichkeit abgefaßten
auszeichnen.

337.

1807, 24. November.

Mit Riemer.

Goethes Aperçu über die Alchymisten, welche die drei Ideen — Gott, Tugend und Unsterblichkeit — in der Empirie darstellen wollen durch den Stein der Weisen als die prima materia, nämlich vis-à-vis von

Gott,	Gold,
Tugend,	Gesundheit,
Unsterblichkeit,	ewiges Leben,

als die Allmacht: Sana mens in corpore sano.

338

1807, 25. November.

Mit Riemer.

„Was die Menschen bei ihren Unternehmungen nicht in Anschlag bringen und nicht bringen können, und was da, wo ihre Größe am herrlichsten erscheinen sollte, am auffallendsten waltet — der Zufall nachher von ihnen genannt, — das ist eben Gott, der hier unmittelbar mit seiner Allmacht eintritt und sich durch das Geringfügigste verherrlicht."

339.

1807, 26. November.

Mit Riemer.

Goethes Vorschlag (wahrscheinlich scherzhaft), die
Weiber in gewissen Fächern des Finanz= und Kammer=
wesens zu brauchen, wurde von mir verworfen.

340.

1807, 6. December.

Mit Riemer.

„So wie etwas ausgesprochen wird, sogleich wird
ihm auch widersprochen, wie der Ton gleich sein
Echo hat.

Seitdem man die dunkeln Empfindungen und Ah=
nungen des unendlichen Zusammenhangs der Geister=
und Körperwelt (Mystik) allgemeiner und öffentlich
auszusprechen anfängt, ist Keiner, der nicht das in
Worten bestritte, was er in Empfindung und Ahnung
gelebt und geleistet hat.

Die sublimirten Gefühle der Liebe ausgesprochen
erregen den Widerspruch aller nicht so Gesinnten. „Das
ist Überspannung, krankhaftes Wesen" — heißt es da.
Als wenn Überspannung, Krankheit nicht auch ein Zu=
stand der Natur wäre! Die sogenannte Gesundheit
kann nur im Gleichgewicht entgegengesetzter Kräfte be=

stehen, wie das Aufheben derselben entsteht und besteht
nur aus einem Vorwalten der einen über die andern,
so daß der Zustand hypersthenisch und asthenisch heißen
würde, wenn man sthenisch als das Harmonische (als
die Indifferenz) setzen wollte."

341.

1807, 7. December.

Mit Riemer.

Äußerte Goethe: „Jean Paul ist das personificirte
Alpdrücken der Zeit."

342.

1808, Januar.

Mit Riemer.

„Durch das jetzt in Deutschland allgemein ver=
breitete Interesse an Kunst und Poesie wird weder für
diese beiden, noch für die Erscheinung eines originalen
und ersten und einzigen Meisterwerks etwas gewonnen.
Der Kunst=Genius producirt zu allen Zeiten, in mehr
oder minder geschmeidigem Stoff, wie die Vorwelt
Homer, Aeschylos, Sophokles, Dante, Ariost, Calderon
und Shakespeare gesehen hat (die Mitwelt Goethe und
Schiller); es ist nur dies der Unterschied, daß jetzt auch
die Mittelmäßigkeit und die secondären Figuren dran

kommen und alle untern Kunsteigenschaften, die zur
Technik gehören. Es wird nun auch im Thale licht,
statt daß sonst nur die hohen Berggipfel Sonne trugen.

So ist es auch mit andern Stimmungen des Geistes,
mit der religiösen, amourösen, bellicosen und andern. In
einzelnen Individuen sind sie zu allen Zeiten gewesen
und noch. Aber allgemein verbreitet nur zu gewissen
Zeitaltern, und immer sind sie der Cometenschwanz
irgend eines in diesen ausgezeichneten Mannes oder
mehrerer, in denen, wie an den Spitzen der Berge,
zuerst diese Morgenröthe schimmerte. Jede solche Stimmung lebt einen Tag, hat ihren Morgen, Mittag, Nachmittag und Abend. So ist's mit der Kunst; so wird
es auch mit der Poesie werden, die jetzt im Nachmittag
ist." Oder wie G. sonst zu sagen liebte: „es ist wie
eine Krankheit, durch die man hindurch muß."

343.

1808, 8. Januar.

Mit Riemer.

„Es giebt" — äußerte Goethe — „im Menschen
auch ein Dienenwollendes: daher die Chevallerie der
Franzosen, Servage."

344.

1808, 10. Januar.

Mit Riemer.

In dem „Machtspruch" von Ziegler schienen ihm
die Helden wie von Därmen gemacht, von ausgestopften
Därmen, als wären die Gliedmaßen lauter Würste.

345.

1808, 30. Januar.

Mittag bei Goethe.

a.

„Ich bin Gott darin ähnlich, daß er immer ge=
schehen läßt, was er nicht will," sagte Goethe über Tisch,
worauf Werner bemerkte, daß Goethe Gott darin ähn=
lich sei, daß er auch alles vergäße.

b.*)

Als man ihn [Goethe] einen göttlichen Mann
nannte, sagte er: „Ich habe den Teufel vom Göttlichen!
Was hilft's mir, daß man mir nachsagt: das ist ein
göttlicher Mann! wenn man nur nach eigenem Willen

---

*) [Dieses Stück hat Riemer zwar vom 1. Februar 1808
datirt, es gehört aber offenbar zum vorigen Stück, wenigstens
dem Zusammenhang nach.]

thut und mich hintergeht.*) Göttlich heißt den Leuten
nur der, der sie gewähren läßt, wie ein jeder Lust hat."
Er drückte dies ein ander Mal so aus: „Man hält
niemanden für einen Gott, als daß man gegen seine
Gesetze handeln will, weil man ihn zu betrügen hofft,
weil er von seiner Absolutheit soviel nachläßt, daß man
auch absolut sein kann."

346.

1808, 1. Februar.

Mit Riemer.

Mittags allein [mit Goethe]. Über das Trauerspiel
Numanzia im Spanischen. Über die Herren, die Goethe
als eine Puissance ansehen und besch—n. „Will's
Ihnen aber schon sagen." Über Werner. Goethe äußerte
hinsichtlich Werners und seiner Rühmerei:

„Nur die ungebildete Seite an uns ist es, von der
her wir glücklich sind. Jeder Mensch hat so eine."

347.

1808, 26. Februar.

Mit Riemer.

Mittags sprach Goethe von der Deutlichkeit über
andere Menschen, ihre Gesinnungen, was sie thun

---

*) Es waren beim Theater Eigenmächtigkeiten vorgefallen,
worüber man ihn mit jener Schmeichelei begütigen wollte.

wollen und können: alles beruhe darauf und daraus
entstehe die Furchtlosigkeit.

348.

1808, 4. März.

Mit Riemer.

Bei Goethe. Concipirte er einen Brief an Jacobi.
Mittags war davon die Rede und über Platonismus
und Spinozismus. Über den λόγος oder das Wort
als erstgewesenes.

349.

1808, 8. März.

Mit Riemer.

Mittags allein. Ermunterung an Goethe, etwas in
der Tieckischen Liedermanier zu machen aus einer
höheren Naturanschauung. Über Falk; hat nur die
mittleren Maximen durch sich selbst, die höheren bloß
aneignungsweise.

350.

1808, 9. März.

Mit Riemer.

Nach Tische die Steindrücke der Albrecht Dürer'schen
Federzeichnungen besehen. Goethe sagte schon neulich,
daß er sich ärgern würde, wenn er gestorben wäre, ohne
sie zu sehen.

351.

1808, 10. März.

Mit Riemer.

Mittags Dispute über Goethes paradoxe Maxime, alle öffentlichen Lehranstalten in Teutschland aufzuheben und den Lehrsubjekten freizugeben, Institute, Pensionsanstalten u. dergl. auf ihre Kosten zu errichten.

352.

1808, 15. März.*)

Mit Riemer.

Mittags äußerte Goethe:

Deutsche gehen nicht zu Grunde, so wenig wie die Juden, weil es Individuen sind.

353.

1808, 27. März.

Mittag bei Goethe.

Werner zu Tisch. Gegen Christenthum und Christen apostrophirt, Goethe und ich. Goethe der letzte Heide, Werner der erste und letzte Christ.

---

*) [In Riemer's „Briefe von und an Goethe" S. 322 unterm 1. März aufgeführt.]

354.

1808, 30. März.

In Gesellschaft bei Johanna Schopenhauer.

Goethe theilnehmend und mittheilend, beschrieb Karls=
bad, und kam auf die großen Orkane zu sprechen, deren
sehr kleine Breite man auf drei= bis vierhundert Schritt
berechnet habe. Von Schröder behauptete er, daß er
kein wahrer Künstler sei, weil er soviel Kunststücke ge=
macht und in höchst tragischen Momenten verrückter
Späße fähig gewesen sei; ohne Gemüth sei keine wahre
Kunst denkbar.

355.

1808, 5. April.

Mit Riemer.

Mittags allein mit ihm [Goethe]. Über Galvanis=
mus, Siderismus, Wünschelruthe ꝛc. Goethe bemerkte:
Werner verwechsle die ἀγάπη mit dem ἔρως.
Er äußerte weiter:

„In der Kultur der Wissenschaften haben die Bibel,
Aristoteles und Plato hauptsächlich gewirkt, und auf
diese 3 Fundamente kommt man immer wieder zurück.
„Neuplatoniker" sagt man, also Rückkehr auf den Plato.

Scholastiker, und daß Kant wieder die Scholastik
bringe, also Aristoteles. Jetzt Rückkehr zur Bibel.

Man kann aus diesen Elementen nicht heraus, und so ist es lächerlich, wenn die Menschen sagen, die Scholastik kehre wieder, Aristoteles oder Plato."

356.

1808, 6. April.

Mittag bei Goethe.

Mittags Seebeck zu Tische. Über Galvanismus und modernen Mysticismus, bemerkte Seebeck, daß man leicht glauben könne: der Messias könne aus den Tremellen, die bei Gewitterregen zum Vorschein kommen als eine Gallerte, entstehen. Goethe faßte es auf und wollte ein Gedicht Maranatha oder „der Herr kommt" machen.

Goethe bemerkte über die neuesten Ästhetiker, die Schlegels, Ast 2c., daß ihr ganzes Urtheil und Absprechen bloß darauf beruhe, daß ein jeder wie im Dominospiel bloß den Stein lobt, an den er seine Zahl anschieben kann.

Er äußerte ferner:

„Engländer haben kein ästhetisch moralisches Urtheil, sprechen von einzelnen Schönheiten. Als wenn für den Dichter etwas schöner wäre als das andere! Was er ausspricht, ist insofern etwas, daß er es ausspricht. Sie meinen, daß er nur etwas sage, wenn er gerade ihr Interesse ausspricht."

357.

1808, 18. April.

In Gesellschaft bei Johanna Schopenhauer.

a.

Am zweiten Osterfeiertage 1808 Abends war ich
[Falk] mit Goethe in einer kleinen, auserlesenen Ge=
sellschaft zusammen gewesen.

So ist es ihm eben recht. Auch that er seinem
Humor keinen Zwang an, sondern ließ ihm freien Lauf,
besonders, als wir auf Theater und die neue Literatur
zu sprechen kamen, die er mit politischen Zuständen ver=
glich und seinen Vergleich mit der anmuthigsten und leben=
digsten Laune durchführte. Eben hatten wir am ver=
gangenen Sonnabend „Die Piccolomini" gesehen: die
nächste Mittwoch sollte nach einer langen Zwischenpause
auch der „Wallenstein" darankommen.

„Es ist," sagte Goethe, „mit diesen Stücken wie
mit einem ausgelegenen Weine. Je älter sie werden,
je mehr Geschmack gewinnt man ihnen ab. Ich nehme
mir die Freiheit, Schiller für einen Dichter und sogar
für einen großen zu halten, wiewohl die neusten Impe=
ratoren und Dictatoren unserer Literatur versichert
haben, er sei keiner. Auch den Wieland wollen sie
nicht gelten lassen. Es fragt sich nur, wer dann
gelten soll?"

„Kürzlich hat eine Gelehrtenzeitung in einer von

beiden Städten, ich weiß nicht recht, ob in Ingolstadt
oder in Landshut, Friedrich Schlegel als den ersten
deutschen Dichter und Imperator in der Gelehrten=
republik förmlich ausgerufen. Gott erhalte Se. Majestät
auf Ihrem neuen Throne und schenke demselben eine
lange und glückliche Regierung! Bei alle dem möchte
man es nicht bergen, daß das Reich dermalen noch von
sehr rebellischen Unterthanen umlagert ist, deren wir
einige," indem er einen Seitenblick auf mich warf, so=
gar in unsrer eigenen Nähe haben."

„Übrigens geht es in der deutschen Gelehrtenrepublik
jetzt völlig so bunt zu wie beim Verfall des römischen
Reiches, wo zuletzt jeder herrschen wollte, und keiner
mehr wußte, wer eigentlich Kaiser war. Die großen
Männer leben dermal fast sämmtlich im Exil und jedes
verwegene Marketentergesicht kann Imperator werden,
sobald es nur die Gunst der Soldaten und der Armee
besitzt, oder sich sonst eines Einflusses zu erfreuen hat.
Ein paar Kaiser mehr oder weniger, darauf kommt es
in solchen Zeiten gar nicht an. Haben doch einmal im
römischen Reiche dreißig Kaiser zugleich regiert, warum
sollten wir in unsern gelehrten Staaten der Ober=
häupter weniger haben? Wieland und Schiller sind
bereits ihres Thrones verlustig erklärt; wie lange mir
mein alter Imperatormantel noch auf den Schultern
sitzen wird, läßt sich nicht vorausbestimmen: ich weiß
es selbst nicht. Doch bin ich entschlossen, wenn es je
dahin kommen sollte, der Welt zu zeigen, daß Reich

und Scepter mir nicht ans Herz gewachsen sind, und
meine Absetzung mit Geduld zu ertragen; wie denn
überhaupt seinen Geschicken in dieser Welt niemand so
leicht entgehen mag. Ja, wovon sprachen wir doch gleich?
Ha, von Imperatoren! Gut! Novalis war noch keiner,
aber mit der Zeit hätte er auch einer werden können.
Schade nur, daß er so jung gestorben ist, zumal, da
er noch außerdem seiner Zeit den Gefallen gethan und
katholisch geworden ist. Sind ja doch schon, wie die
Zeitungen besagten, Jungfrauen und Studenten rudel=
weise zu seinem Grabe gewallfahrtet und haben ihm
mit vollen Händen Blumen gestreut. Das nenn' ich
einen guten Anfang, und es läßt sich davon schon etwas
für die Folge erwarten. Da ich nur wenige Zeitungen
lese, so ersuche ich meine anwesenden Freunde, wenn
etwas weiter von dieser Art, was von Wichtigkeit, eine
Kanonisirung oder dergleichen vorfallen sollte, mich
davon sogleich in Kenntniß zu setzen. Ich meinerseits
bin damit zufrieden, daß man bei meinen Lebzeiten
alles nur erdenkliche Böse von mir sagt; nach meinem
Tode sollen sie mich schon in Ruhe lassen, weil der
Stoff schon früher erschöpft ist, sodaß ihnen wenig oder
nichts übrig bleiben wird. Tieck war auch eine Zeit=
lang Imperator, aber es währte nicht lange, so verlor
er Scepter und Krone. Man sagt, es sei etwas zu
Titusartiges in seiner Natur, er sei zu gütig, zu milde
gewesen, das Reich aber fodere in seinem jetzigen Zu=
stande Strenge, ja, man möchte wohl sagen, eine fast

barbarische Größe. Nun kamen die Schlegel ans Re-
giment; da ging's besser! August Schlegel, seines Namens
der Erste, und Friedrich Schlegel der Zweite — die
beiden regierten mit dem gehörigen Nachdrucke. Es
verging kein Tag, wo nicht irgendjemand ins Exil geschickt, oder ein paar Executionen gehalten wurden.
So ist's recht! Von dergleichen ist das Volk seit un-
denklichen Zeiten ein großer Liebhaber gewesen. Vor
kurzem hat ein junger Anfänger den Friedrich Schlegel
irgendwo als einen deutschen Hercules aufgeführt, der
mit seiner Keule im Reiche herumginge und alles todt-
schlüge, was ihm irgend in den Weg käme. Dafür hat
jener muthige Imperator diesen jungen Anfänger seiner-
seits sogleich in den Adelstand erhoben und ihn ohne
weiteres einen Heroen der deutschen Literatur genannt.
Das Diplom ist ausgefertigt: Ihr könnt Euch darauf
verlassen, ich habe es selber gelesen. Dotationen, Do-
mainen, ganze Fächer in Gelehrtenzeitungen, die sie ihren
Freunden zum Recensiren verschaffen, sind auch nicht
selten, die Feinde aber werden oft heimlich aus dem
Wege geräumt, indem man ihre Schriften beiseite legt
und sie lieber gar nicht anzeigt. Da wir nun im
Deutschen ein sehr geduldiges Publicum haben, das
nichts liest, als was zuvor recensirt ist, so ist diese
Sache gar so übel nicht ausgesonnen. Das Beste noch
bei der ganzen Sache ist denn aber doch immer das
Ungefährliche. Z. B. es legt sich einer jetzt Abends
als Imperator gesund und vergnügt zu Bette: des

andern Morgens darauf erwacht er und sieht mit Er=
staunen, daß die Krone von seinem Haupte hinweg ist.
Ich geb' es zu, es ist ein schlimmer Zufall, aber der
Kopf, sofern der Imperator überhaupt einen hatte, sitzt
doch noch immer auf derselben Stelle, und das ist,
meines Erachtens, baarer Gewinn. Wie häßlich da=
gegen ist es von den alten Imperatoren zu lesen, wenn
sie dutzendweise in der römischen Geschichte erdrosselt
und nachher in die Tiber geworfen werden. Ich
meinerseits gedenke, wofern ich auch Reich und Scepter
verlieren sollte, hier ruhig an der Ilm auf meinem
Bette zu sterben. Von unsern Reichsangelegenheiten
und besonders von Imperatoren weiter zu sprechen:
ein andrer junger Dichter in Jena [A. Bode?] ist auch
zu früh gestorben. Imperator konnte der zwar nicht
werden, aber Reichsverweser, Major Domus oder so
etwas, das wär' ihm nicht entgangen. Wo nicht, so
stand ihm noch immer als einem der ersten Heroen in
der deutschen Literatur ein Platz offen. Eine Pairs=
kammer zu stiften, wozu Vermögen gehört, wäre über=
haupt in der deutschen Literatur kein verwerflicher Ge=
danke. Hätte jener nur ein paar Jahre länger in Jena
gelebt, so könnte er Pair des Reiches geworden sein,
ehe er sich umsah. So aber, wie gesagt, starb er zu
frühe. Das war übereilt. Man soll sich, wie es der
rasche Gang unserer neuesten Literatur fordert, so
schnell als möglich mit Erde bedecken. Das ist Grund=
satz. Mit der Herausgabe von einigen Sonetten und

ein paar Almanachen ist die Sache noch keineswegs
gethan. Die literarischen Freunde des jungen Mannes
haben zwar in öffentlichen Blättern versichert, seine
Sonetten würden auch lange nach seinem Tode noch
fortleben, ich habe mich aber nachher nicht weiter da=
nach erkundigt, kann daher auch nicht sagen, ob es in
Erfüllung gegangen ist, oder wie es sich überhaupt mit
dieser Sache verhält."

„Als ich noch jung war, hab' ich mir freilich von
verständigen Männern sagen lassen, es arbeite oft ein
ganzes Zeitalter daran, um einen einzigen tüchtigen
großen Maler oder Dichter hervorzubringen, aber das
ist lange her. Jetzt geht das Alles viel leichter von=
statten. Unsre jungen Leute wissen das besser einzu=
richten und springen mit ihrem Zeitalter um, daß es
eine Lust ist. Sie arbeiten sich nicht aus dem Zeit=
alter heraus, wie es eigentlich sein sollte, sondern sie
wollen das ganze Zeitalter in sich hineinarbeiten, und
wenn ihnen das nicht nach Wunsche glückt, so werden
sie über die Maßen verdrießlich und schelten die Ge=
meinheit eines Publicums, dem in seiner gänzlichen
Unschuld eigentlich Alles recht ist. Neulich besuchte
mich ein junger Mann, der soeben von Heidelberg zurück=
kehrte; ich konnte ihn kaum über neunzehn Jahre
schätzen. Dieser versicherte mich im vollen Ernste, er
habe nunmehr mit sich abgeschlossen, und da er wisse,
worauf es eigentlich ankomme, so wolle er künftighin
so wenig wie möglich lesen, dagegen aber in gesell=

schaftlichen Kreisen seine Weltansichten selbstständig zu
entwickeln suchen, ohne sich durch fremde Sprachen,
Bücher und Hefte irgend darin hindern zu lassen. Das
ist ein prächtiger Anfang! Wenn jeder nur erst wieder
von Null ausgeht, da müssen die Fortschritte in kurzer
Zeit außerordentlich bedeutend werden."

b.

Goethe denkt bald nach Karlsbad zu reisen. Letzt-
hin war er göttlich bei Mde. Schopenhauer, wo er
über Schiller's Cyclus „Wallenstein" sprach), welcher
heute (21. April) und den Sonnabend gegeben wird.
„Freilich" — sagte er unter anderm — „verlautet
jetzt von dem guten Schiller, daß er kein Dichter sei
(dieses predigt Passow seinen Primanern, und stand
zwei Schritte von Goethe), doch wir haben da so unsere
eigene Meinung darüber." Mit dreimal kaustischer
Lauge sprach er scherzend über die poetische Anarchie,
wo der neueste Dichter zum größten ausgerufen werde
und kam auf die Landshuter Erklärung (von Ast?),
daß Friedrich Schlegel zum Hercules unter den Dichtern
proclamirt sei, und jetzt, anstatt mit dem Schlegel, mit
der Keule herumwandle, an der als Excrescenz auch
ein Ästchen bemerkbar sei. Kurz, Goethe documentirte
hier so ganz seine hohe Meisterschaft und ließ einmal
hell sehen, wie er über die Alfanzereien der Zeit eigentlich denkt.

c.

Bei Gelegenheit der Recension seiner Werke in den Heidelberger Jahrbüchern von F. Schlegel sagte G., er sei damit zufrieden. Der Recensent habe sich viel Mühe gegeben und Alles bedacht und bemerkt. Nur müsse er (G.) selbst am besten wissen, wo die Zäume hingen. Er verstehe die Recension recht gut, aber gegen seine Leser, d. h. die Leser seiner Werke, habe der Recensent einen curiosen Stand.

Es seien ja dies alles nur Fetzen und Lappen von seiner Existenz; da einmal ein alter Hut, und dort ein paar Schuhe, und dort ein Lappen von einem Rock, den er einmal getragen.

Die große Kluft, die durch die Reise nach Italien gemacht wird, zwischen den italienischen und andern Gedichten, könne man freilich nicht verlangen, daß sie der Recensent ausfüllen solle.

d.

Äußerte Goethe: „Schelme, Halbschelme sind wie die doppelfarbigen Mäntel, die man nach Gefallen umkehren kann um immer nach einer Seite zu erscheinen."

358.
1808, 14. Mai.
Mit Riemer.

Auf mitunter sehr schlechten Wegen nach Franzens= bad. Am Brunnen gewesen. Schöne Kobell'sche Land=

schaft mit blauen Bergen. Besonders Politica besprochen.

„Europa — äußerte Goethe — war sonst eine der
seltensten Republiken, die jemals existirt, und ging dadurch zu Grunde, daß ein Theil das sein wollte, was
das Ganze war, nämlich Frankreich wollte Republik
werden. — Jetzt nirgends Schutz und Hilfe. Omnia
in propatulo.

Sonst, der Mensch auf sich allein gestellt, suchte
er Hilfe bei anderen: in Burgen, Schlössern, bei
Freunden. Jetzt, in der öffentlichsten Kommunikation
hilflos, und nur durch sein Inneres zu trösten und
zu helfen.

Sonst verschlossen nach außen, offen nach innen;
jetzt offen nach außen, verschlossen nach innen."

359.

1808, 15. Mai.

Mit Riemer.

Unterwegs [zwischen Franzensbad und Karlsbad]
über Liebe. Amor feminarum plerumque officiosus,
marium sive masculorum ἐνθουσιάζων. Goethes Geschichte amoris uxoris suae post expertam fidem. Über
Werners Liebe.

360.

1808, 17. Mai.

Mit Riemer.

Nach Tische Metra für Goethe. Abends mit ihm den Chodekschen Weg. Über Pandora: über Systole und Diastole des Weltgeistes. „Jene giebt die Specifikation, diese das Unendliche. In der Natur sei das Unmögliche, daß nichts nicht werde: das Leben sei gleich da.“

361.

1808, 1. Juni.

Mit Riemer.

Über Tische von Politicis, — daß Napoleon mit Spanien fertig sei, daß Rußland es früher mit Polen ebenso gemacht. Ich meinte, unsere Kritiker würden ihn einen glücklichen Nachahmer schelten.

362.

1808, 2. August.

Mit Riemer.

Abends Armenconcert von Pixis und Holbein gegeben, der declamirte und sang, Goethes Hochzeitlied und Schillers Glocke. Nicht besonders. Um 9 Uhr nachhause mit Goethe. Darüber gesprochen.

14*

„Hier giebt man — sagte Goethe — Concerte und
Bälle, um wohlthätig zu sein, und ist wohlthätig, um
mit Ehren singen und tanzen zu können. Das ist die
Art von Mittelsalz, womit die moderne Welt ihre
Pflicht und Vergnügen zugleich abführt, damit ja alles
recht turmäßig geschehen möge."

363.

1808, 11. August.

Mit Riemer.

Mittags allein, mit Goethe. Über München, die
dortigen Verhältnisse. Plan zu einem deutschen Volks=
buche besprochen.

364.

1808, 13. August.

Mit Riemer.

„Es geht den Leuten, oder uns, mit den Wissen=
schaften wie dem Zadig (von Voltaire) mit dem
verlaufenen Hund und Pferde, das jedermann an
der Beschreibung erkennt, aber niemand gesehen haben
will."

„Ein ähnlicher Fall ist, daß die Leute auch von
dieser oder jener Sache etwas wollen gehört oder ge=
lesen haben, aber nicht angeben können was und wo."

365.

1808, 20. August.

Mit Riemer.

Mittags mit Goethe allein zu Tisch. Über Frau
v. d. Recke: sie sei ohne Perfectibilität und stehen geblieben.

366.

1808, 26. August.

Mit Riemer.

Mittags allein. Allerlei über der Menschen Art
und Weise. Über Werners und Schlegels Pfiffigkeit.

367.

1808, August (?).

Mit Riemer.

Goethe äußerte in Karlsbad: „Das Ideale im
Menschen, wenn diesem die Objekte genommen oder verkümmert werden, zieht sich in sich, feinert und steigert
sich, daß es sich gleichsam übertrumpft.

Die meisten Menschen im Norden haben viel mehr
Ideales in sich, als sie brauchen können, als sie verarbeiten können; daher die sonderbaren Erscheinungen
von Sentimentalität, Religiosität, Mysticismus 2c."

368.

1808, 27. August.

Mit Riemer.

Über Tische vom Charakter. Er sei, sagte Goethe,
die Tüchtigkeit vis-à-vis von etwas Höherem, das er
über sich erkenne, und seine Selbstschätzung. Der
Charakter ruhe auf der Persönlichkeit, nicht auf dem
Talente.

„Der Charakter ist eine psychische Gewohnheit, eine
Gewohnheit der Seele, und seinem Charakter gemäß
handeln, heißt seinen physischen und geistigen Gewohn-
heiten gemäß handeln; denn diese sind ihm allein
bequem, und nur das Bequeme gehört uns eigentlich an.

Wer nicht nachgiebt, ob er schon einsieht, daß der
andere Recht hat, heißt ein trotziger Charakter. Es
wird ihm aber leichter, nicht nachzugeben (wie es mancher
gewohnt ist, mit der linken Hand alles zu thun, was
vielen schwer däucht), es ist seine Gewohnheit. Man
muß Gewohnheit aber so verstehen: wir können uns
eigentlich nichts angewöhnen, nichts was nicht eigentlich schon unser wäre; es ist nur das Wiederholen
des ersten ursprünglichen Thuns, und der Charakter ist
eigentlich vor aller Gewöhnung und Gewohnheit. Er
erscheint uns nur als Gewohnheit; denn wir müssen
etwas wiederkehren sehen, wenn wir wissen sollen, daß

es da ist, und diese Wiederkehr, dieses Wiederholen des
Ersten und Einen heißen wir Gewohnheit.

Die gewöhnlichen Vorstellungsarten sind absurd.
Man sagt: weil er das und das so oft gethan hat, ist
es ihm zur Gewohnheit worden. Dies ist ein Idem
per Idem. Es ist wie wenn ich sagte: weil ich den
Handschuh so oft aus- und angezogen habe, ist er weit
geworden. Wenn es nicht die Natur des Handschuh-
leders wäre, sich zu dehnen, so hätte ich ihn tausend
und abertausendmal anziehen können, er wäre nicht
weiter geworden. Warum wird es denn kein Stahl-
handschuh, oder ein steinerner? ich mag sie noch so oft
anziehen.

Nein! er hat es gethan, so oft und so oft, weil
er's mußte, weil es seine Eigenschaft ist: und diese
Eigenschaft erscheint uns als Gewohnheit, weil wir sie
wiederholt sehen. Charakter ist also Eigenschaft und
Gewohnheit zugleich. Jenes a priori angesehen: dieses,
a posteriori.

Nimmt man das Willkürliche aus dem Leben und
Handeln und Verfahren hinweg, so hat man das Beste
hinweggenommen. Sei ich noch so weise und ver-
ständig und zweckmäßig: ich muß sterben wie der
Allerunvernünftigste, wie der Thor. Und ich habe
keine Freude davon gehabt, und andern keine damit
gemacht."

1808, 28. August.

Mit Riemer.

Goethes Geburtstag. Mit ihm über den neueren
Roman, besonders den seinigen. Er äußerte:

Seine Idee bei dem neuen Roman „Die Wahl=
verwandtschaften" sei: sociale Verhältnisse und die Con=
flicte derselben symbolisch gefaßt darzustellen.

Abends über das antike Tragische und das Roman=
tische. „Das antike Tragische ist das menschlich Tragirte.
Das Romantische ist kein natürliches, ursprüngliches,
sondern ein gemachtes, ein gesuchtes, gesteigertes, über=
triebenes, bizarres, bis ins Fratzenhafte und Karrikatur=
artige. Kommt vor wie ein Redoutenwesen, eine
Maskerade, grelle Lichter=Beleuchtung. Ist humoristisch
(d. h. ironisch vergl. Ariost, Cervantes; daher ans
Komische grenzend und selbst komisch) oder wird es
augenblicklich, sobald der Verstand sich daran macht,
sonst ist es absurd und phantastisch. Das Antike ist
noch bedingt (wahrscheinlich, menschlich), das Moderne
willkürlich, unmöglich.

Das antike Magische und Zauberische hat Stil, das
moderne nicht. Das antike Magische ist Natur mensch=
lich betrachtet, das moderne dagegen ein bloß Gedachtes,
Phantastisches.

Das Antike ist nüchtern, modest, gemäßigt, das
Moderne ganz zügellos, betrunken. Das Antike er=

scheint nur ein idealisirtes Reales, ein mit Großheit (Stil) und Geschmack behandeltes Reales; das Romantische ein Unwirkliches, Unmögliches, dem durch die Phantasie nur ein Schein des Wirklichen gegeben wird.

Das Antike ist plastisch, wahr und reell; das Romantische täuschend wie die Bilder einer Zauberlaterne, wie ein prismatisches Farbenbild, wie die atmosphärischen Farben. Nämlich eine ganz gemeine Unterlage erhält durch die romantische Behandlung einen seltsamen wunderbaren Anstrich, wo der Anstrich eben Alles ist und die Unterlage nichts.

Das Romantische grenzt ans Komische (Hüon und Amanda, Oberon), das Antike ans Ernste und Würdige.

Das Romantische, wo es in der Großheit an das Antike grenzt, wie in den Nibelungen, hat wohl auch Stil, d. h. eine gewisse Großheit in der Behandlung, aber keinen Geschmack. Die sogenannte romantische Poesie zieht besonders unsere jungen Leute an, weil sie der Willkür, der Sinnlichkeit, dem Hange nach Ungebundenheit, kurz der Neigung der Jugend schmeichelt. Mit Gewalt setzt man Alles durch. Seinem Gegner bietet man Trotz. Die Weiber werden angebetet: Alles wie es die Jugend macht. — —

Alle irdische Poesie ist immer noch zu charakteristisch, rein objectiv zu sein, d. h. noch zu individuell, nicht generell genug. Ja, was uns als reines Object vorkommt, ist selbst noch Individuum. Die Sonne selbst ist ein Individuum, ob sie uns gleich als das reinste Object erscheint, da sie mit nichts zu vergleichen ist.

Alle empirische Poesie, selbst die uns am meisten ob=
jectiv erscheint, die griechische oder antike, ist doch nur
charakteristisch und individuell, und imponiert uns nur
dadurch, durch ihr streng Charakteristisches. Es ist ein
erhöhtes Griechenthum, was uns entgegenkommt. Alles
was uns imponiren soll, muß Charakter haben. Die
Poesie an sich, ohne Charakter, ist nicht empirisch dar=
zustellen.

Das Eigene einer jeden Landes= und Volkspoesie,
besonders im Dramatischen, besteht darin, daß sie auf
einem Gegensatz beruht, auf einen Gegensatz hinarbeitet,
gleichsam vis-à-vis eines Gegensatzes sich in Bezug auf
ihn heraushebt.

Das Drama macht bei den Franzosen einen viel
stärkeren Gegensatz mit dem Leben, zum Zeichen, daß
ihr gewöhnliches Leben ganz davon entfernt ist. Bei
den Deutschen weniger, indem sie selbst schon im Leben
wenigstens naiv, gemüthlich und poetisch sind."

370.

1808, 30. August.

Mit Riemer.

Um 6 Uhr von Karlsbad weggefahren. Über die
Wahlverwandtschaften und was noch zu thun sein möchte,
Gegen Mittag in Mariakulm. Über eine Geschichte in
Castischem Sinn und Geschmack und höchst moralisch (erste
Idee zu dem Gedichte „Das Tagebuch. 1810").

371.

1808, 30. September und folgende Tage.

Bei den Festen zu Ehren des Kaisers Napoleon.

Der Herzog berief in diesen Tagen [29. September]
unsern Goethe nach Erfurt, der nach seiner eigenthüm=
lichen Sinnesweise sich bisher ganz fern gehalten hatte.
Es war mir [Friedrich v. Müller] gelungen, eine be=
queme Wohnung in der Nähe des Herzogs aufzufinden,
und Goethe blieb mehrere Tage in Erfurt. Das fran=
zösische Theater gewährte ihm unsäglichen Genuß, und
es war höchst interessant, ihn nach jeder Vorstellung
noch stundenlang bei dem Herzog über die Eigen=
thümlichkeiten der französischen Tragiker und drama=
tischen Künstler sprechen zu hören; er war dabei stets
in der höchsten Aufregung, voll Feuer und hinreißender
Beredsamkeit.

——— ——— ——— ——— ———

Napoleon hatte schon mehrmalen den Wunsch blicken
lassen, daß die Herzogin von Weimar ihm und seinem
kaiserlichen Gast [Alexander 1.] einen Ball zu Weimar
geben möchte. Der Herzog überlegte hin und her,
welche noch weiteren Festlichkeiten und Anordnungen
schicklicherweise getroffen werden müßten, wenn so hohe
Gäste nach Weimar kämen . . . . . Der Herzog forderte
Goethe auf, auszusinnen, was etwa am würdigsten zur
Verherrlichung der bevorstehenden merkwürdigen Tage

in Weimar geschehen könnte. Goethe gab wirklich auch
mehre höchst großartige und imposante Ideen an; theils
aber hätte ihre Ausführung zu viel Zeit erfordert, theils
erschienen sie inderthat zu gigantisch. Der Herzog be=
schloß daher, sich außer einem Festmahle und Hofballe
auf eine große Hirschjagd am Ettersberg, für den ersten
Tag der kaiserlichen Anwesenheit, und für den andern
Tag auf eine andere große Jagd auf den Bergen gegen
Jena hin zu beschränken, da Napoleon gewünscht hatte,
dem Kaiser Alexander das Schlachtfeld von Jena zu
zeigen.

372.

1808, 2. October.

Mit Napoleon.

a.

Bei Frau von der Recke lernte er [Goethe] den
Minister Maret kennen, auf den er einen außerordent=
lichen Eindruck machte, und der davon dem Kaiser er=
zählte, worauf Napoleon ihn sogleich am 2. October zu
sich einladen ließ. Die Audienz dauerte fast eine
volle Stunde. Ich [von Müller] hatte Goethe bis
ins Vorzimmer begleitet und harrte da seiner Rück=
kehr. Nur Talleyrand, Berthier und Savary waren
bei dieser Audienz gegenwärtig; gleich nach Goethes
Eintritt in das kaiserliche Cabinet kam auch noch der
Generalintendant Daru dazu.

Der Kaiser saß an einem großen runden Tische

frühstückend. Zu seiner rechten stand Talleyrand, zu
seiner linken Daru, mit dem er sich zwischendurch über
die preußischen Contributionsangelegenheiten unterhielt.
Er winkte Goethe, näher zu kommen, und fragte, nach=
dem er ihn aufmerksam betrachtet hatte, nach seinem
Alter. Als er erfuhr, daß er im sechzigsten Jahre
stehe, äußerte er seine Verwunderung, ihn noch so
frischen Aussehens zu finden, und ging alsbald zu der
Frage nach Goethes Trauerspielen über, wobei Daru
Gelegenheit nahm, sich näher über sie auszulassen und
überhaupt Goethes dichterische Werke zu rühmen,
namentlich auch seine Übersetzung des „Mahomet" von
Voltaire. „Das ist kein gutes Stück!" sagte der Kaiser
und setzte umständlich auseinander, wie unschicklich es
sei, daß der Weltüberwinder von sich selbst eine so
ungünstige Schilderung mache. Werther's Leiden ver=
sicherte er siebenmal gelesen zu haben*) und machte
zum Beweise dessen eine tief eindringende Analyse
dieses Romans, wobei er jedoch an gewissen Stellen
eine Vermischung der Motive des gekränkten Ehrgeizes
mit denen der leidenschaftlichen Liebe finden wollte.
„Das ist nicht naturgemäß und schwächt bei dem Leser
die Vorstellung von dem übermächtigen Einfluß, den
die Liebe auf Werther gehabt. Warum haben Sie
das gethan?"

---

*) Inderthat finden sich „Werther's Leiden" in Bourienne's
Memoiren unter dem Verzeichniß der wenigen Bücher aufge=
führt, die Napoleon mit nach Ägypten nahm.

Goethe fand die weitere Begründung dieses kaiser=
lichen Tadels so richtig und scharffinnig, daß er ihn
späterhin oftmals gegen mich mit dem Gutachten eines
kunstverständigen Kleidermachers verglich, der an einem
angeblich ohne Naht gearbeiteten Ärmel sobald die sein
versteckte Naht entdeckt.

Dem Kaiser erwiederte er: es habe ihm noch niemand
diesen Vorwurf gemacht, allein er müsse ihn als ganz
richtig anerkennen; einem Dichter dürfte jedoch zu ver=
zeihen sein, wenn er sich mitunter eines nicht leicht
zu entdeckenden Kunstgriffs bediene, um eine gewisse
Wirkung hervorzubringen, die er auf einfachem, natür=
lichem Wege nicht hervorbringen zu können glaube.

Nun auf das Drama zurückkommend, machte
Napoleon mehrfache sehr bedeutende Bemerkungen, die
den Beweis lieferten, daß er die tragische Bühne mit
der größten Aufmerksamkeit, gleich einem Criminal=
richter, betrachte, und die deutlich genug zeigten, wie
tief er das Abweichen des französischen Charakters
von Natur und Wahrheit empfinde. Auf die Schick=
salsstücke übergehend, mißbilligte er sie höchlich:
„Sie haben einer dunkleren Zeit angehört; was will
man jetzt mit dem Schicksal? Die Politik ist das
Schicksal!"

Hierauf sprach er lange mit Daru über die Con=
tributionsangelegenheiten, während dessen der Marschall
Soult hereintrat, den der Kaiser scherzend über einige
unangenehme Ereignisse in Polen ansprach. Auf ein=

mal stand Napoleon auf, ging auf Goethe zu und
fragte mit gemäßigterer Stimme nach Goethes Familie
und seinen Verhältnissen zu den verschiedenen Personen
des herzoglichen Hauses. Die Antworten, die er er=
hielt, übersetzte er sich sogleich nach seiner Weise in
entschiednere Urtheile. Doch bald wieder auf das
Trauerspiel zurückkommend, sagte er: „Das Trauer=
spiel sollte die Lehrschule der Könige und der Völker
sein; das ist das Höchste, was der Dichter erreichen
kann. Sie z. B. sollten den Tod Cäsars auf eine
vollwürdige Weise, großartiger als Voltaire, schreiben.
Das könnte die schönste Aufgabe Ihres Lebens werden.
Man müßte der Welt zeigen, wie Cäsar sie beglückt
haben würde, wie alles ganz anders geworden wäre,
wenn man ihm Zeit gelassen hätte, seine hochsinnigen
Pläne auszuführen. Kommen Sie nach Paris! Ich
fordere es durchaus von Ihnen. Dort giebt es größere
Weltanschauung, dort werden Sie überreichen Stoff
für Ihre Dichtungen finden.“*)

Jedesmal, wenn er über etwas sich ausgesprochen
hatte, setzte er hinzu: „Qu'en dit Monsieur Goet?“

Als nun Goethe endlich abtrat, hörte man den
Kaiser bedeutsam zu Berthier und Daru sagen: „Voilà
un homme!“

----

*) [Von den Worten „Doch bald wieder auf das Trauerspiel
zurückkommend“ an ist das Gespräch irrthümlich hier aufgeführt
und fand unzweifelhaft am 6. October statt.]

Goethe beobachtete lange ein tiefes Schweigen über
den Hergang bei dieser Audienz, sei es, weil es über=
haupt in seinem Charakter lag, sich über wichtige, ihn
persönlich betreffende Vorgänge nicht leicht auszusprechen,
sei es aus Bescheidenheit und Delicatesse. Daß aber
Napoleons Aeußerungen ihm einen mächtigen Eindruck
hinterließen, konnte man ihm sehr bald abmerken, ob=
schon er selbst den Fragen seines Fürsten nach dem In=
halte der Unterredung auf geschickte Weise auszuweichen
verstand. Die Einladung nach Paris insbesondere be=
schäftigte ihn noch geraume Zeit recht lebhaft: er fragte
mich mehrmalen nach dem ohngefähren Betrag des
Aufwandes, den sie wohl erfordern würde, nach den
verschiedenen, für ihn nöthigen Einrichtungen in Paris,
Zeitabtheilungen u. s. w. Späterhin mochte ihn wohl
die Erwägung so mancher nicht zu beseitigenden Un=
bequemlichkeiten in Paris von dem Vorhaben ab=
gebracht haben.

b.

Napoléon leitete das Gespräch über „Werther" mit
den Worten ein: „Je n'aime pas la fin de votre
roman!" worauf Goethe erwiederte: „„Je ne croyais
pas, que Votre Majesté aimât que les romans aient
une fin.'"

373.

1808, 6. October.

Mit Napoleon.

a.

Auf dem Hofball zu Weimar hatte Napoleon gleich anfangs mit Goethe sich unterhalten und später wiederholt.

Der Kaiser sprach während des Balles noch einmal mit Goethe und drückte ihm sein lebhaftes Interesse an Veredlung der tragischen Kunst aus. Er wiederholte dabei, daß man das Trauerspiel nicht nur für die würdigste Schule der Fürsten und Staatsmänner achten müsse, sondern daß es in gewisser Hinsicht selbst weit über der Geschichte stehe.

b.

During the ball. Napoleon talked at great length with Goethe and Wieland. Speaking of ancient and modern literature. Napoleon touched on Shakespeare, whom he was too French to comprehend. and said to Goethe: „Je suis étonné qu'un grand esprit, comme vous, n'aime pas les genres tranchés." Goethe might have replied that grands esprits have almost universally been the very reverse of tranchés in their tastes, but of course it was not for him to controvert the Emperor. After speaking magniloquently of tragedy, Napoleon told him he ought to write a

Death of Caesar, but in a grander style than the
tragedy of Voltaire. „Ce travail pourrait devenir la
principale tâche de votre vie. Dans cette tragédie
il faudrait montrer au monde, comme César aurait
pu faire le bonheur de l'humanité, si on lui avait
laissé le temps d'executer ses vastes plans." One
cannot help thinking of Goethe's early scheme to
write Julius Caesar, and how entirely opposed it
would have been opposed to the genre tranché so
admired by Napoleon.

A proposition more acceptable than that of writ-
ing tragedies at his age, was that of accompa-
nying Napoleon to Paris, „Venez à Paris! je l'exige
de vous. Là vous trouverez des matières immenses
pour vos créations poétiques."

374.

1808, 15. October.

Mit Riemer.

. . Goethe. Mit ihm in den Garten und dann
auf seinem Zimmer. Über die Erfurter Sachen. Daß
er den Kaiser gesprochen. Wolle es aufschreiben, was
er mit ihm gesprochen. Er hat ihm gleichsam das
Tippelchen auf das J. gesetzt.

375.

1808, 7. November.

Mit Riemer.

Mittags allein mit Goethe. Über die Hagen'sche Liedersammlung, Mathisson's lyrische Blumenlese, Mangel an Objectivität der deutschen Dichter.

376.

1808, 9. November.

Mit Riemer.

Mittags mit Goethe allein zu Tisch. Über die Nibelungen als ein von Grund aus tüchtiges Gedicht.

377.

1808, 16. November.

Vortrag der Damen.

Am Mittwoch hat uns Goethe seine Reflexionen über das alte Gedicht [das Nibelungenlied], was er uns vorliest, mitgetheilt. Seine Gedanken schienen mir [Henriette v. Knebel] so frisch und richtig. So glaubt er auch, daß in den damaligen Zeiten eigentlich das wahre Heidenthum gewesen wäre, ob sie gleich kirchliche Gebräuche hatten; denn Homer hätte mit den Göttern in Verbindung gestanden, aber in diesen Leuten findet sich keine Spur von irgend einem himmlischen Reflect.

15*

378.

1808, 25. November.

Mit Riemer.

Über Wolff's Meinung von Homer u. dergl. Äußerte
Goethe:

„Schon fast seit einem Jahrhundert wirken Humaniora nicht mehr auf das Gemüth dessen, der sie treibt,
und es ist ein rechtes Glück, daß die Natur dazwischen
getreten ist, das Interesse an sich gezogen und uns von
ihrer Seite den Weg zur Humanität geöffnet hat.

Daß die Humaniora nicht die Sitten bilden! Es
ist keineswegs nöthig, daß alle Menschen Humaniora
treiben. Die Kenntnisse, historisch, antiquarisch, belle-
tristisch und artistisch, die aus dem Alterthum kommen
und dazu gehören, sind schon so divulgirt, daß sie nicht
unmittelbar an den Alten abstrahirt zu werden brauchen,
es müßte denn einer sein Leben hineinstecken wollen.
Dann aber wird diese Kultur doch nur wieder eine
einseitige, die vor jeder anderen einseitigen nichts voraus
hat, ja noch obenein nachsteht, indem sie nicht produktiv
werden und sein kann."

379.

1808, 27. November.

Mit Riemer.

Einladung [Riemer's] von Demoiselle Jagemann.
Anfrage bei Goethe. Genehmigung von ihm. Von ihm

instruirt [über sein Verhalten bei den Verhandlungen bezüglich der Zerwürfnisse in Bühnenangelegenheiten].

380.

1808, 1. December.

über die Zerwürfnisse bei der Bühnenleitung.

Nach Tische mit Goethe, der Geh. Räthin; die Theaterangelegenheiten besprochen. Goethes Vorschlag. Einwendungen dagegen und Offens. Stillgeschwiegen.

381.

1808, 2. December.

über die Zerwürfnisse bei der Bühnenleitung.

über Theaterangelegenheiten und der Geh. Räthin Vorschlag von gänzlicher Separation der Oper vom Schauspiel und Drama überhaupt, auch des Personals.

382.

1808, 3. December.

Beim Abendessen.

Um 5 Uhr war [W. v.] Humboldt angekommen und logirte mit Theodor [seinem Sohn] bei uns .... Abends Humboldt und Theodor zu Tisch. über das Theater, Musik, römische Angelegenheiten. Gegen das Sprechen zur Musik erklärte sich G. so: „Musik sei die reine Unvernunft, und die Sprache habe es nur mit der

Vernunft zu thun." Es war den 3. December 1808 abends. Humboldt speiste mit und es war viel vom Theater, Musik u. dergl. die Rede. Schiller hatte besonders den Tic bei Musik sprechen zu lassen, z. B. die Jungfrau von Orleans. Goethen war das immer zuwider, wie er oft genug äußerte.

. . . Ferner: „Licht, wie es mit der Finsterniß die Farbe wirkt, ist ein schönes Symbol der Seele, welche mit der Materie den Körper bildend belebt. So wie der Purpurglanz der Abendwolke schwindet und das Grau des Stoffes zurückbleibt, so ist das Sterben des Menschen. Es ist ein Entweichen, ein Erblassen des Seelenlichtes, das aus dem Stoffe weicht. Daher sehe ich keinen Todten. Alle meine gestorbenen Freunde sind mir so verblichen und verschwunden, und das Scheinbild von ihnen bleibt mir noch im Auge."

383.

1808, 7. December.

Über Frauen.

Nach Tisch kam die Elsermann. Streit mit ihr über die Weiber und ihre Einbildung von sich.

(G.) „Weiber haben keine Ironie, können nicht von sich selbst lassen. Daher ihre sogenannte größere Treue, weil sie sich selbst nicht überwinden können, und sie können es nicht, weil sie bedürftiger, abhängiger sind als die Männer."

384.

1808, 8. December.

Mit Riemer.

Als von Schubert's Ansichten von der Nachtseite der Naturwissenschaft und deren Heiligkeit die Rede war, bemerkte G.: „solche Naturen wie Schubert seien gleichsam die Moll=Töne der Natur; das Heilige spräche sich aber auch in Dur=Tönen aus."

385.

1808, 9. December.

Mit Riemer.

Von Tischbein in Hamburg sagte Goethe: er sei ein rückschreitender Jehovah; erst habe er Menschen gemalt, nun mache er Thiere.

386.

1808, 14. December.

Mit Friedrich v. Müller.

Bei Goethe. „Ich studire," sprach er, „jetzt die ältere französische Literatur ganz gründlich wieder, um ein ernstes Wort mit den Franzosen reden zu können. Welche unendliche Cultur," rief er, „ist schon an ihnen vorübergegangen zu einer Zeit, wo wir Deutsche noch ungeschlachte Bursche waren. Deutschland ist nichts, aber jeder einzelne Deutsche ist viel, und doch bilden sich letztere gerade das Umgekehrte ein. Verpflanzt und zerstreut wie die Juden in alle Welt müssen die Deutschen werden, um die Masse des Guten ganz und zum Heile aller Nationen zu entwickeln, die in ihnen liegt."

Hierauf kam er auf J. H. Voß zu sprechen, dessen Charakter sich erst später „versteinert" habe. „Für seine Angriffe in der Recension über „„des Knaben Wunderhorn"" [Morgenblatt 1808 Nr. 283 f.] will ich ihn auch noch einst auf den Blocksberg citiren."

Zum Behufe der geschichtlichen Ausarbeitung über die Farbenlehre studirte Goethe die Zeitgeschichte aller einschlagenden großen Schriftsteller. Wie er jene ansah, davon gab er mir eine Probe durch die Einleitung zu Roger Baco's Leben (geb. 1214). „Auf so heiterm Grunde," setzte er hinzu, „lasse ich nun die Figur selbst hervortreten. Welch eine Welt von Herrlichkeit liegt in den Wissenschaften! Wie immer reicher findet man sie! Wie viel Klügeres, Größeres, Edleres hat gelebt, und wir Zeitlinge bilden uns ein, allein klug zu sein. Ein Volk, das ein „Morgenblatt", eine „elegante Zeitung", einen „Freimüthigen" hat, ist schon rein verloren. Wie hundertmal besser ist die so verschriene Romanlectüre, die doch eine ungeheuer weite, wenngleich nicht solide Bildung hervorgebracht hat!"

387.

1808, 18. December.

Mit Gerhard v. Kügelgen.

Kügelgen, der (vom 8. December 1808) mehrere
Wochen in Weimar sich aufhielt, um Wieland und
Goethe zu malen, bildete in dieser Zeit einen sehr
schönen Abschnitt. . . . . Seine Bilder gefielen fast
allgemein durch ihr lebhaftes (etwas buntes) Colorit
und durch den Ausdruck weit geöffneter strahlender
Augen, wodurch er sie zu idealisiren strebte. Von
Freund Meyer erfuhr ich [St. Schütze] aber unter der
Hand, daß er und Goethe über das Verdienstliche seiner
Leistungen dem Publicum gegenüber ganz anderer
Meinung waren und in den theatralischen Reizen nicht
die rechte Kraft des natürlichen Lebens fanden; sie
hielten jedoch mit ihrem Urtheil an sich. Einer eigenen
Scene wohnte ich (den 18. December 1808) in der
Gesellschaft [bei Johanna Schopenhauer] mit bei, wie
Kügelgen Goethen modellirte und, um keine Langeweile
auf seinem Gesichte zu sehen, einen Streit mit ihm
über die griechische Malerei eröffnete. Daran that er
sehr übel. Goethe konnte nicht einmal einen einzelnen
Widerspruch gern ertragen, und Disputiren ist ein fort=
währendes Widersprechen. Es kreuzten sich daher so
viele verdrießliche und zornige Züge durch das Gesicht,
daß es ganz den Charakter einer ruhigen Überein=
stimmung verlor und wohl nur noch wenig zum Mo=

delliren dienen konnte. Aber was den Inhalt des Ge=
sprächs betraf, da mußte ich in der Stille Kügelgen
beipflichten, der es bezweifelte, daß die Griechen in der
Malerei die höchste Vollkommenheit und schon den
Gipfel der spätern Kunst erreicht hätten. Goethe
glaubte daran, weil die Griechen überhaupt so voll=
kommen gewesen.

388.

1808, kurz vor Weihnachten.

Mit Ludwig Achim v. Arnim.

Goethe hat den Arnim unendlich freundlich in
Weimar aufgenommen, ihm von seiner, des Herzogs
und der Großfürstin Seite gedankt für den „Einsiedler"
und ihm wörtlich erklärt: es sei ihm und andern nie
ein so lebendiges Blatt erschienen; sie bedauerten alle,
daß es aufhöre und hofften, daß mit der Zeit gewiß
eine zweite Auflage erscheinen werden. Gegen Voß
giebt er ihm in allem gänzlich recht und bedauert nur,
daß er ihm irgendje geantwortet.

389.

1808, 31. December und vorher.

Mittag bei Goethe.

a.

Brief von Frommann. Um 1 Uhr kam er selbst,
mit ihr, Steffens und seiner Frau. Werneburg und

Werner speisten mit. Nach Tische recitirte Werner sein
altes Quodlibet aus Polen. Dann ein paar Sonette
aus Italien. Das zweite nicht zu Ende, denn als er
den Mond mit einer hostia verglich, so wurde Goethe
furios und grob und sagte, er solle was besseres machen.
Er turnirte es spaßhaft, aber kam immer wieder darauf
zurück, daß es dumm sei. Steffens und Frommann
stimmten ein und tadelten die Sache noch mehr. Werner
war geduldig als ein Märtyrer.

b.

Goethe war [Ende December] nach Jena gekommen;
ich [Steffens] sah ihn nach sieben Jahren zum ersten
Male wieder und seine Gegenwart ergriff mich tief.
Er begleitete mich nach der Mineraliensammlung, die
noch immer unter der Direction des Professors Lenz
bedeutende Schätze in sich schloß. . . . . Goethe war
bekanntlich ein geognostischer Dilettant; seine wiederholten Reisen verlockten ihn zu mancherlei Untersuchungen, und unsere Unterredung schweifte bald von
der Mineralogie nach anderen naturwissenschaftlichen
Gegenständen hin. Einige optische Untersuchungen
wurden behandelt, seine Ansicht von der Metamorphose
der Knochen beschäftigten uns, und er beklagte sich mit
Heftigkeit über die Art, wie einige Naturforscher sein
Vertrauen mißbraucht und mitgetheilte Entdeckungen,
ohne ihn zu nennen, als eigene bekannt gemacht hatten.
Ich war ganz in die frühere schöne Zeit versetzt. Goethe
ward immer heiterer, liebenswürdiger, und ich genoß

ein Glück, welches mir seit langen Jahren fremd geworden war. Goethe lud mich und meine Frau mit
der Frommann'schen Familie nach Weimar ein. Wir
fanden bei Tafel außer Goethes Frau, Meyer und
Riemer nur Werner. Goethe war sehr heiter; das
Gespräch drehte sich um mancherlei Gegenstände, und
die unbefangenen geistreichen Äußerungen des berühmten
Wirthes erheiterten uns alle. Auch mit den Frauen
wußte er sich auf liebenswürdige Weise zu unterhalten.

Endlich wandte er sich an Werner, der bis jetzt
wenig theil an den Gesprächen genommen hatte. „Nun,
Werner," sagte er auf seine ruhige, doch fast gebiete-
rische Weise, „haben Sie nichts, womit Sie uns unterhalten, keine Gedichte, die Sie uns vorlesen können?"
Werner griff eilig in die Tasche, und die zerknitterten
schmutzigen Papiere lagen in solcher Menge vor ihm,
daß ich erschrak und diese Aufforderung Goethes, die
das unbefangene und interessante Gespräch völlig zu
unterdrücken drohte, keineswegs billigte. Werner fing
nun an, eine Anzahl von Sonetten uns auf seine ab-
scheuliche Weise vorzudeclamiren. Endlich zog doch
eines meine Aufmerksamkeit auf sich. Der Inhalt des
Sonetts war der köstliche Anblick des vollen Mondes,
wie er in dem klaren italienischen Himmel schwamm.
Er verglich ihn mit einer Hostie. Dieser schiefe Vergleich empörte mich, und auch auf Goethe machte er
einen widerwärtigen Eindruck; er wandte sich an mich.
„Nun, Steffens," fragte er äußerlich ruhig, indem er

einen geheimen Ingrimm zu verbergen suchte, „was sagen Sie dazu?" „„Herr Werner,"" antwortete ich, „„hatte vor einigen Tagen die Güte, mir ein Sonett vorzulesen, in welchem er sich darüber beklagte, daß er zu spät, zu alt nach Italien gekommen wäre; ich glaube einzusehen, daß er recht hat. Ich bin zu sehr Natur=forscher, um eine solche Umtauschung zu wünschen. Das geheimnißvolle Symbol unser Religion hat ebensoviel durch einen solchen falschen Vergleich verloren, wie der Mond."" Goethe ließ sich nun völlig gehen und sprach sich in eine Heftigkeit hinein, wie ich sie nie erlebt hatte. „Ich hasse" — rief er — „diese schiefe Reli=giosität; glauben Sie nicht, daß ich sie irgendwie unter=stützen werde. Auf der Bühne soll sie sich, in welcher Gestalt sie auch erscheint, wenigstens hier, nie hören lassen." Nachdem er auf diese Weise sich eine zeitlang und immer lauter ausgesprochen hatte, beruhigte er sich. „Sie haben mir meine Mahlzeit verdorben," sagte er ernsthaft; „Sie wissen ja, daß solche Ungereimtheiten mir unausstehlich sind. Sie haben mich verlockt, zu vergessen, was ich den Damen schuldig bin." — Er faßte sich nun ganz, wandte sich entschuldigend zu den Frauen, fing ein gleichgültiges Gespräch an, erhob sich aber bald, entfernte sich und man sah es ihm wohl an, daß er tief verletzt war und in der Einsamkeit Beruhigung suchte. Werner war wie vernichtet.

Gespräche vom 17. Mai und 13. November 1808 finden sich verwebt in Nr. 285.

390.

1808 Ende oder 1809 Anfang.

Über Therese aus dem Winkel.

Kügelgen . . . . sagt, . . . daß Goethe mit seltner Wärme von ihr [als Malerin und Harfenistin] sprach und den Zweifler ausschalt.

391.

1809, Januar.

Mit Johann Gottfried Gruber.

„Gott sei Dank!" sagte neulich Goethe, „daß es unter den Weimarischen Gelehrten doch mehr Heiden, als Neuchristen giebt."

392.

1809, Januar.

Über Martin Friedrich Arendt.

In einem benachbarten Gasthofe einlogirt, speiste er fast jeden Mittag an Goethes Tische, unterhielt uns mit seinen Reiseabenteuern, antiquarischen Recher= chen u. s. w., ohne in das doppelte Spiel seiner Luft= und Speiseröhre eine Pause zu bringen, oder der andern den geringsten Abbruch zu thun. Es schmeckte diesem Ausgehungerten jederzeit so vortrefflich, daß er einesmals, nachdem er mit Hammelbraten und Gurken= salat zuerst den Teller, dann den Magen reichlich ge=

füllt hatte, nun auch die köstliche Brühe von Gurken=
saft und Öl und Essig nicht wollte umkommen lassen.
Den Teller schon mit beiden Händen zu den Lippen
erhoben, um ihn auszuschlürfen, fiel es ihm doch noch
ein, für diese studenticose Manier um Erlaubniß zu
bitten. G. mit unnachahmlicher Bonhommie, Ruhe und
Treuherzigkeit hieß ihn, „sich ja nur nicht zu geniren,"
indem er, während jener schlürfte, das Leckere einer
solchen Mischung von Bratenbrühe und Gurkensaft
rühmend auseinandersetzte und so den Genießer er=
muthigte, sich ganz zwanglos dem Behagen des erquick=
lichen Trankes hinzugeben.

Diese ungeschlachte Rohheit ... discredibirte ihn
jedoch bei G. so wenig, daß dieser die Sache nur
lustig nahm und wie eine naturhistorische Merkwürdig=
keit aus der Diätetik der Vierfüßer ansah.

393.

1809, 20. Februar.

Mittag bei Goethe.

Goethe äußerte über Tisch: „Der reine wahre
Despotismus entwickelt sich aus dem Freiheitssinne; ja
er ist selbst der Freiheitssinn mit dem Gelingen. Der
Freiheitssinn strebt ins Unbedingte, er will herrschen,
ohne daß er's immer im Stande ist und werden kann.
Nun kommt bei einem das Gelingen hinzu, und so ist
der Despot fertig. — Aus der Sklaverei geht nur der

eigentliche dominus hervor, niemals der Despot oder
wie er auch heißt der Tyrann."

Ferner äußerte Goethe über den Witz:

„Der Witz setzt immer ein Publikum voraus.
Darum kann man den Witz auch nicht bei sich be=
halten. Für sich allein ist man nicht witzig. Alle
andern Empfindungen genießt man für sich allein:
Liebe, Hoffnung ꝛc. — Der Witz wird immer für ein
Anzeichen eines kalten Gemüths gehalten: er ist nur
das eines besonnenen, freien, schwebenden, das sich von
den Gegenständen losmachen kann. (Daher sagt man,
daß er niemandes, auch des Freundes, nicht schone.)

Der Witz gehört unter den Spieltrieb. Das Spiel
offenbart die große Freiheit des Geistes. Das Spiel
will nicht die Realität, sondern den Schein   Der
Schein ist mit der Idee nahe verwandt. Er ist gleich=
sam das Bild, das Gemälde von der Idee. Ja er ist
die Idee selbst mit dem Minimo von Realität ver=
körpert oder daran offenbart."

394.

1809 26. Februar.

In Gesellschaft bei Johanna Schopenhauer.

Abends zu Mad. Schopenhauer, Goethe sehr lustig
und spaßhaft über Blaubarts Märchen.

Am Tage vorher war die Oper „Blaubart" von Grétry
gegeben worden.

395.

1809, 28. (?) Februar.

Mit Falk.

„Es ist Alles," sagte er ein ander Mal, am 29.
[so!] Februar 1809, in demselben Sinne, „in den
Wissenschaften zu weitsichtig geworden. Auf unsern
Kathedern werden die einzelnen Fächer planmäßig zu
halbjährigen Vorlesungen mit Gewalt auseinander-
gezogen. Die Reihe von wirklichen Erfindungen ist
gering, besonders, wenn man sie durch ein paar Jahrhunderte im Zusammenhange betrachtet. Das Meiste,
was getrieben wird, ist doch nur Wiederholung von
dem, was dieser oder jener berühmte Vorgänger gesagt hat. Von einem selbstständigen Wissen ist kaum
die Rede. Man treibt die jungen Leute heerdenweise
in Stuben und Hörsäle zusammen und speist sie in
Ermangelung wirklicher Gegenstände mit Citaten und
Worten ab. Die Anschauung, die oft dem Lehrer selbst
fehlt, mögen sich die Schüler hinterdrein verschaffen!
Es gehört eben nicht viel dazu, um einzusehen, daß
dies ein völlig verfehlter Weg ist. Besitzt nun der
Professor vollends gar einen gelehrten Apparat, so
wird es dadurch nicht besser, sondern nur noch schlimmer.
Des Dünkels ist nun gar kein Ende. Jeder Färber
an seinem Kessel, jeder Apotheker an seinem Destillir-
kolben muß sich sofort des breitern von ihm belehren
lassen. Die armen Teufel von Praktikern, ich kann

nicht sagen, wie sie mich dauern, daß sie in solche
Hände gefallen sind! Da saß ehemals so ein alter
Färber in Heilbronn, der war klüger als sie alle!
Dafür haben sie ihn aber auch tüchtig ausgelacht.
Was gäbe ich darum, wenn der alte Meister noch in
der Welt wäre, die er, aber die ihn nicht erkannte,
und meine Farbenlehre erlebt hätte. Dem hatte sein
Kessel geholfen. Der wußte, worauf es ankam."

„Wenn ich die Summe von dem Wissenswerthen
in so mancher Wissenschaft, mit der ich mich mein
ganzes Leben hindurch beschäftigt habe, aufschreiben
wollte, das Manuscript würde so klein ausfallen, daß
Sie es in einem Briefconvert nach Hause tragen
könnten. Es herrscht bei uns der Gebrauch, daß man
die Wissenschaften entweder ums Brot verbauen läßt,
oder sie auf den Kathedern förmlich zersetzt, so daß
uns Deutschen nur zwischen einer seichten Popular=
philosophie und einem unverständlichen Gallimathias
transcendentaler Redensarten gleichsam die Wahl ge=
lassen ist. Das Capitel von der Elektricität ist noch
das, was in neuerer Zeit nach meinem Sinne am vor=
züglichsten bearbeitet ist."

„Die „„Elemente"" des Euklides stehen noch immer
als ein unübertroffenes Muster eines guten Lehrvor=
trages da; sie zeigen uns in der größten Einfachheit
und nothwendigen Abstufung ihrer Probleme, wie Ein=
gang und Zutritt zu allen Wissenschaften beschaffen
sein sollten."

„Wie ungeheure Summen haben nicht die Fabrik=
herrn bloß durch falsche Ansichten in der Chemie ver=
loren. Selbst die technischen Künste sind beiweitem
nicht, wie sie sollten, vorgerückt. Diese Bücher= und
Stubengelehrsamkeit, dies Klugwerden und Klugmachen
aus nachgeschriebenen Heften ist auch die alleinige
Ursache, daß die Zahl der wahrhaft nützlichen Ent=
deckungen durch alle Jahrhunderte so gering ist.
Wahrlich, wenn heute, wo wir den 29. [so!] Februar
1809 schreiben, der altehrwürdige englische Mönch
Baco — mit dem Kanzler Verulam keineswegs zu ver=
wechseln —, nachdem so manche Jahrhunderte hinter
seinen wissenschaftlichen Bestrebungen abgelaufen sind,
von den Todten zurück zu mir in mein Studirzimmer
käme und mich höflich ersuchte, ihn mit den Ent=
deckungen, die seitdem in Künsten und Wissenschaften
erfolgt, bekannt zu machen, ich würde mit einiger Be=
schämung vor ihm dastehen und im Grunde nicht so
recht wissen, was ich dem guten Alten antworten sollte.
Fiele es mir etwa ein, ihm ein Sonnenmikroskop vor=
zulegen, so würde er mir bald mit einer Stelle in
seinen Schriften dienen, wo er dieser Erfindung nicht
blos ahnend vorgriff, sondern derselben auch durch
wahrhaft praktische Winke den Weg bahnte. Führte
uns unser Gespräch auf die Entdeckung der Uhren, so
würde er vielleicht, wenn ich ihm eine vorzeigte, ge=
lassen fortfahren: Es ist das rechte! Es kommt mir
indessen nicht unerwartet. Ich habe es ebenfalls voraus=

16*

gesehen. Von der Möglichkeit solcher Maschinen könnt
ihr Seite 504 in meinen Schriften das Nöthige nach=
lesen, wo ich sie ebenfalls, wie das Sonnenmikroskop
und die Camera obscura, ausführlicher behandelt habe.
Zuletzt, nach völliger Durchmusterung aller neuer Er=
findungen, müßte ich vielleicht erwarten, daß sich der
tiefsinnige Klosterbruder mit folgenden Worten von
mir verabschiedete: Besonderes ist es eben nicht, was
ihr da im Laufe so vieler Jahrhunderte geleistet habt.
Rührt euch besser! Ich will mich nun wieder schlafen
legen und nach vier Jahrhunderten wiederkommen und
zusehen, ob auch ihr schlaft, oder ob ihr in diesem
oder jenem Stücke weiter fortgeschritten seid! — Bei
uns Deutschen," setzte Goethe hinzu, „geht Alles fein
langsam vonstatten. Als ich vor nunmehr zwanzig
Jahren die erste Idee von der Metamorphose der
Pflanzen aufstellte, wußte man bei Beurtheilung dieser
Schrift nichts weiter als die einfache Behandlung im
Vortrag eines wissenschaftlichen Gegenstandes heraus=
zuheben, die jungen Leuten allenfalls zum Muster
dienen könne. Von der Gültigkeit eines Grundgesetzes,
auf dessen Entwickelung doch hier eben alles ankam,
und das, im Fall es sich bewährte, durch die ganze
Natur die mannichfaltigste Anwendung erlaubte, ver=
nahm ich kein Wort. Das macht, es stand nichts
davon im Linné, den sie ausschreiben und sodann
ihren Schülern vortragen. Man sieht aus allem, der
Mensch ist zum Glauben und nicht zum Schauen ge=

macht. Wie lange wird es dauern, so werden sie auch
an mich glauben und mir dies und jenes nachsprechen!
Ich wollte aber lieber, sie behaupteten ihr Recht und
öffneten die Augen selbst, damit sie sähen, was vor
ihnen liegt; so aber schelten sie nur auf alles, was
bessere Augen hat als sie, und nehmen es sogar übel,
wenn man sie in ihren Katheberansichten der Blöd=
sichtigkeit beschuldigt. Von der Farbenlehre, die mit
der Metamorphose der Pflanzen auf einem und dem=
selben Principe beruht, gilt dieses eben auch. Sie
werden sich aber die Resultate derselben auch schon
aneignen; man muß ihnen nur Zeit lassen, und be=
sonders es nicht übel nehmen, wenn sie einen, wie es
mir jetzt in der Metamorphose der Pflanzen häufig
genug begegnet, ohne zu nennen, ausschreiben und
fremdes Eigenthum für das ihre ausgeben. Was den
Mönch Baco betrifft, so darf uns diese außerordent=
liche Erscheinung nicht Wunder nehmen. Wir wissen
ja, daß sich in England sehr früh große Keime von
Civilisation zeigten. Die Eroberung dieser Insel durch
die Römer möchte wohl dazu den ersten Grund gelegt
haben. Dergleichen verwischt sich doch nicht so leicht,
wie man wohl glaubt. Späterhin machte auch das
Christenthum ebenfalls daselbst, und das schon frühe,
die bedeutendsten Fortschritte. Der heilige Bonifacius
ist nicht nur mit einem Evangelienbuche, sondern auch mit
dem Winkelmaß in der Hand, und von allen Baukünsten
begleitet, von dort her zu uns herüber nach Thüringen

gekommen. Baco lebte zu einer Zeit, wo der Bürger=
stand durch die Magna charta bereits große Vorrechte
in England erlangt hatte. Die erlangte Freiheit der
Meere, die Jury oder die Geschwornengerichte voll=
endeten diesen heitern Anfang. Es war fast unmög=
lich, daß bei so günstigen Umständen die Wissenschaften
zurückbleiben und nicht auch einen freien Aufschwung
nehmen sollten. Im Baco nahmen sie denselben wirk=
lich. Dieser sinnige Mönch, ebensoweit vom Aber=
glauben, als vom Unglauben entfernt, hat Alles in
der Idee, nur nicht in der Wirklichkeit gehabt. Die
ganze Magie der Natur ist ihm, im schönsten Sinne
des Worts, aufgegangen. Er sah alles, was kommen
mußte, die Sonnenmikroskope, die Uhren, die Camera
obscura, die Projectionen des Schattens; kurz, aus
der Erscheinung des einzigen Mannes könnte man ab=
nehmen, was für Fortschritte das Volk, zu dem er
gehörte, im Gebiete der Erfindungen, Künste und
Wissenschaften zu machen berufen war. Strebt aber
nur immer weiter fort," sagte Goethe begeistert hinzu,
„junges deutsches Volk, und werdet nicht müde, es auf
dem Wege, wo wir es angefangen haben, glücklich
fortzusetzen! Ergebt euch dabei keiner Manier, keinem
einseitigen Wesen irgend einer Art, unter welchen
Namen es auch unter euch auftrete! Wißt, verfälscht
ist alles, was uns von der Natur trennt; der Weg der
Natur aber ist derselbe, auf dem ihr Baco, Homer
und Shakspeare nothwendig begegnen müßt. Es ist

überall noch viel zu thun! Seht nur mit eigenen
Augen und hört mit eigenen Ohren! übrigens laßt
es euch nicht kümmern, wenn sie euch anfeinden! Auch
uns ist es, weil wir lebten, nicht besser gegangen. In
der Mitte von Thüringen, auf dem festen Lande haben
wir unser Schiff gezimmert: nun sind die Fluthen ge=
kommen und haben es von dannen getragen. Noch
jetzt wird mancher, der die flache Gegend kennt, worin
wir uns bewegten, nicht glauben, daß die Fluthen
wirklich den Berg hinan gestiegen sind; und doch sind
sie da. Verschmäht auch nie, in euer Streben die Ein=
wirkung von gleichgesinnten Freunden aufzunehmen,
sowie ich auch auf der andern Seite angelegentlich
rathe, ebenfalls nach meinem Beispiele, keine Stunde
mit Menschen zu verlieren, zu denen ihr nicht gehört
oder die nicht zu euch gehören; denn solches fördert
wenig, kann uns aber im Leben gar manches Ärgerniß
zufügen, und am Ende ist denn doch alles vergeblich
gewesen. Im ersten Bande von „Herder's Ideen zur
Philosophie der Geschichte der Menschheit" sind viele
Ideen, die mir gehören, besonders im Anfange. Diese
Gegenstände wurden von uns damals gemeinschaftlich
durchgesprochen. Dazu kam, daß ich mich zu sinnlichen
Betrachtungen der Natur geneigter fühlte, als Herder,
der immer schnell am Ziele sein wollte und die Idee
ergriff, wo ich kaum noch einigermaßen mit der An=
schauung zu Stande war, wiewohl wir gerade durch
diese wechselseitige Aufregung uns gegenseitig förderten."

396.

1809, 5. März.

Mit Riemer.

a.

„Den französischen Edelmann, den ältern oder Ritter, zeichnet für mich am besten der Graf von Foix. Die Deutschen, als Götz, Frunsperg u. s. w., erscheinen mir immer als Bürger und Philister dagegen."

b.

„Sehr angenehm ist für mich die Sitte der doppelten Namen, die sonst jemand führte, wovon der eine gerade der gewöhnliche war, als Cartesius für Des Cartes, Parmeggiano für Mazzoli u. s. w. Wir haben die Sitte nur in Ekel=, Spitz= und Schimpfnamen."

c.

Goethe bemerkte: „Beständiger Ernst hat zum Vortheil, daß er dann und wann auch recht lustig wird und so zu einem Gipfel kommt. Beständige Lustigkeit kann dem Fall nicht entgehen, daß sie auch manchmal in Verzweiflung und Mißmuth geräth.

Eine stille ernsthafte Frau ist übel daran mit einem lustigen Manne. Ein ernsthafter Mann nicht so mit einer lustigen Frau."

Ich sagte dazu: „So dankt er Gott, daß Er nicht nöthig hat, lustig zu sein." Ist im Grunde Goethes und der Vulpia eigenes Verhältniß zu einander.

d.

„Intentionelle Brezeln" nannte ich .. beim Nach=
tisch solche, die geholt werden sollten und noch immer
unterwegs blieben. Dies brachte Goethen darauf, das
auch „intentionelles Geld" zu nennen, das Napoleon
den Jenensern für die abgebrannten Häuser angewiesen
und doch gar nicht zurande und zustande kommen wollte.

e.

Nach Tisch.

Manier.	Stil.
Maxime des Künstler=Indiv.	Maxime der Kunst.
In den Gebilden der Natur erscheint zuerst das Individuelle, d. h. man sieht zuerst das Individuum, und der Charakter, das All= gemeine, die Idee erscheint erst darauf.	In den Darstellungen der Kunst ist das All= gemeine, das Charakte= ristische, das Ideale das erste, was erscheint, und das Individuelle füllt es gleichsam nur aus.

f.

„Skepticism, Kantischer, oder Kriticism, konnte
nur aus den Religionssecten entstehen, aus dem Pro=
testantism, wo jeder sich rechtgab und dem andern
nicht, ohne zu wissen, daß sie alle bloß subjectiv
urtheilten.

397.

1809, 10. März.

Mit Riemer.

„Die Charakterzüge der christlichen Religion, wie
sie sich als römisch=katholisches Individuum entwickelt,
deuten sich so zu sagen praeformirt in den Charakteren
der einzelnen Apostel an: die Liebe in Johannes, der
Glaube in Jakobus, der Fanatismus und Verfolgungs=
wuth in Petrus, der Zweifel in Thomas, der Geiz in
Judas Ischarioth, woran sie auch wie dieser gescheitert,
durch die Reformation, denn vorzüglich der Geiz der
römische Curie schlug dem Fasse den Boden aus.“

398.

1809, 11. März.

Mit Riemer.

a.

Äußerte Goethe: Je schlechter Land besto bessere
Patrioten. Das sehe man an den jetzigen Preußen
(Märkern), sonst an den Schweizern.

b.

Aus Goethes Munde notirt: Die poetische Ge=
rechtigkeit sei eine Absurdität. Das allein Tragische ist
das injustum und praematurum. Napoleon sehe dies
ein, und daß er selbst das Fatum spiele.

399.

1809, 21. März.

Mit Riemer.

Bei Gelegenheit der Deutung, die man von der Apokalypse noch heutzutage auf Napoleon mache, äußerte Goethe:

„Sein Märchen komme ihm gerade so vor wie die Offenbarung S. Johannis." Schubert hatte es gedeutet, andere anders: Es fühlt ein Jeder, daß noch etwas drin steckt, er weiß nur nicht was.

Er bemerkte ferner:

Anglomanie der Franzosen von jeher, sobald sie Friede mit den Engländern hatten. Zeigt sich in der Anhänglichkeit ans Newton'sche System und sonst.

Voltaire suchte auch die Gunst anderer Nationen: er sei wie ein Virtuos auf der Violine, dessen Sprache überall hinreicht, der sich überall kann hören lassen, während besonders die deutschen Dichter nur wie Maler und Bildhauer auf ihr Zimmer und Haus eingeschränkt sind.

400.

1809, 23. März.

Mit Riemer.

Mittags mit Goethe allein. Er bemerkte:

Die Materie habe ebensoviel Lust zu verharren

als sich zu verändern, und auf diesem Gleichgewicht
beruhe die Möglichkeit der Welt, indem Gott nur mit
Wenigem den Ausschlag zu geben brauche.

401.

1809, 1. April.

Mit Riemer.

Über Tische bemerkte Goethe:

Seine Schrift über die Farbenlehre komme ihm
vor wie eine Purganz, die bei den Leuten das Innere
rege macht. (Oken, Werneburg und Kühl.) Mitunter
gehe dann auch ein Bandwurm ab.

402.

1809, 8. April.

Mit Riemer.

Mittags allein. Geistreiche Bemerkungen von Goethe
über die Geschichte der Wissenschaften und sonst.

Wie in Rom außer den Römern noch ein Volk
von Statuen, so sei außer dieser realen Welt noch eine
Welt des Wahns viel mächtiger beinahe, in der die
meisten leben.

403.

1809, 10. Mai.

Mit Riemer.

Mittags bei Goethe. Über Roman=Motive. Les
illustres Françaises endigen mit einer wunderbaren

Geschichte, auf Sympathie beruhend. — Geschichte eines,
der ein Mädchen liebt, die ihn auf alle Weise knechtet,
und die er hernach im Bordell findet. Rache an ihr
durch Wiedervergeltung.

404.

1809, 13. Mai.

Mit Riemer.

Bei Goethe. Kam Hendrich dazu. Alte Geschichten.
Als wir allein, erzählte Goethe seine Laboranten= und
alchemischen Studien im 22. Jahre.

405.

1809, 30. Mai.

Mit Riemer.

a.

Früh zu Goethe; Wahlverwandtschaften. Über Tisch
von dem Roman, über die Weiber und sonstiges. Goethe
bemerkte:

„Weiber scheinen keiner Ideen fähig, — kommen mir
sämmtlich vor wie die Franzosen, — nehmen über=
haupt von den Männern mehr als daß sie geben,"
und äußerte sich

„über das servire, was in ihrer Liebe liegt." In
Bezug auf das Theater und die Schriftsteller bemerkte
er über das Publikum:

„Daß es hernach urtheilt, wozu es vorher doch keinen Rath gegeben hat und geben kann, selbst wenn der Autor sie beiräthig machen wollte, adjuvante Deo."

b.

„Sollen, Wollen, Können — diese drei Dinge gehören in aller Kunst zusammen, damit etwas gemacht werde. Häufig findet sich im Leben nur eins von diesen dreien oder zwei, als

    Sollen und Wollen, aber nicht können;

    Sollen und Können, aber nicht wollen;

    Wollen und Können, aber nicht sollen;

d. h.

es will einer, was er soll, aber er kann's nicht machen;

es kann einer, was er soll, aber er will's nicht;

es will und kann einer, aber er weiß nicht, was er soll."

406.

1809, Anfang Juni.

Über „Johanna Sebus".

Gestern [4. Juni] war ich [Luise Seidler] bei Seebecks, wo sie mir beifolgendes ganz neue Gedicht von ihm [Goethe] gab. Es hat ihm die Geschichte ein Maire von dem dortigen Orte, mit dem er correspondirt, geschrieben, und sie hat Goethe so gefallen, daß er sie niedergeschrieben und sie so als Volkssage zu verewigen wünscht. Es sind nur wenige Exemplare gedruckt, die er meistens dem Maire zum Vertheilen geschickt hat.

. . . . . Den Namen hat er im Gedicht verändert,
weil ihm Hannchen nicht gefallen, und Johanna wegen
der von Orleans zu pathetisch gewesen wäre.

407.

1809, 4. Juni.

Abends bei Frommanns.

a.

Goethe, der mir [L. Seidler] bisher scharfblickend
und manchmal mich durchmusternd gegenüber gesessen
hatte, kam zu mir, setzte sich neben mich und frug mich
nach diesem und jenem, unter anderem auch nach den
Bildern von C . . . .*) Endlich kamen wir auf
Drackendorf, wo ich ihn um Aufträge bat, die er aber
nicht gab, indem er selbst in den nächsten Tagen her=
komme, und nur Silvien nebst herzlichen Empfehlungen
sagen ließ, daß er schon den vorigen Tag imbegriff ge=
wesen, sie zu besuchen, aber abgehalten worden wäre. Schon
lange hatte ich auf die Gelegenheit gewartet, von Dir
[Pauline Gotter] zu sprechen; da bot sie sich endlich.
Ich bedauerte Silvien, wie sie so allein sei, und sagte,
daß ihre Freundinnen sie doch alle besuchen sollten, um
ihre Einsamkeit zu erleichtern. „Pauline Gotter wird
auch wahrscheinlich kommen." — „„So!"" sagte Goethe.
„„Was macht sie denn Gutes? Ist sie noch immer
so munter, so närrisch? Macht sie den Menschen noch

---

*) Name nicht zu entziffern.

immer viel zu schaffen? Das ist so ihre Sache."" —
„Ach ja!" sagte ich; „sie macht das ganze Haus, wo
sie ist, lebendig, und das ist sehr angenehm." —
„„Kommt sie denn nicht bald nach Weimar? Ist sie
nicht gerne da? Es ist gar ein hübsches Mädchen, und
sieht doch ihrem Vater so ähnlich, der zwar grade nicht
häßlich, aber doch gar nicht hübsch war. Aber was
verschönert die Weiblichkeit nicht!""

b.

Äußerung Goethes: „De Mortuis. Die Menschen
sollten nur bewundern, daß ein Mensch noch Tugenden
hat. Die Fehler verstehen sich von selbst".

408.
1809, 9. Juni.
Mit Riemer.

Äußerte Goethe: „Sich insubordiniren ist keine Kunst;
aber in absteigender Linie, in der Descendenz, etwas
über sich erkennen, was unter einem steht.

Das Alterthum setzen wir gern über uns; aber die
Nachkommen nicht. Nur ein Vater neidet seinem Sohne
nicht das Talent."

409.
1809, 14. (?) Juni.
Mit Falk.

Ein ander Mal, es war im Sommer 1809, wo
ich Goethe Nachmittags besuchte, fand ich ihn bei milder

Witterung wieder in seinem Garten sitzend. Kaaz, der
Landschaftsmaler, den Goethe ausnehmend schätzte, war
soeben da gewesen. Er saß vor einem kleinen Garten=
tische; vor ihm auf demselben stand ein langgehalstes
Zuckerglas, worin sich eine kleine lebendige Schlange
munter bewegte, die er mit einem Federkiele fütterte und
täglich Betrachtungen über sie anstellte. Er behauptete,
daß sie ihn bereits kenne und mit dem Kopfe näher
zum Rande des Glases komme, sobald sie seiner an=
sichtig würde. „Die herrlich verständigen Augen!"
fuhr er fort. „Mit diesem Kopfe ist freilich manches
unterwegs, aber, weil es das unbeholfene Ringeln des
Körpers nun einmal nicht zuläßt, wenig genug ange=
kommen. Hände und Füße ist die Natur diesem läng=
lich ineinandergeschobenen Organismus schuldig geblie=
ben, wiewohl dieser Kopf und diese Augen beides wohl
verdient hätten; wie sie denn überhaupt manches schuldig
bleibt, was sie für den Augenblick fallen läßt, aber
späterhin doch wieder unter günstigen Umständen auf=
nimmt. Das Skelet von manchem Seethiere zeigt uns
deutlich, daß sie schon damals, als sie dasselbe verfaßte,
mit dem Gedanken einer höhern Gattung von Land=
thieren umging. Gar oft muß sie in einem hinderlichen
Elemente sich mit einem Fischschwanze abfinden, wo sie
gern ein paar Hinterfüße in den Kauf gegeben hätte,
ja, wo man sogar die Ansätze dazu bereits im Skelet
bemerkt hat."

Neben dem Glase mit der Schlange lagen einige

Cocons von eingesponnenen Raupen, deren Durchbruch
Goethe nächstens erwartete. Es zeigte sich in ihnen
eine der Hand fühlbare, besondere Regsamkeit. Goethe
nahm sie vom Tische, betrachtete sie noch einmal scharf
und aufmerksam und sagte sodann zu seinem Knaben:
„Trage sie herein; heute kommen sie schwerlich! Die
Tageszeit ist zu weit vorgerückt!" Es war Nachmittag
um 4 Uhr. In diesen Augenblicken kam auch Frau
v. Goethe in den Garten hereingetreten. Goethe
nahm dem Knaben die Cocons aus der Hand und legte
sie wieder auf den Tisch. „„Wie herrlich der Feigenbaum
in Blüthen und Laub steht!"" rief Frau v. Goethe
uns schon von Weitem zu, indem sie durch den Mittel=
gang des Gartens auf uns zukam. Nachdem sie mich
darauf begrüßt und meinen Gegengruß empfangen hatte,
fragte sie mich gleich, ob ich auch wohl den schönen
Feigenbaum schon in der Nähe gesehen und bewundert
hätte. „„Wir wollen ja nicht vergessen,"" so richtete
sie in dem nämlichen Augenblicke an Goethe selber das
Wort, „„ihn diesen Winter einlegen zu lassen!"" Goethe
lächelte und sagte zu mir: „Lassen Sie sich ja, und
das auf der Stelle, den Feigenbaum zeigen, sonst haben
wir den ganzen Abend keine Ruhe. Er ist aber auch
wirklich sehenswerth, und verdient, daß man ihn prächtig
hält und mit aller Vorsicht behandelt." „„Wie heißt
doch die ausländische Pflanze,"" fing Frau v. Goethe
wieder an, „„die uns neulich ein Mann von Jena her=
überbrachte?"" „Etwa die große Nieswurz?" „„Recht!

Sie kommt ebenfalls trefflich fort."" „Das freut mich!
Am Ende können wir noch ein zweites Anticyra hiesiges
Ortes anlegen!" „„Da seh' ich, liegen auch die Co=
cons. Haben Sie noch nichts bemerkt?"" „Ich hatte
sie für dich zurückgelegt. Ich bitt' Euch," indem er
sie aufs Neue in die Hand nahm und an sein Ohr
hielt, „wie das klopft, wie das hüpft und ins Leben
hinaus will! Wundervoll möcht' ich sie nennen, diese
Übergänge der Natur, wenn nicht das Wunderbare in
der Natur eben das Allgewöhnliche wäre. Übrigens
wollen wir auch unserm Freunde hier das Schauspiel
nicht vorenthalten. Morgen oder übermorgen kann es
sein, daß der Vogel da ist, und zwar ein so schöner
und anmuthiger, wie Ihr wohl selten gesehen habt.
Ich kenne die Raupe und bescheide Euch morgen Nach=
mittag um dieselbe Stunde in den Garten hierher,
wenn Ihr etwas sehen wollt, was noch merkwürdiger
ist als das Allermerkwürdigste, was Kotzebue in seinem
merkwürdigsten Lebensjahre auf seiner weiten Reise bis
Tobolsk irgend gesehen hat. Indeß laßt uns die
Schachtel hier, worin sich unsere noch unbekannte,
schöne Sylphide befindet und sich aufs prächtigste zu
morgen anlegt, in irgend ein sonniges Fenster des
Gartenhauses stellen! So! Hier stehst du, gutes,
artiges Kind! Niemand wird dich in diesem Winkel
daran hindern, deine Toilette fertig zu machen!" „„Aber
wie möchte ich nur," hub Frau v. Goethe wieder aufs
Neue an, indem sie einen Seitenblick auf die Schlange

17*

richtete, „„ein so garstiges Ding um mich leiden, wie
dieses, oder es gar mit eignen Händen groß füttern?
Es ist ein so unangenehmes Thier. Mir graut jedes
Mal, wenn ich es nur ansehe.““ „Schweig Du!" gab
ihr Goethe zur Antwort, wiewohl er von Natur ruhig,
diese muntere Lebendigkeit nicht ungern in seiner Umgebung hatte. „Ja!" indem er das Gespräch zu mir
herübertrug, „wenn die Schlange ihr nur den Gefallen
erzeugte, sich einzuspinnen und ein schöner Sommer-
vogel zu werden, da würde von dem greulichen Wesen
gleich nicht weiter die Rede sein. Aber, liebes Kind,
wir können nicht alle Sommervögel und nicht alle mit
Blüthen und Früchten geschmückte Feigenbäume sein.
Arme Schlange! Sie vernachlässigen dich! Sie sollten
sich deiner besser annehmen! Wie sie mich ansieht!
Wie sie den Kopf emporstreckt! Ist es nicht, als ob
sie merkte, daß ich Gutes von ihr mit Euch spreche!
Armes Ding! Wie das drinnen steckt und nicht
herauskann, so gern es auch wollte! Ich meine zwie-
fach: einmal im Zuckerglas und sodann in dem Haupt-
futteral, das ihr die Natur gab." Als er dies gesagt,
fing er an, seinen Reißstift und das Zeichenpapier, worauf er bisher einzelne Striche zu einer phantastischen
Landschaft zusammengezogen hatte, ohne sich dadurch
beim Sprechen im geringsten irre machen zu lassen,
ebenfalls bei Seite zu legen. Der Bediente brachte
Wasser, und indem er sich die Hände wusch, sagte er:
„Um noch ein Mal auf Maler Kaaz zurückzukommen,

dem Sie bei Ihrem Eintritte begegnet haben müssen,
so ist er mir eine recht angenehme, ja liebliche Erscheinung. Er macht es hier in Weimar gerade so,
wie er es in der Villa Borghese machte. So oft ich
ihn sehe, ist es mir, als ob er ein Stück von dem
seligen far niente des römischen Kunsthimmels in
meine Gesellschaft mitbrächte! Ich will mir doch noch,
weil er da ist, ein kleines Stammbuch aus meinen
Zeichnungen anordnen. Wir sprechen überhaupt viel
zu viel. Wir sollten weniger sprechen und mehr
zeichnen. Ich meinerseits möchte mir das Reden ganz
abgewöhnen und wie die bildende Natur in lauter
Zeichnungen fortsprechen. Jener Feigenbaum, diese
kleine Schlange, der Cocon, der dort vor dem Fenster
liegt und seine Zukunft ruhig erwartet, alles das sind
inhaltschwere Signaturen; ja, wer nur ihre Bedeutung
recht zu entziffern vermöchte, der würde alles Geschrie-
benen und alles Gesprochenen bald zu entbehren im
Stande sein! Je mehr ich darüber nachdenke, es ist
etwas so unnützes, so Müßiges, ich möchte fast sagen
Geckenhaftes im Reden, daß man vor dem stillen Ernste
der Natur und ihrem Schweigen erschrickt, sobald man
sich ihr vor einer einsamen Felsenwand oder in der
Einöde eines alten Berges gesammelt entgegenstellt!"

„Ich habe hier eine Menge Blumen und Pflanzen-
gewächse," indem er auf seine phantastische Zeichnung
wies, „wunderlich genug auf dem Papier zusammen-
gebracht. Diese Gespenster könnten noch toller, noch

phantastischer sein, so ist es doch die Frage, ob sie nicht auch irgendwo so vorhanden sind."

„Die Seele musicirt, indem sie zeichnet, ein Stück von ihrem innersten Wesen heraus, und eigentlich sind es die höchsten Geheimnisse der Schöpfung, die, was ihre Grundanlagen betrifft, gänzlich auf Zeichnen und Plastik beruht, welche sie dadurch ausplaudert. Die Combinationen in diesem Felde sind so unendlich, daß selbst der Humor eine Stelle darin gefunden hat. Ich will nur die Schmarozerpflanzen nehmen; wie viel Phantastisches, Possenhaftes, Vogelmäßiges ist nicht allein in den flüchtigen Schriftzügen derselben ent= halten! Wie Schmetterlinge setzt sich ihr fliegender Same an diesen oder jenen Baum an und zehrt an ihm, bis das Gewächs groß wird. So in die Rinde eingesäet, eingewachsen finden wir den sogenannten viscus, woraus Vogelleim bereitet wird, zunächst als Gesträuch am Birnbaum. Hier, nicht zufrieden damit, daß er sich als Gast um denselben herum schlingt, muß ihm der Birnbaum sogar sein Holz machen."

„Das Moos auf den Bäumen, das auch nur parasitisch dasitzt, gehört ebendahin. Ich besitze sehr schöne Präparate über die Geschlechter, die nichts für sich in der Natur übernehmen, sondern sich in allen Stücken nur auf bereits Vorhandenes einlassen. Ich will sie Ihnen bei Gelegenheit vorzeigen. Sie mögen mich daran erinnern. Das Würzhafte gewisser Stauden, die auch zu den Parasiten gehören, läßt sich aus der

Steigerung der Säfte recht gut erklären, da dieselben
nicht nach dem gewöhnlichen Laufe der Natur mit
einem roh irdischen, sondern mit einem bereits gebildeten
Stoffe ihren ersten Anfang machen."

„Kein Apfel wächst mitten am Stamme, wo Alles
rauh und holzig ist. Es gehört schon eine lange Reihe
von Jahren und die sorgsamste Vorbereitung dazu, so
ein Apfelgewächs in einen tragbaren, weinichten Baum
zu verwandeln, der allererst Blüthen und sodann auch
Früchte hervortreibt. Jeder Apfel ist eine kugelförmige,
compacte Masse und fordert als solche beides, eine
große Concentration und auch zugleich eine außerordentliche Veredelung und Verfeinerung der Säfte,
die ihm von allen Seiten zufließen. Man denke sich
die Natur, wie sie gleichsam vor einem Spieltische
steht und unaufhörlich au double! ruft, d. h. mit dem
bereits Gewonnenen durch alle Reiche ihres Wirkens
glücklich, ja bis ins Unendliche wieder fortspielt. Stein,
Thier, Pflanze, alles wird nach einigen solchen Glücks-
würfen beständig von neuem wieder aufgesetzt, und wer
weiß, ob nicht auch der ganze Mensch wieder nur ein
Wurf nach einem höhern Ziele ist?"

Während dieser angenehmen Unterhaltung war der
Abend herbeigekommen, und weil es im Garten zu
kühl wurde, gingen wir herauf in die Wohnzimmer.
Späterhin standen wir an einem Fenster. Der Himmel
war mit Sternen besät. Die durch die freiere Garten-
umgebung angeklungenen Saiten in Goethes Seele

zitterten noch immer fort und konnten auch zu Abend
nicht aus ihren Schwingungen kommen. „Es ist Alles
so ungeheuer," sagte er zu mir, „daß an kein Aufhören
von irgend einer Seite zu denken ist. Oder meinen
Sie, daß selbst die Sonne, die doch Alles verschafft,
schon mit der Schöpfung ihres eigenen Planetensystems
völlig zu Rande wäre, und daß sonach die Erden und
Monde bildende Kraft in ihr entweder ausgegangen
sei, oder doch unthätig und völlig nutzlos daliege?
Ich glaube dies keineswegs. Mir ist es sogar höchst
wahrscheinlich, daß hinter Mercur, der an sich schon
klein genug ausgefallen ist, einst noch ein kleinerer
Stern als dieser zum Vorschein kommen wird. Man
sieht freilich schon aus der Stellung der Planeten, daß
die Projectionskraft der Sonne merklich abnimmt, weil
die größten Massen im Systeme auch die größte Ent-
fernung einnehmen. Eben auf diesem Wege aber kann
es, fortgeschlossen, dahin kommen, daß wegen Schwächung
der Projectionskraft irgend ein versuchter Planetenwurf
irgend einmal verunglückte. Kann die Sonne sodann
den jungen Planeten nicht wie die vorigen gehörig von
sich absondern und ausstoßen, so wird sich vielleicht,
wie beim Saturn, ein Ring um sie legen, der uns
armen Erdenbewohnern, weil er aus irdischen Bestand-
theilen zusammengesetzt ist, ein böses Spiel machen
dürfte. Und nicht nur für uns, sondern auch für alle
übrigen Planeten unseres Systems würde die Schatten-
nähe eines solchen Ringes wenig Erfreuliches bewirken.

Die milden Einflüsse von Licht und Wärme müßten natürlich dadurch verringert werden, und alle Organisationen, deren Entwickelung ihr Werk ist, die einen mehr, die andern weniger sich dadurch gehemmt fühlen."

„Nach dieser Betrachtung könnten die Sonnenflecke allerdings einige Unruhe für die Zukunft erwecken. So viel ist gewiß, daß wenigstens in dem ganzen uns bekannt gewordenen Bildungshergang und Gesetz unsers Planeten nichts enthalten ist, was der Formation eines Sonnenringes entgegenstände, wiewohl sich freilich für eine solche Entwickelung keine Zeit angeben läßt."

[Was Riemer „Mittheilungen" I, 27 gegen diese Erzählung, sowie sonst gegen Berichte Falk's vorbringt, hat von deren Aufnahme hier nicht abhalten dürfen.]

410.
1809, 23. Juni.
Mit Riemer.

Goethes Poesien [meinte er selbst] seien gleichsam Häufungen vorübergehender und vorübergegangener Zustände. Aus solchen Bälgen machen sich die Leute nun Schuhe, Kleider u. s. w. und tragen sie ab. — So hatte sich eine kleine Schauspielerin „Des Schäfers Klage" und „Amor als Schütz" angeeignet und sang es nun, als hätte sie's für sich gemacht. — Er selbst sagte einmal: seine Sachen wären nur Bruchstücke aus ehemaligen Existenzen: da einmal ein alter abgelegter Hut, ein Paar Stiefeln u. dergl.

411.

1809, 28. Juni.

Mit Riemer.

a.

Kotzebue sei wie einer, der auf dem Seile tanzt:
es schnelle ihn empor, und er betupfe es doch, das
sei nicht zu läugnen; er betupfe doch das Publicum,
wenn es ihn auch wieder fahren lasse, und er komme
immer wieder darauf zurück; er habe sich doch auf dem
Seil erhalten von seinem ersten bis zum letzten Stück,
wenn er auch manchmal mit der Balancirstange auf
die Erde gestoßen. Andere wären doch heruntergefallen.
Iffland sei viel zu schwer aufgetreten. Goethe habe
Wernern dazu verhelfen wollen, er sei aber zu ungeschickt gewesen.

b.

„Seltsam, daß man im Physischen, besonders in
der Farbenlehre, durch Experimente darzuthun und zu
beweisen denkt, was vorher schon das Auge im voll-
kommensten Sinn aufgefaßt — etwas durch geringere
Mittel, als das Organ selbst ist, wofür eigentlich die
Phänomene gemacht sind; denn wenn das Experiment
aufs Höchste gebracht wird, so muß es identisch ausfallen mit dem Organ selbst. Z. E. das Auge ist schon
chromatisch, die achromatischen Gläser bringen nur das
Identische mit dem Auge hervor. Mit Einem Worte:
die Sinne selbst schon sind die eigentlichen Experimen-

tirer, Prüfer und Bewährer der Phänomene, indem die Phänomene das, was sie sind, nur für die respectiven Sinne sind. — Der Mensch ist der größte und gemeinste physikalische Apparat."

c

„Die obtrectatores machen, daß man sich ewig defensiv verhalten muß. Man hat nichts von ihnen, man wird nicht gefördert. Ihre Liebe gewinnt man doch nicht und man muß ewig wie vor Feinden auf der Hut sein. Solche Menschen sind wie die, welche einem Fieberkranken ewig zurufen, er habe das Fieber, er zittre, er friere, ihn überfalle jählings Hitze, — ohne daß ein einziger auch nur das geringste anwendet, ihn davon zu befreien.

412.
1809, 9. Juli.
Mit Riemer und Karl Friedrich Raaz.

Mittags mit Goethe und Raaz allein zu Tische.

Nach Tisch. Goethe äußerte: „Die Willkür des Genies läßt sich gar nicht bestimmen und abmessen. Genie kann im Schönen und Vollkommenen verbleiben, oder darüber hinausgehen ins Absurde.

. Man könnte ein solches Genie, das innerhalb des Schönen bleibt, ein moralisches nennen, weil es eben das thut, was das moralische Wesen thut, innerhalb der Pflicht oder des moralischen Gesetzes zu verbleiben.

Die andern, insofern unmoralische, wohlgemerkt!
nicht unsittliche. Es ist das tertium comparationis
hier nur dies, daß beide in einem gewissen Maße, auf
einer gewissen Mitte bestehen.

Und so wie die Menschen gewöhnlich mehr sittliche
Ungeheuer bewundern und anstaunen als wahrhaft
Sittliche, so auch mehr das extravagante Genie, das sich
im Absurden gefällt, als das, welches im Schönen
verbleibt."

413.

1809, 20. Juli.

Mittag bei Goethe.

Mittags Kaaz und Falk, der seine Wette, daß der
österreichische Kaiser Wien behalten werde, sehr drollig
erzählt. Die Franzosen, bemerkte Falk, seien fast keiner
Ideen fähig, sie thäten auch nichts um einer Idee willen,
diese zu realisiren, und gleichen in diesem Stück den
Weibern, die sich nie zum Allgemeinen erheben, sondern
vom Einzelnen und für das Einzelne handeln.

So bemerkte auch Goethe: ein Franzose handle
nie aus reinem Antrieb, um der Sache willen, er
hänge ihr immer noch einen Schwanz von Absehen
dabei an, entweder um bei Hof, beim Kaiser, beim
Publicum, bei den Frauen u. dergl. zu gewinnen.

„Die Weiber sind überhaupt Franzosen, und was
die Franzosen unter den Männern sind, das sind die
Weiber unter den Menschen überhaupt. Man kann

also in diesem Sinne die Franzosen die Weiber von
Europa nennen. — Die Weiber überhaupt sind Fran=
zosen."

414.

1809, 23. Juli.

Mit Luise Seidler und Silvie v. Ziegesar.

Am Sonntag habe ich [L. Seidler] Dich [P. Gotter]
herzlich an meine Stelle in den botanischen Garten ge=
wünscht, wo Silvie in Entzücken schwamm und alles
aufbot, Goethe recht gut zu unterhalten, wobei ich es
nur sehr seltsam fand, als sie anfing ihm zu erzählen,
wie sie neulich nachts die — Wanzen so geplagt hätten,
daß sie ganz zerstochen gewesen wäre, u. s. w. Ich
versteckte bei dieser Affaire mein Gesicht ins Schnupf=
tuch; dies bemerkte der Geheimrath (Silvie und ich
saßen an seiner Seite auf einer Bank) und frug, ob
ich auch Märtyrerin davon gewesen wäre? Da sagte
Silvie: „Ich glaube, Luise schämt sich, daß ich das er=
zählt habe," und lachte entsetzlich darüber. Sie wurde
aber bestraft; denn Goethe sagte: „„Da darf ich keine
Nacht in Drackendorf zubringen; denn mich spüren die
Thiere und wenn ich noch so weit bin."" Silvien
wurde nun angst; sie versicherte weitläufig, wie sie alles
hätte reinigen lassen u. s. w. — Ich möchte wissen,
ob Goethe dergleichen naive Gespräche auch sehr ge=
fielen!

415.

1809, um 24. Juli.

Mit Riemer.

a.

„Das Symbolische ist oft repräsentativ, z. E. in
„Wallensteins Lager"' ist der Bauer mit den Würfeln
eine symbolische Figur und zugleich eine repräsentative;
denn er stellt die ganze Klasse vor."

b.

„Motiviren bedeutete in dem bisherigen Verstande,
von dramatischen Handlungen, das Individualisiren der=
selben bis ins Unendliche, sodaß, wenn etwas bloß all=
gemein angedeutet war, nämlich ein Mögliches, es so=
gleich hieß: die Handlung wäre nicht motivirt genug,
z. B. der Haß zwischen zwei Brüdern. Aber das ganze
Verlangen ist lächerlich; denn zuletzt muß doch etwas
bloß zugegeben werden, weil es irgendwo wirklich ist
und folglich auch möglich sein kann. Warum also
nicht gleich anfangs?"

416.

1809, 24. Juli.

Mit Riemer.

a.

„Die sittlichen Symbole in den Naturwissenschaften
(z. B. das der „Wahlverwandtschaft"' vom großen Berg=

mann erfunden und gebraucht) sind geistreicher und
lassen sich eher mit Poesie, ja mit Societät verbinden,
als alle übrigen, die ja auch, selbst die mathematischen,
nur anthropomorphisch sind, nur daß jene dem Gemüth,
diese dem Verstande angehören.

Es ist seltsam (singulier), daß eine so geistreiche
Nation, wie die französische, sich mit solchen mathematischen, wie die des Cartesius sind, mit solchen Figuren, als seine Wirbel vorstellen, hat befassen mögen,
die so unbegreiflich, als irgendein anderes der geoffen-
barten Religion auch sind. Aber es scheint so, daß
wenn man sich des Unbegreiflichen in irgend einem
Falle abthut und es nicht anerkennen will, man zur
Genugthuung in eine andre unbegreifliche Vorstellungsart verfällt, wie z. B. die Cartesianische und Newtonische sind."

b.

Goethe führte die Anekdote von Isaak Vossius an,
von dem Jakob I. von England gesagt haben soll: „Das
ist mir ein kurioser Pfaffe! der glaubt an alles, nur
nicht an die Bibel."

c.

„Gewiß nur der am empfindlichsten gewesen ist, kann
der kälteste und härteste werden; denn er muß sich mit
einem harten Panzer umgeben, um sich vor den un-
sanften Berührungen zu sichern; und oft wird ihm
selbst dieser Panzer zur Last."

417.

1809, 2. August.

Mit Riemer.

a.

Über Tisch Goethes Hypothese, daß die Leidensge=
schichte Jesu nach dem Vorbild gewöhnlicher Hinrich=
tungen gemeiner Übelthäter von poetischen Erzählern
nachgedichtet worden. Sie ist wie ein Bild nach Gang
und Ordnung und konnte deswegen zu Bildern wieder
werden.

b.

Das was wir am Homer so bewundern und
schätzen, sei gerade das Werk der Grammatiker, die es
ins Enge zogen. Sonst sei das Cyklische gerade das
Poetische, und würde, wenn Er sich nicht ins Ge=
schlossene gezogen, von ihm arborirt werden. Über
Polarität des Glaubens und Hoffens.

418.

1809, Anfang August.

Mit Riemer.

„Die griechische Mythologie, sonst ein Wirrwarr,
ist nur als Entwickelung der möglichen Kunstmotive,
die in einem Gegenstande lagen, anzusehen."

419.

1809, 13. August.

Mit Riemer.

Goethe äußerte: „daß die Männer zum Dienen, die Weiber zu Müttern gezogen werden müßten. Das jetzige Unglück der Welt rühre doch meist davon her, daß sich alles zu Herren gebildet habe. Dies sei vom Mittelstand ausgegangen (vom Kaufmann, der reich), vom Bürger, der sich gebildet). Der Adel sei von je= her dienstpflichtig gewesen. Und der erste Staatsdiener, wie Joseph II. schon gesagt, sei der Fürst."

420.

1809, 15. August.

Abend bei Griesbachs.

Zum Abend waren Goethe, der sich eben in Jena aufhielt, und Knebel geladen. [Wieland mit zwei Töchtern war schon zu Mittag dagewesen und geblieben.] Die Unterhaltung beim Thee war angenehm; Goethe führte meistens das Wort. Er sprach über einige alte Reisebeschreibungen, die er eben gelesen, und zwar mit großer Lebendigkeit und Anschaulichkeit. Es ist eine Wonne, zu sehen und zu hören, wie der Mann alles gleich von der eigentlich interessanten, von der mensch= lichen Seite auffaßt und wiedergiebt. Aber beim Essen ging erst recht meine [?] Lust an. Die Wirthin, wie sie denn immer treulich für mich sorgt, gab mir den Platz

zwischen Wieland und seiner Tochter, Goethen gerade
gegenüber. Da wollt' ich nun, Du [Abeken] hätteſt geſehen
und gehört, wie heiter, ja wie ausgelaſſen luſtig Goethe
war; denn beſchreiben läßt ſich ſo etwas nicht, aber nie
habe ich einen jungen Mann geſehen, der ein Geſpräch
auch über unbedeutende Dinge mit ſolcher Lebhaftig=
keit und Gewandtheit geführt hätte, als dieſer nunmehr
ſechzigjährige Goethe. Er, Wieland und Knebel ſind
Freunde aus alter Zeit, auf Du und Du; ſo war das
Geſpräch vertraulich und zwanglos. Unter anderem
kam es auf einige Weimariſche Schauſpielerinnen, an
deren einer die jüngeren Frauenzimmer allerlei auszu=
ſetzen hatten, beſonders in Hinſicht auf das Äußere, die
Geſtalt. Goethe nahm ihre Partie und wußte ſo
komiſch darzuthun, wie, wenn man an dem Körper hier
ein weniges wegnähme, dort anſetzte u. ſ. w., eine gar
ſtattliche Geſtalt zutage kommen würde, daß der alte
Wieland nicht aus dem Lachen kam, wiederholt Goethen
um Quartier bat, endlich niederkauerte und die Ser=
viette ſich über den Kopf zog und gegen den Mund
drückte.

421.
1809, 18. Auguſt.
Mit Riemer.
a.

Bemerkung Goethes: Menſchen, die ihr Gleiches
lieben und aufſuchen, und wieder ſolche, die ihr Gegen=
theil lieben und dieſem nachgehen.

b.

„Die Menschen sind immer bei beschränkten Mitteln noch beschränkter als die Mittel, die ihnen zu Gebote stehen, deswegen man sich immer gefallen lassen muß, daß, wenn man mit Andern und durch Andere zu wirken hat, immer das Minimum von Effect hervor= gebracht wird.

Es geht im Kleinen wie im Großen. Folge! Das Einzige, wodurch alles gemacht wird und ohne das nichts gemacht werden kann, warum läßt sie sich so selten halten? Warum so wenig durch sich selbst und Andere hervorbringen?"

422.

1809, 24. August.

Mit Riemer.

Vorgelesen aus Halem's Geschichte Peters des Großen. Äußerung Goethes:

„Was haben die Deutschen an ihrer scharmanten Preßfreiheit gehabt? als daß jeder über den andern soviel Schlechtes und Niederträchtiges sagen konnte, als ihm beliebte."

423.

1809, 25. August.

Mittag bei Frommanns.

Mittags mit Goethe und Knebel bei Frommanns. Äußerte Goethe: „Man braucht nicht alle Gesetze aus=

18*

zusprechen, weil sie sich von selbst verstehen. Es existirt kein Gesetz, daß man nicht auf die Schloßtreppe — soll. Wer es sich aber einfallen ließe, den nähme man bei den Ohren. Strafen wir nicht auch unsere Kinder, ohne daß ein Gesetz für jeden Fall da ist? und werden wir nicht alle im Leben durch Schaden klug?"

424.

1809, 29. August.

Mit Riemer.

Bei Goethe. Aus Schlegel's Vorlesungen vorge= lesen. Was A. W. Schlegel am Äschylus tadelte, daß sein Chor meist die Hauptperson ist, findet Goethe ebenso zu loben und als das rechte. Zu den Supplices hat er früher das dritte Stück der Trilogie erfunden und im Kopfe ausgeführt, aber nichts aufgeschrieben.

„Das ist eben das Vortreffliche, daß aus der Masse des Chors (der Danaiden), der überein gesinnt ist, eine, die Hermione, als der Gegensatz, heraustritt."

425.

1809, Sommer.

Mit Clemens Brentano.

In Jena fand ich Goethe beim Mittagsessen; ich trank ein Glas Wein mit ihm und er gab mir ein Stück Käse dazu. Er war sehr freundlich und sprach mit ungemeiner Hochachtung von der „Einsiedlerzeitung"

und dem „Wintergarten"; die Erzählung von der Eng=
länderin nannte er ganz vortrefflich, aber die Nelsons=
Romanzen schienen ihm, wie die meisten Arnim'schen
Verse, unklar, ungesellig und zum Traum geneigt; er
bediente sich dabei des Ausdrucks: „Wenn wir, die wir
ihn kennen, lieben und hochschätzen, von dieser un=
angenehmen Empfindung gepeinigt werden, wie darf er
sich betrüben, daß andere ihn aus solchem nicht kennen,
lieben und hochschätzen lernen werden."

426.

1809, 6. September.

Mit Riemer.

Nach Tische Schlegel's Vorlesungen über Euripides.
Goethe bemerkte: Warum difficilis in perfecto mora
sei? Die Kunst lasse sich allerdings mit einem Conus
oder einer Pyramide vergleichen, deren oberste Spitze
durch ein Individuum gebildet werde (z. E. Raffael).
Nun gehe die Kunst nicht zurück oder abwärts, aber
die Nachfolger blieben aus Bequemlichkeit nur unter
derselben zurück, weil sie sich nicht mehr bestreben
möchten, sondern sich mit dem Machen begnügten, wie
ja alles Publicum nur auf's Machen sehe. Raffael
selbst, wenn er älter geworden, würde Euripidisch ge=
worden sein, wohin er sich in späteren Sachen neige.
Beispiele an den Darstellungen des Bethlehemitischen
Kindermords.

427.

1809, 25. September.

Mit Riemer.

„So wie am Ende ein großes Individuum den
Wissenschaften Face machen muß, so ist es am Ende
auch nur das Individuum, welches originäre, primäre
Vorstellungen hat, das eigentlich Schätzbare und das, was
zählt. Die Andern erhalten ihre Vorstellungen nur als
Reflex, als Wiederschein. Sie kleiden sich in gewisse
Vorstellungen, wissenschaftliche oder sittliche, wie in
Modetrachten."

428.

1809, 26. September.

Mit Riemer.

„Es ist eine eigene Sache, wenn der Sohn ein
Metier ergreift, das eigentlich das Metier des Vaters
nicht ist; doch mag es auch sein Gutes haben. Wenn
einerseits eine Trennung zu entstehen scheint, so entsteht
von der andern [Seite] eine Vereinigung, weil denn doch
zuletzt alles Vernünftige und Verständige zusammen=
treffen muß. Im Grunde bin ich von Jugend her der
Rechtsgelahrtheit näher verwandt als der Farbenlehre,
und wenn man es genau besieht, so ist es ganz
einerlei, an welchen Gegenständen man seine Thätigkeit
üben, an welchen man seinen Scharfsinn versuchen
mag."

429.

1809, September.

Mit Riemer.

„Die mittleren, d. h. die indifferenten Zustände sind für einen Gott oder für ein Thier. Die Extreme Haß und Liebe, Sieg oder Tod, Herrschaft oder Unterwerfung sind nur für Menschen. Solon wollte durchaus keine Neutralität oder Unparteilichkeit (Unparteiischheit), denn sie ist nur eine versteckte Oberherrschaft."

430.

1809, 6. October.

Mit Riemer.

Mittags bei Goethe. Über den komischen Roman und dessen Motive, den er vorhat.

431.

1809, 16. October.

Mit Riemer.

a.

1755 nach dem Erdbeben von Lissabon fing Goethe als ein Kind von 6 Jahren das erste Mal an still für sich an Gott zu zweifeln, da er so etwas zulassen könne und nicht, wie schon im Alten Testament, wenigstens Weiber und Kinder verschone.

b.

Junge Gänschen sehen so altklug aus, besonders
um die Augen, so vielgelebt, und werden doch mit
jedem Tage wie größer, so dümmer. (Auf einem
Spaziergange gemeinschaftlich bemerkt.)

432.

1809, 2. November.

Über Aloys Ludwig Hirt.

„Seine Art zu disputiren war, daß er die ihm
widersprechende Meinung des andern zu seinen Prämissen
machte und seine Conclusionen daraus zog."

433.

1809, 2. bis 4. November.

Mit Adam Oehlenschläger.

Goethe empfing mich höflich, aber kalt und beinahe
fremd. Hatten so viele andere nachherige Ereignisse
„das Andenken guter Stunden", das mir so theuer
und unvergeßlich war, in seiner Seele ausgelöscht? . . . .
Freilich suchte ich den Schmerz zu unterdrücken, auch
hoffte ich, wenn ich Goethe meinen „Correggio" vorgelesen hätte, daß das alte Verhältniß wieder eintreten
sollte. Aber daraus ward nichts! Als ich ihm durch
Riemer sagen ließ, ich hätte eine neue Tragödie geschrieben, die ich ihm vorzulesen wünschte, ließ er mir
sagen: Ich möchte ihm das Manuscript geben, er wolle

es gern selbst lesen. — Ich sagte: „Er kann es nicht selbst lesen, ich habe nur eine schlecht geschriebene Kladde bei mir, voll umgeschriebener Worte und Ver=änderungen." Doch gab ich Riemer das Manuscript. Er brachte mir es zurück und sagte, Goethe könne es freilich nicht lesen. Das schmerzte mich, doch suchte ich mich aufrecht zu halten und guter Dinge zu sein. Goethe lud mich höflich zweimal zu Tische, und da war ich keck und satirisch, weil ich nicht kindlich und herzlich sein konnte. Unter anderm recitirte ich einpaar Epigramme, die ich nie habe drucken lassen, auf einpaar bekannte Schriftsteller. Goethe sagte hier wieder ge=müthlich: „So etwas sollt Ihr nicht machen! Wer Wein machen kann, soll keinen Essig machen." Ich: „„Haben Sie denn keinen Essig gemacht, Herr Geheim=rath?"" Goethe: „Teufel noch einmal! weil ich es gemacht habe, ist es darum recht?" Ich: „„Nein! Indeß wo Wein gemacht wird, fallen viele Trauben ab, die zum Wein nichts taugen, sie können aber einen guten Weinessig geben; und Essig ist gut gegen Fäulniß!""

434.

1809, 6. November.

Mit Lehlenschläger.

So nahmen wir einen kalten Abschied. Das war mir aber in meiner tiefsten Seele zuwider; denn keinen Mann in der Welt liebte und schätzte ich mehr, wie

Goethe, und nun sollte ich ihn vielleicht nie mehr im
Leben sehen! Die Postpferde waren um fünf Uhr den
nächsten Morgen bestellt. Die Uhr war halb elf des
Abends; ich saß in meiner Stube betrübt allein, das
Haupt an die Hand gelehnt, Thränen im Auge. Da
ergriff mich ein unbezwingbares Sehnen, ihn noch zu-
guterletzt an mein Herz zu drücken, aber zugleich rührte
sich auch in meiner Brust der Stolz gekränkter Ehre
und ich wollte nicht in Demuth vor ihm erscheinen.

Ich lief nach Goethes Hause und sah noch Licht;
ich ging zu Riemer auf sein Zimmer und sagte:
„Lieber Freund, kann ich nicht Goethe einen Augenblick
sprechen? Ich möchte ihm gern noch ein Lebewohl
sagen.“ Riemer wunderte sich, weil er mich aber in
Gemüthsbewegung sah und alles wußte, antwortete er:
„„Ich will es ihm sagen; ich will sehen, ob er noch
nicht zu Bette ist.““ — Er kam zurück und bat mich
einzutreten, indem er sich selber entfernte. — Da stand
der Verfasser [von] „Götz von Berlichingen“ und
„Hermann und Dorothea“ im Nachtkamisol und zog
seine Uhr auf, um zu Bett zu gehen. Als er mich
sah, sagte er freundlich: „„Nun, mein Bester! Sie
kommen ja wie der Nicodemus.““ — „Herr Geheimrath!“ sprach ich, „erlauben Sie, daß ich dem Dichter
Goethe auf ewig Lebewohl sage.“ — „„Nun, leben
Sie wohl, mein Kind!““ versetzte er herzlich. „Nichts
mehr! Nichts mehr!“ rief ich gerührt und verließ
schnell das Zimmer.

435.

1809, 13. November.

Mit Riemer.

Bei Gelegenheit des Theaters, und was dabei vor=
geht, scheinbar ohne Goethes Wissen, sagte er, daß er
mehr davon wisse, als Gott selbst, der sich um solchen
Dreck nicht bekümmere.

436.

1809, 17. November.

Mit Riemer.

Gegen Abend zu Goethe. Über Calderon, da er
ihn diesen Abend bei der Herzogin vorlesen wollte.

Unendliche Produktivität des Calderon, und Leichtig=
keit des Gusses (wie wenn man Bleisoldaten oder
Kugeln gieße). — Lopez schrieb nur für's Volk und
wollte nur dafür schreiben. — Shakespearen versteht
man erst, wenn man Ben Johnson gelesen. Dessen Lear
noch ganz romantisch, von Shakespeare in's Tragische
gehoben. Seinen Bastard in „König Johann" habe
Shakespeare zum Narren gemacht, zwar mit Genie. Das
Pragmatischste in der Welt sei Shakespeares „Coriolan,"
wie alles, was er später gemacht: das Dramatischste sein
„Macbeth".

437.

1809, 21. November.

Mit Riemer.

Bei Goethe. Über die Wirkungen des neuen
Romans. Zustand der Deutschen vor Einfall der

Franzosen, daß jedes Individuum sich auf seine Art
ausbilden konnte.

438.

1809, 23. November.

Mit Riemer.

Mittags allein mit Goethe. Über neue Motive zu
dem Roman der „Wanderjahre". Gegen Abend unten.
Neue Geschichte dazu erfunden, von dem katholischen
Weltgeistlichen, der das Wunder der Ähnlichkeit eines
Kindes mit einem vermeintlichen Vater durch andere
wunderbare und spaßhafte Erzählungen und Geschichten
der Art bestätigt. Verzeichniß der Autographen an=
gefangen. Seltener Druckfehler:

Statt: Ringellocken voll junger Silfen
Ringellocken voll Ungeziefer.

439.

1809, 24. November.

Mit Riemer.

Mittags allein. Über die Weiber, weibliche Schälke,
die Humboldt und Bohn. Zur Charakteristik derselben ꝛc.
Merkwürdige Reflexion Goethes über sich selbst:

Daß er das Ideelle unter einer weiblichen Form
oder unter der Form des Weibes concipirt. Wie ein
Mann sei, das wisse er ja nicht. Den Mann zu
schildern sei ihm nur biographisch möglich, es müsse
etwas Historisches zum Grunde liegen.

440.

1809, 25. November.

Mit Riemer.

Mittags allein mit Goethe. Romanmotive. Goethes Vorsatz, seine Recensionen zu sammeln und heraus- zugeben, mit einem Anhang verspäteter (als über Iffland's Theater-Kalender, Naturdichter Hiller ꝛc.) und neue dazu zu machen (um die Heidelberger zu schinden).

441.

1809, 29. November.

Mit Riemer.

Goethe war bei [Oberconsistorialrath] Günther ge- wesen und bemerkte:

„Wenn sie beide [er und Günther] zusammen kämen, das komme ihm immer so vor, als wenn ein paar indische Götter sich so einander besuchen und etwas von einander haben wollen."

Es war wegen einer Begräbnißstelle für die Goresche Familie.

442.

1809, 6. und 10. December.

Mit Riemer.

Unter andern Philisterkritiken über die „Wahlver- wandtschaften" war auch die, daß man keinen Kampf des Sittlichen mit der Neigung sehe.

Dieser Kampf ist aber hinter die Scene verlegt,
und man sieht, daß er vorgegangen sein müsse. Die
Menschen betragen sich wie vornehme Leute, die bei
allem innern Zwiespalt doch das äußere Decorum
behaupten.

Der Kampf des Sittlichen eignet sich niemals zu
einer ästhetischen Darstellung. Denn entweder siegt
das Sittliche, oder es wird überwunden. Im erstern
Fall weiß man nicht, was und warum es dargestellt
worden; im andern ist es schmählich, das mit anzusehen; denn am Ende muß doch irgend ein Moment
dem Sinnlichen das Übergewicht über das Sittliche
geben, und eben dieses Moment giebt der Zuschauer
gerade nicht zu, sondern verlangt ein noch schlagenderes,
das der Dritte immer wieder eludirt, je sittlicher er
selbst ist.

In solchen Darstellungen muß stets das Sinnliche
Herr werden; aber bestraft durch das Schicksal, d. h.
durch die sittliche Natur, die sich durch den Tod ihre
Freiheit salvirt.

So muß der Werther sich erschießen, nachdem er
die Sinnlichkeit Herr über sich werden lassen. So
muß Ottilie καρτερειν, und Eduard desgleichen, nachdem sie ihrer Neigung freien Lauf gelassen. Nun
feiert erst das Sittliche seinen Triumph.

443.

1809, 12. December.

Mit Wilhelm Grimm.

a.

Nachts um 3 Uhr reiste ich von Naumburg ab,
kam . . . . [den 11. December] Mittags um 3 Uhr
allhier an. Ich zog mich gleich an und ließ mich
nach Goethes Haus führen, das sehr nett und schön
da steht. Er war aber krank, vorher bedeutend krank
gewesen und jetzt in der Besserung, daß er mich nicht an=
nehmen konnte, also gab ich Arnim's Brief ab. Ich ging
dann zu der Dame Schopenhauer, die hier die Honneurs
macht, und überreichte meinen Brief; wohin bald Goethes
Bedienter kam und mir sagte, Herr Doctor Riemer,
Goethes Sekretär, werde mich in die Comödie abholen.
Das geschah dann und wir gingen in Goethes Loge,
die unter der fürstlichen ist . . . . Goethes Bedienter
bat mich, den andern Tag erst auf die Bibliothek zu
gehen und dann um 12 Uhr zu dem Geheimen Rath
zu kommen. Auf der Bibliothek wurde ich artig genug
empfangen und um 12 Uhr ging ich dann hin . . . .
Hier mußt' ich einige Zeit warten, darauf trat er selbst
hinein, ganz schwarz angezogen mit den beiden Orden
und ein wenig gepudert. Ich hatte nun sein Bild oft
gesehen und wußte es auswendig, und dennoch, wie
wurde ich überrascht über die Hoheit, Vollendung, Ein=
fachheit und Güte dieses Angesichts. Er hieß mich

sehr freundlich sitzen und fing freundlich an zu reden:
was er gesagt, sag' ich Dir mündlich wieder, auf=
schreiben kann ich es nicht: er sprach von dem Nibelungen=
lied, von der nordischen Poesie, von einem Isländer
Ar[e]ndt, der eben dagewesen und ein vollständiges
Manuscript der Edda Saemundina gehabt, aber höchst
bizarr und ungenießbar und starr gewesen, von
Oehlenschläger, von den alten Romanen, er lese eben
den „Simplicissimus“, und dergleichen, und ich mußte
ihm meine Übersetzung der „Kämpe Viser“ geben. Ich
blieb fast eine Stunde da, er sprach so freundlich und
gut, daß ich dann immer nicht daran dachte, welch ein
großer Mann es sei, als ich aber weg war oder wenn
er still war, da fiel es [mir] immer ein, und wie
gütig er sein müsse und wenig stolz, daß er mit einem
so geringen Menschen, dem er doch eigentlich nichts zu
sagen habe, reden möge.

b.

Vorlesung des „Simplicissimus“. Goethe sagte von
ihm: er sei in der Anlage tüchtiger und lieblicher als
der „Gilblas“. Nur können sie kein Ende finden, Ver=
leger und Publicum, daher es zuletzt Collectiv werde.

444.
1809, 13. December.
Mittag bei Goethe.

Tags darauf wurde ich [W. Grimm] zum Mittags=
essen bei ihm eingeladen. Seine Frau, die sehr gemein

aussieht, ein recht hübsches Mädchen, dessen Namen ich
wieder vergessen, die er aber, däucht mir, als seine
Nichte vorstellte, und Riemer waren da. Es war un=
gemein splendid: Gänseleberpasteten, Hasen u. dergl.
Gerichte. Er war noch freundlicher, sprach recht viel
und invitirte mich immer zum Trinken, indem er an
die Bouteille zeigte und leis brummte, was er über=
haupt viel thut; es war sehr guter Rothwein und er trank
fleißig, besser noch die Frau. Er sagte unter andern,
daß er das Bild der Bettine von Louis [Grimm] erhalten,
und lobte es dabei sehr: es sei eine sehr zarte Nadel darin,
recht ähnlich und überhaupt schön componirt und ge=
halten, und habe ihm viel Freude gemacht. Ich sagte,
daß Bettine selbst nach Berlin geschrieben, daß es nicht
ganz ähnlich. Er antwortete: „Ja, es ist ein liebes
Kind; wer kann sie wohl malen! wenn noch Lukas
Kranach lebte, der war auf so etwas eingerichtet."
Der Tisch dauerte von 1 bis halb 4 Uhr, wo er auf=
stand und ein Compliment machte, worauf ich mit
Riemer wegging.

b.

Kleiner Unterschied. „Wer Christi Fleisch und Blut
genießt, ist ein cultivirter Mensch; wer Christen=Fleisch
und Blut genießt, ein wilder Barbar."

445.

1809, 17. December.

Bei Anwesenheit Grimm's u. a.

a.

Viele Damen, auch Grimm und Hagen . . . . .
Goethes Bemerkung, bei Gelegenheit des „Simplicissi=
mus": daß so wie die guten Werke und das Verdienstliche
derselben aufhören, dafür sogleich die Sentimentalität
bei den Protestanten eintrete.

b.

Bei den Weibern zählt einer wenigstens mit, wiegt
er auch nicht mit. Sie schätzen die Courmacher nach
der Zahl, nicht nach dem Gewichte.

446.

1809, 27. December.

Mit Riemer.

„Wenn wir nicht so ehrliche rechtschaffene Leute
wären, so möchten wir wohl (auch) solche Schelme sein
wie ihr."

Das ist ohngefähr das Apophthegma aller der so=
genannten Patrioten, die um der Lumpe willen sich für
diese aufopfern.

Wer über den Egoismus, Selbstsucht u. s. w. klagt,
Dinge, die dem Egoismus des dunkeln großen Haufens

entgegenstehen, ist in dem Fall, daß er den Egoismus
der Gescheidten beneidet, weil Gott weiß was ihn ab=
hält, ebenso gescheidt zu sein."

447.

1809, 31. December.

Mit Riemer.

„Das Publicum, besonders das deutsche, ist eine
närrische Carricatur des Demos. Es bildet sich wirk=
lich ein, eine Art von Instanz, von Senat auszumachen
und im Leben und Lesen dieses oder jenes wegvotiren
zu können, was ihm nicht gefällt. Dagegen ist kein
Mittel als ein stilles Ausharren."

448.

1809 (?).

Über die „Wahlverwandtschaften".

a.

Das Werk wird von den einen zu übermäßig ge=
lobt, von den andern vielleicht zu scharf getadelt, auch
gehört es von Einer Seite unter die besten, von der
andern unter die tadelnswürdigsten Producte seines
genialischen, aber das Publicum gar zu sehr verachtenden
Urhebers. Das Buch muß (wie Goethe selbst sagt)
dreimal gelesen werden, und ich zweifle nicht, wenn Du
[Charlotte Geßner geb. Wieland] es zum dritten Mal,
folglich mit ganz ruhiger Besonnenheit gelesen hast,

19*

jo wird Dein eignes Urtheil mit dem meinigen ziem=
lich zujammenſtimmen.

b.

„Ich kann dieſes Buch durchaus nicht billigen,
Herr von Goethe; es iſt wirklich unmoraliſch, und ich
empfehle es keinem Frauenzimmer.“

Darauf hat Goethe eine Weile ganz ernſthaft ge=
ſchwiegen und endlich mit vieler Innigkeit geſagt: „„Das
thut mir leid, es iſt doch mein beſtes Buch. Glauben Sie
nicht, daß es die Grille eines alten Mannes iſt — ja,
man liebt das Kind am meiſten, welches aus der letzten
Ehe, aus der ſpäteſten Zeit unſerer Zeugungskraft
ſtammt. Aber Sie thun mir und dem Buche Unrecht.
Das Geſetz in dem Buche iſt wahr, das Buch iſt nicht
unmoraliſch, Sie müſſen’s nur vom größeren Geſichts=
punkte betrachten; der gewöhnliche moraliſche Maßſtab
kann bei ſolchem Verhältniß ſehr unmoraliſch auftreten.“„

c.

„Ob die „„Wahlverwandtſchaften“„ wahr ſind, ob ſie
auf Thatſächlichem beruhen? Jede Dichtung, die nicht
übertreibt, iſt wahr, und alles, was einen dauernden,
tiefen Eindruck macht, iſt nicht übertrieben. Übrigens
ſoll es den Menſchen gleichgültig ſein; der bloßen Neu=
gierde muß man nicht redeſtehen. Das Benutzen der
Erlebniſſe iſt mir immer alles geweſen; das Erfinden
aus der Luft war nie meine Sache: ich habe die Welt
ſtets für genialer gehalten, als mein Genie.“

449.

1809 (?).

Mit Friedrich v. Müller.

Einst, als in den ersten Jahren nach der Schlacht
von Jena die große Freimüthigkeit des Herzogs in
seinen politischen Urtheilen und Äußerungen und seine
fortwährend höchst unverhehlte Anhänglichkeit an die
Krone Preußen ernsthafte Besorgnisse erregten, beruhigte
mich Goethe mit den Worten: „Sei'n wir unbesorgt!
Der Herzog gehört zu den Urdämonen, deren granit=
artiger Charakter sich niemals beugt, und die gleich=
wohl nicht untergehen können. Er wird stets aus
allen Gefahren unversehrt hervorgehen. Das weiß er
recht gut selbst, und darum kann er so vieles wagen
und versuchen, was jeden andern längst zugrunde ge=
richtet hätte.“

450.

1809 (?).

Über Heinrich v. Kleist und Gotthold Lessing.

Einst kam das Gespräch auf Kleist und dessen
„Käthchen von Heilbronn“. Goethe tadelt an ihm die
nordische Schärfe des Hypochonders; es sei einem ge=
reiften Verstande unmöglich, in die Gewaltsamkeit solcher
Motive, wie er sich ihrer als Dichter bediene, mit Ver=
gnügen einzugehen. Auch in seinem „Kohlhaas“, artig
erzählt und geistreich zusammengestellt, wie er sei,

komme doch alles gar zu ungefüg. Es gehöre ein
großer Geist des Widerspruches dazu, um einen so
einzelnen Fall mit so durchgeführter, gründlicher Hypo=
chondrie im Wettlaufe geltend zu machen. Es gebe
ein Unschönes in der Natur, ein Beängstigendes, mit
dem sich die Dichtkunst bei noch so kunstreicher Be=
handlung weder besassen, noch aussöhnen könne. Und
wieder kam er zurück auf die Heiterkeit, auf die An=
muth, auf die fröhlich bedeutsame Lebensbetrachtung
italienischer Novellen, mit denen er sich damals, je
trüber die Zeit um ihn aussah, desto angelegentlicher
beschäftigte.

Dabei brachte er in Erinnerung, daß die heitersten
jener Erzählungen ebenfalls einem trüben Zeitraume,
wo die Pest regierte, ihr Dasein verdankten. „Ich
habe ein Recht," fuhr er nach einer Pause fort, „Kleist
zu tadeln, weil ich ihn geliebt und gehoben habe; aber
sei es nun, daß seine Ausbildung, wie es jetzt bei
vielen der Fall ist, durch die Zeit gestört wurde, oder
was sonst für eine Ursache zum Grunde liege; genug,
er hält nicht, was er zugesagt. Sein Hypochonder ist
gar zu arg; er richtet ihn als Menschen und Dichter
zugrunde. Sie wissen, welche Mühe und Proben
ich es mir kosten ließ, seinen „Wasserkrug" auf's hiesige
Theater zu bringen. Daß es dennoch nicht glückte,
lag einzig in dem Umstande, daß es dem übrigens
geistreichen und humoristischen Stoffe an einer rasch
durchgeführten Handlung fehlt.

Mir aber den Fall desselben zuzuschreiben, ja, mir
sogar, wie es im Werke gewesen ist, eine Aufsoderung
deßwegen nach Weimar schicken zu wollen, deutet, wie
Schiller sagt, auf eine schwere Verirrung der Natur,
die den Grund ihrer Entschuldigung allein in einer zu
großen Reizbarkeit der Nerven oder in Krankheit finden
kann. Das „Käthchen von Heilbronn"', fuhr er fort,
indem er sich zu mir wandte, „da ich Ihre gute Ge-
sinnung für Kleist kenne, sollen Sie lesen und mir die
Hauptmotive davon wiedererzählen. Nach diesem erst
will ich einmal mit mir zurathe gehen, ob ich es auch
lesen kann. Beim Lesen seiner „Penthesilea" bin ich
neulich gar zu übel weggekommen. Die Tragödie
grenzt in einigen Stellen völlig an das Hochkomische,
z. B. wo die Amazone mit Einer Brust auf dem
Theater erscheint und das Publicum versichert, daß
alle ihre Gefühle sich in die zweite, noch übriggebliebene
Hälfte geflüchtet hätten, ein Motiv, das auf einem
neapolitanischen Volkstheater im Munde einer Colombine,
einem ausgelassenen Polichinell gegenüber, keine üble
Wirkung auf das Publicum hervorbringen müßte, wofern ein solcher Witz nicht auch dort durch das ihm
beigesellte widerwärtige Bild Gefahr liefe, sich einem
allgemeinem Mißfallen auszusetzen."

Von Lessing's Verdienst, Talent und Scharfsinn,
und wie derselbe allem höhern dramatischen Bestreben
in Deutschland, Friedrich dem Großen, Voltaire,
Gottsched und allen Verehrern des französischen

Theaters gegenüber, in seiner „Hamburgischen Drama=
turgie" die Bahn brach und zugleich durch Einführung
des Shakespeare eine neue Periode begründete, die mit
dem künftigen Aufschwunge unserer Literatur auf's
innigste zusammenhing, sprach Goethe mit der größten
Anerkennung. Als Exposition habe vielleicht die ganze
neue dramatische Kunst nichts so Unvergleichliches auf=
zuweisen, als die ersten beiden Aufzüge der „Minna
von Barnhelm", wo Schärfe des Charakters, ursprüng=
lich deutsche Sitte mit einem raschen Gange in der
Handlung auf's innigste verbunden sei. Nachher sinke
freilich das Stück und vermöge kaum nach dem einmal
angelegten Plane sich in solcher Höhe zu behaupten;
das könne aber dies Lob weder schmälern, noch sollte
man es deßhalb zurücknehmen. In der „Emilie Galotti"
sei ebenfalls das Motiv meisterhaft und zugleich höchst
charakteristisch, daß der Kammerherr dem Prinzen
Emilie Galotti sicher auf seinem Wege zugeführt haben
würde; daß aber der Prinz dadurch, daß er in die
Kirche geht und in den Handel hineinpfuscht, dem
Marinelli und sich selber das Spiel verdirbt. Nicht
minder schön sei die Art, wie Lessing das Schicksal
in der „Emilie Galotti" einführt. Ein Billet, das
der Prinz an seine ehemalige Geliebte, die Gräfin
Orsina, schrieb, und worin er sich ihren Besuch auf
morgen verbittet, wird eben dadurch, daß es zufällig
liegen blieb — wenn Zufall, wie die Gräfin selbst
sogleich hinzusetzt, in solchen Dingen nicht Gottes=

läfterung genannt werden müßte — die gelegentliche
Urfache, daß die gefürchtete Nebenbuhlerin, weil man
ihr nicht abgefagt, gerade in demfelben Augenblicke
ankommt, wo Graf Apiani erfchoffen, die Braut in das
Luftfchloß des Fürften durch Marinelli eingeführt und fo
dem Mörder ihres Bräutigams in die Hände geliefert
wird. „Dieß find Züge einer Meifterhand, welche hin=
länglich beurkunden, wie tiefe Blicke Leffing in das
Wefen der dramatifchen Kunft vergönnt waren. Auch
feid verfichert, wir wiffen recht wohl, was wir ihm
und feinesgleichen, insbefondere Winckelmann, fchuldig
find."

451.

1809 (?).

Über Johann Wilhelm Ritter.

Dr. Wilhelm Ritter ftarb 23. Januar 1810 zu
München; der geiftvolle Phyfiker, von welchem Goethe
fagte: „Im Vergleich mit diefem Ritter find wir
andern nur Knappen."

452.

1810, 13. Januar.

Mittag bei Goethe.

Mittags Falk zu Tifch. Über den Charakter des
Coriolan und feine Behandlung von Plutarch an bis
auf Shakefpeare. Über Reichardt. In feinen Briefen
über Wien hatte fich Reichardt gerühmt, er habe nie

einen verdorbenen Magen gehabt. Goethe machte augenblicklich das Bonmot: „Darum hat er auch alle Nationen so beschmausen können."

453.

1810, 14. Januar.

Mittag bei Goethe.

Mittags unter uns. Goethe hatte in früherer Zeit ein Monodrama intentionirt: Nero, wie er vor dem Volke agirt und wie er während dieser Zeit die Nachricht von einer Verschwörung erhält. Goethe äußerte über Tisch: „Es ist Höflichkeit und Vornehmen eigen, jemanden mettre à son aise; und ich weiß es, daß mich jemand auf meinen Chapitre bringt. Aber Todfeindschaft kann daraus entstehen, wenn man es thut und sich gegen mich berühmt, daß man mich auf meine Schnurre gebracht habe, sobald ich mit Gutmüthigkeit mich geäußert und gehen gelassen habe. Weil es eine falsche Superiorität des andern und eine Gemüthlosigkeit desselben verräth."

454.

1810, 15. Januar.

Mit Riemer.

Verstand und Vernunft sind ein formelles Vermögen: das Herz liefert den Gehalt, den Stoff.

Wenn man die Männer als Verstand und Ver-

nunft ansehen kann, so sind sie Form; die Weiber, als
Herz, sind Stoff."

455.
1810, 16. Januar.
Mit Riemer.

Mittags allein . . . . über Tisch äußerte Goethe:
„Alles Ideelle, sobald es vom Realen gefordert wird,
zehrt am Ende dieses und sich selbst auf. So der
Kredit (Papiergeld) das Silber und sich selbst." Anlaß und Beleg hierzu gab das Papiergeld im Österreichischen.

456.
1810, Mitte Februar (?).
Mit Riemer.

Goethe kam sich in den letzten vier Wochen (wo die
Festivitäten der fürstlichen Geburtstage beschäftigten),
vor, wie der Prophet Habakuk, der seinen Schnittern
(den Setzern an der Farbenlehre), den Brei bringen
wollte, und den der Engel beim Schopf nahm und zu
Daniel in die Löwengrube trug.

457.
1810, 24. Februar.
Bei der Aufführung von Werner's „Vierund-
zwanzigstem Februar".

Goethe hatte mit besonderer Vorliebe den „Vierundzwanzigsten Februar" in Scene gesetzt. Haide

(Munz Kuruth), die Wolff (Trude) und ihr Gatte (Kurt)
waren so ausgezeichnet, als ob diese Rollen vom Dichter
eigens für sie geschrieben wären. . . . . . Goethe kam,
was höchst selten geschah, nach der Aufführung auf die
Bühne, um den Darstellern seine Zufriedenheit persön=
lich auszusprechen. Seine Züge drückten ein stolzes
Bewußtsein aus, als er sagte: „Nun sind wir da an=
gekommen, wohin ich Euch haben wollte: Natur und
Kunst sind jetzt auf das engste miteinander verbunden."

458.

1810, Februar (?).

Mit Falk.

In einem Gespräche über Literatur kam auch die
Rede auf Kotzebue und dessen „Merkwürdigstes Lebens=
jahr". Abgesehen von den Abenteuern der Reise und
dem harten Schicksale des Mannes, das Theilnahme
fodere und verdiene, sei es, wie Goethe versicherte,
kaum möglich, bei einem von allen Seiten so reich
vorliegenden Stoffe, etwas an sich Gehaltloseres zu
Tage zu fördern. „Ich bin gewiß, wenn einer von
uns im Frühling über die Wiesen von Oberweimar
herauf nach Belvedere geht, daß ihm tausendmal Merk=
würdigeres in der Natur zum Wiedererzählen oder
zum Aufzeichnen in sein Tagebuch begegnet, als dem
Kotzebue auf seiner ganzen Reise bis an's Ende der
Welt zugestoßen ist. Und das macht blos, weil er

von Natur nicht vermögend ist, aus sich und seinem
Zustande heraus in irgend eine tiefere Betrachtung
einzugehen. Kommt er wohin, so läßt ihn Himmel
und Erde, Luft und Wasser, Thier= und Pflanzenreich
völlig unbekümmert; überall findet er nur sich selbst,
sein Wirken und sein Treiben wieder, und wenn es in
Tobolsk wäre, so ist man gewiß damit beschäftigt,
entweder seine Stücke zu übersetzen, einzustudiren, zu
spielen oder wenigstens eine Probe davon zu halten.
Übrigens bin ich keineswegs ungerecht gegen sein aus=
gezeichnetes Talent für alles, was Technik betrifft.
Nach Verlauf von hundert Jahren wird sich's schon
zeigen, daß mit Kotzebue wirklich eine Form geboren
wurde. Schade nur, daß durchaus Charakter und
Gehalt mangelt. Vor wenig Wochen habe ich seinen
„Verbannten Amor" gesehen, und diese Vorstellung
hat mir ein besonderes Vergnügen gemacht; das Stück
ist mehr als geistvoll, es sind sogar Züge von Genie
darin. Dasselbe gilt von den „Beiden Klingsbergen",
die ich für eine seiner gelungensten dramatischen
Arbeiten halte, wie ihm denn überhaupt die Dar=
stellung der Libertinage weit besser, als die einer
schönen Natur zu glücken pflegt. Die Verderbtheit
der höhern Stände ist das Element, worin Kotzebue
sich selbst übertrifft. Auch seine „Corsen" sind mit
großem Geschicke gearbeitet, und die Handlung ist wie
aus einem Guß. Sie sind beim Publicum beliebt,
und das mit völligem Rechte. Versteht sich, daß man

nach dem Inhalte, wie immer, nicht besonders fragen
darf. Übrigens sind technische Vorzüge dieser Art bei
uns Deutschen noch keineswegs so häufig, daß man sie
nicht in Anschlag bringen oder gar verächtlich darüber
wegsehen sollte. Könnte Kotzebue sich innerhalb des
ihm von Natur angewiesenen Kreises halten, so
würde ich der erste sein, der ihn gegen ungerechte
Vorwürfe in Schutz nähme, — wir haben kein Recht,
irgend Jemandem Dinge abzufodern, die er von Natur
aus nicht zu leisten im Stande ist — aber so mischt
er sich in tausend Dinge, wovon er kein Wort versteht.
Er will die Oberflächlichkeit eines Weltmannes in die
Wissenschaften übertragen, was die Deutschen, und zwar
mit Recht, für etwas völlig Unerlaubtes zu halten
pflegen. Indeß auch diese Unart möchte ihm noch hin=
gehen, wenn er nur nicht dabei in eine fast unerhörte
Eitelkeit verfiele. Ob diese, oder die Naivetät, womit
er sie an den Tag legt, größer ist, will ich nicht unter=
suchen. Er kann nun einmal nichts Berühmtes um,
über oder neben sich leiden, und wenn es ein Land,
und wenn es eine Stadt, und wenn es eine Statue
wäre. In seiner „Reise nach Italien" hat er dem
Laokoon, der mediceischen Venus und den armen
Italienern selbst alles nur erdenkliche Böse nachgesagt.
Ich bin gewiß, besonders was Italien betrifft, er hätte
es weit leidlicher gefunden, wenn es nur nicht vor ihm
so berühmt gewesen wäre. Aber da sitzt der Knoten!
Zur Hälfte ist er ein Schelm, zur andern Hälfte aber,

besonders da, wo es die Philosophie oder die Kunst
betrifft, ist er ehrlich genug, kann aber nichts dafür
daß er sich und andern, wo davon die Rede ist, jedes=
mal und zwar mit dem erheblichsten Anstande irgend
etwas weismacht."

459.

1810, Februar (?).

Über Abeten's Besprechung der „Wahlverwandt=
schaften".

Ihr Brief, lieber Abeten, hat mir [Gries] eine sehr
angenehme Überraschung gemacht. Ich kann Ihnen
nicht sagen, wie sehr es mich freut, Sie als den Ver=
fasser eines Aufsatzes kennen zu lernen, der unstreitig
unter allem, was über die „Wahlverwandtschaften" ge=
schrieben worden ist, bei weitem den ersten Platz ein=
nimmt. Das will nicht viel sagen, meinen Sie vielleicht,
denn das Übrige ist freilich nicht weit her. So lassen
Sie sich denn an der Versicherung des großen Meisters
genügen, der Ihnen das Zeugniß giebt, daß Sie den
rechten Fleck getroffen haben.

Goethe hatte Ihren Aufsatz schon im Morgenblatt
[Nr. 19] gelesen und gleich damals seine große Zu=
friedenheit darüber geäußert. Dies brachte Riemern
auf den Gedanken, ihn hier von Frommann nachdrucken
zu lassen, um, wie er sagte, Goethen eine angenehme
Überraschung zu machen. Es gehe fast kein Tag hin,
wo Goethen oder ihm nicht etwas über die „Wahl=
verwandtschaften" gesagt oder geschrieben werde, und

meistens sehr abgeschmacktes Zeug. Um nun nicht
immer dasselbe wiederholen zu müssen, habe er diesen
Nachdruck veranstaltet. So geht nun Ihr Aufsatz, der
durch des Meisters Siegel und Unterschrift gleichsam
Gesetzeskraft erhalten hat und völlig wie eine inter-
pretatio authentica anzusehen ist, in alle Welt, um
die Heiden zu belehren, wozu der Himmel sein Ge-
deihen gebe. Goethe und Riemer verschicken und vertheilen ihn an alle Freunde und Bekannte. So sind
auch mir einige Exemplare zu Theil geworden, die ich
denn auch meinerseits auf Proselytenmacherei aus-
geschickt habe.

Was nun den Verfasser anbetrifft, so war Riemer
auf den Gedanken gekommen, es sei kein andrer als
Schelling. Er hatte dies auch Goethen und andern
ziemlich plausibel zu machen gewußt: doch muß ich gestehen, daß ich diese Meinung mehr aus äußern als
aus innern Gründen, immer bestritten habe. Mir ist
es nun viel lieber, daß Sie es sind; so giebt es
doch, außer Schelling, noch Einen in Deutschland, der
so etwas hervorbringen kann.

Da ich mich hauptsächlich mit Frommann über diesen
Punkt oft sehr lebhaft gestritten hatte, so konnte ich
mir den Triumph nicht versagen, ihm Ihren Brief noch
ganz brühwarm zu überschicken. Dadurch haben denn
auch die andern das Geheimniß erfahren, und Goethe
besonders hat mehrmals seine Freude darüber bezeigt.
Sie haben nun keinen kleinen Stein bei ihm im Brete.

460.

1810, 21. März.

Mit Riemer.

Äußerte Goethe: „Das Musikkönnen — musikalisch sein — wird darum so geschätzt, weil es dem Menschen mit der falschen Idee schmeichelt, das, was uns Vergnügen macht, selbstthätig zu beherrschen, sich nicht bloß leidend zu verhalten. In der Rücksicht thut schon das Lesen vis-à-vis der Poesie viel. Wer nicht lesen kann, ist schon passiver und empfänglicher."

461.

1810, 23. März.

Mit Riemer

Bemerkte Goethe: „Der Despotismus befördert die Autokratie eines jeden, indem er von oben bis unten hinab es einem jeden in die Schuhe schiebt."

462.

1810, 31. März.

Mit Riemer.

„Die ersten Menschen in der Revolution, als Lafayette u. a., waren noch eitel und wollten noch, daß die Menge etwas auf sie halten sollte, Napoleon hat ihnen gezeigt, daß gar nichts daranliege. Und das ist das Ungeheure, welches die Menschen noch nicht klein kriegen können, daß nämlich auch der Gegensatz von jenem existire."

463.

1810, März und April.

Mit Pauline Gotter u. a.

a.

Von Goethe wird es Sie [Schelling] freuen zu hören, daß er recht heiter und gesund ist; den ganzen Winter war zwar sein Befinden ziemlich abwechselnd, und er hat Theater und Gesellschaft wenig besucht, die Aussicht nach Karlsbad zu kommen, scheint aber schon jetzt im Vorgefühl genesend auf ihn zu wirken. In Weimar sah ich ihn zuerst wieder und habe ihn ganz gegen mich gefunden, wie ich ihn verlassen hatte: liebevoll und herzlich. Beinah sein erstes Wort war Theilnahme an dem Verlust der Lieben, und auf eine so zarte innige Weise, wie ich es von ihm erwarten konnte; dieser Beweis seiner Freundschaft hat mich mehr erfreut, als alles Liebe und Freundliche, was er mir je gesagt hat. Ihnen, werther Freund, dankt er herzlich für Ihr Andenken und hat mir die schönsten Grüße an Sie aufgetragen. Seit dem März hält er sich in Jena auf und hat die Optik beendigt, die nun diese Messe in zwei Theilen erscheint, wie Sie wissen, und nun eilt er so bald wie möglich nach Karlsbad. Auf die nächsten Tage hatte er sich bei uns angemeldet, um mit Silvie und mir recht spazieren zu gehn; ich werde mich freuen, wenn er worthält; seine Gegenwart ist das einzige, was mich wahrhaft anregt und erfreut. Schon einige=

mal war er hier: das erste Mal ganz unter uns von
der ausgelassensten Laune: die Gewalt seines Feuers
und seiner Lebhaftigkeit habe ich wohl in einzelnen
Momenten, aber nie so anhaltend, wie damals, gesehen:
er vergaß sich ganz, ließ seine ganze Stimme ertönen
und schlug immer mit den Händen auf den Tisch, daß
die Lichter umherfuhren: es war eine wahre, unbedingte
Lustigkeit.   Seine Begeisterung machte den wunder=
lichsten Contrast mit Hendrich's Prosa und Riemer's
Phlegma, die ihn begleitet hatten.   Herrliche Dinge
sagte er uns über den „Vierundzwanzigsten Februar"
und seine Entstehung: er hat auch von Werner die
Wirkung des Segens verlangt, aber sein Genie hat ihm
bei dieser Aufgabe versagt.   Goethe hat indeß selbst
den Plan dazu gemacht, aber bloß zu seinem augen=
blicklichen Vergnügen, wie er meint.

b.

„Der Vierundzwanzigste Februar oder die Wirkung
des Fluches" ist ganz recht die Geschichte der Ermor=
dung des rückkehrenden Sohnes durch die Eltern, und
das Werner'sche Stück ohne alle Mystik, was in Weimar
aufgeführt worden ist, das grausenerregendste und
schauderhafteste, was es geben muß, aber das beste
nach Goethes Meinung, was Werner in seinem Leben
gemacht hätte, oder machen würde.   Goethe hat ihm
die Aufgabe gegeben und streng eingeschärft, all sein
verruchtes Zeug diesmal wegzulassen, sein ganzes Talent

aufzubieten und etwas ordentliches zustande zu bringen:
das ganze Stück dürfe nur aus drei Personen bestehen.
Werner hat gebeten und gefleht, wenigstens ein Kind,
eine Katze, einen Hund auf's Theater zu bringen, aber
durchaus nicht; endlich hat er doch ohne sein Wissen
eine Dohle angebracht.

464.

1810, 26. April.

Mit Riemer.

a.

„Das Vortreffliche, die Tugend, das Ausnehmende
macht die Ausnahme, nicht die Regel, in der Welt."

b.

„Bei den Anstalten zu einem Feste vergißt man
oft den einzuladen, dem zu Ehren es angestellt wird."

465.

1810, 27. April.

Mit Riemer.

Mittags mit Goethe über moralische Erzählungen
in Stanzen; Inhalt, Form, Reime. Goethe äußerte:
„Den Menschen ist nur mit Gewalt oder List etwas
abzugewinnen. Mit Liebe auch, sagt man; aber das
heißt auf Sonnenschein warten, und das Leben braucht
jede Minute."

466.

1810, 29. April.

Mit Riemer.

Mit Goethe spazieren in Wedel's Garten, wo wir
die Frommann und Emmy trafen. Weiber im Garten
Blumen pflückend kamen Goethen vor wie sentimentale
Ziegen.

467.

1810, April und vorher (?).

Mit Franz Passow.

Sie wissen wohl, daß die bewegliche und geschwätzige
Madame Schopenhauer alle Winter gewisse Repräsen=
tationsthees hält, die sehr langweilig sind, besonders
seit Fernows Tod; zu denen sich aber alles Gebildete
oder Bildung vorgebende drängt, weil Goethe häufig
dort zu sehen war. Als ich nach Weimar kam, besuchte
ich denn diese Dame auch; sie lud mich zu ihren Thees,
und ich besuchte sie den ganzen Winter, aller Langen=
weile zum Trotz, weil ich Goethe dort zu sehn und ihn
zuweilen sprechen und erzählen zu hören mich erfreute,
selbst wenig Theil nehmend, weil der ewig mit aufge=
sperrtem Maul lachende und jachternde frivole Ton des
Thees nicht in mein Fach gehört. Als im Herbst
darauf (1808) die Thees wieder angehen sollten, kommt
die Schopenhauer zu meiner Luise, und nach einigen
Umschweifen eröffnet sie ihr: sie bedaure gar sehr, mich

nicht wieder zu ihren Thees laden zu können, denn
Goethe habe ihr erklärt, er würde in keine Gesellschaft
kommen, wo er mich wisse, und aus ihren Thees ein
für allemal wegbleiben, wenn ich käme. Was die
Schopenhauer bei diesem Zumuthen hätte thun sollen,
will ich nicht urgiren, dafür ist sie Madame Schopen=
hauer. Zugleich bat sie um Gottes Willen, Luise
möchte verhindern, daß ich Goethen nicht zur Rede
setzte 2c., die ganze Sache solle unter uns bleiben. Das
versprach Luise gleich in meinem Namen, weil sie über
meine Meinung keinen Augenblick im Zweifel war, und
verbat die Thees fortan auch für sich. Als ich zu
Hause kam, erfuhr ich die wunderliche Geschichte, und
sie kränkte mich tiefer als ich damals selbst glaubte,
weil ich das Verfahren immer unedel fand, und Goethe
Leute um sich duldete, mit denen ich mich in aller Rücksicht
vergleichen durfte. Aber ich war lange gewohnt, Goethen
nicht nach dem Gesetz zu denken, das uns andern Erden=
söhnen unsern Werth oder Unwerth streng zumißt:
weil ich in so vieler Hinsicht den Außerordentlichen be=
wunderte, so gestand ihm mein Gefühl, alle persönliche
Kränkung unterdrückend, auch hier, wiewohl mit einigem
Widerstreben, das Recht anders zu verfahren, als die
gewöhnlichen Zweifüßler, die die Frucht der Erde essen,
ruhig zu. Ihn zur Rede zu setzen, wäre mir auch ohne
die gegebene Zusage nicht eingefallen: ich glaubte, ihm
mißfalle etwas an mir, das er vielleicht selbst nicht
aussprechen könnte, und daß er das so bestimmt und

entſchieden ausſprach), konnte ich ſeiner herrſchenden
Natur gerade nicht verargen. Hinfort auf Discretion
hoffend, zog ich mich, um ihn nirgends durch Zu-
ſammentreffen mit mir zu verletzen, ganz auf mich
ſelbſt und auf 2, 3 vertraute, bewährte Freunde zurück,
von aller guten Geſellſchaft ohnehin durch dieß Pröbchen
aus der beſten zurückgeſchreckt. Ich verſchloß die Sache
übrigens in mir, und erzählte ſie niemandem, als
Schulzen, und — wo ich nicht irre — dem guten, mir
von Kindheit auf befreundeten Plüskow; ſelbſt Abeken
weiß ſie von mir noch nicht. In dieſer Paſſivität und
gänzlichen Zurückgezogenheit, wodurch ich die Verehrung,
die ich gegen Goethe bewahrte, jetzt am richtigſten auszudrücken glaubte, vergingen ungefähr anderthalb Jahre.
Im vorigen Jahre kam ein alter Freund meines Vaters,
der auch mir ſchon ſeit längerer Zeit wohl wollte, der
Oberſt von Hintzenſtern, vormaliger Gouverneur des
Prinzen Bernhard, nach Weimar und ließ ſich hier
nieder. Dieſer vortreffliche Mann wurde einer der
wenigen, mit denen ich umging, der mich näher kennen
lernte, und mich lieb gewann. Er wünſchte, daß ich
mehr Theil nehmen möchte am geſelligen Leben, was
ich ablehnte, ohne doch mich berechtigt zu fühlen, ihm
den Grund zu ſagen. Vor einigen Wochen kommt er
zu mir, als ich gerade aus bin, und zwiſchen ihm und
meiner Luiſe entſpinnt ſich ein Geſpräch über mein
verſchloſſenes und zurückgezognes Leben. Da er ſich
ſo gar liebevoll über mich äußerte, fühlt Luiſe ſich ge-

trieben, ihm zu eröffnen, was wir als Geheimniß be=
handelt hatten, und sie erzählt ihm den ganzen Her=
gang. Hintzenstern ist außer sich, kann dergleichen von
Goethe nicht begreifen, und hält alles für Erfindung
der Schopenhauer, beschließt indeß der Sache auf den
Grund zu kommen, es koste was es wolle. Er horcht
hie und da auf, und hat die Freude zu sehn, daß das,
was uns als Geheimniß übergeben, und von uns mit
der äußersten Schonung behandelt war, in allen abligen
Häusern längst bekannte und angenommene Sache war
(ob durch das Goethesche Haus, ob durch die Schopen=
hauer verbreitet, weiß ich nicht, verlang es auch nicht
zu wissen), und dazu weiß man auch den Grund jenes
meines Bannes, den die Schopenhauer nicht zu wissen
sich gegen uns gestellt hatte: „Goethe sei deshalb auf=
gebracht auf mich, weil ich öffentlich in der Schule
seine Gedichte getadelt und auf sie geschimpft habe."
Hintzenstern sagte mir, wie weit er in seinen Nach=
forschungen gediehen war. Als dieser schöne Grund aber
hervorkam, da weiß ich nicht, ob ich das höchst lächer=
liche oder das ganz nichtswürdige einer solchen Lüge
am stärksten fühlte. Mir stieg das Blut aber auch vor
Freude zu Kopf, daß der Grund nicht in mir selbst,
daß er ganz außer mir, daß er in einer Unmöglichkeit
lag. Denn daß ich anders, als mit höchster Liebe von
einem Goethischen Gedicht sprechen könnte, ist pure Un=
möglichkeit. Ich sagte Hintzenstern, soviel ich wußte
und konnte, und soviel es zu meiner vollsten Recht=

fertigung bedurfte; und das war mit wenig Worten
gethan, denn Hintzenstern kennt mich. Nun aber ver=
sprach er, alles dran zu setzen, Goethen über seinen
Irrthum aufzuklären: er fühlte sich und mich und alles
Recht und alle Sitte gekränkt, und das könnte der
wohlbesonnene, aber tief und starkfühlende unermüdliche
Mann nicht so mit ansehn. Er mußte alles Mißver=
ständniß lösen; Einsiedel und einige andere riethen ihm
zaghaft ab, aber er ließ sich nichts einreden. Im Ver=
trauen auf Goethes rechten Sinn und auf die gute,
reine Sache, für die er sprach, ging er zu Goethe, er=
zählte ihm die ganze Sache, wie man mich in steter
Unwissenheit mit der Hauptsache erhalten habe, wie ich
die ganze Sache aus ruhigem Selbstgefühl, nicht aus
schuldigem Bewußtsein auf sich habe beruhen lassen,
wie er den ganzen Vorgang erfahren habe, und wie
sehr unrecht mir geschehen sei. So wie Hintzenstern
erwartet hatte, nahm Goethe die Sache, äußerte sich
freundlich über mich, und wie sehr es ihn freue, ein
solches Mißverständniß so, und durch einen solchen
Mann gelöst zu sehn, und versprach ihm, mir zu zeigen,
daß ihn nichts mehr von mir entferne. Hintzenstern
kam ganz außer sich vor Freude angelaufen, und da
ich nicht zu Hause war, erzählte er Luisen, wie gut sich
Goethe gezeigt und geäußert habe. So verging wieder
eine Zeit von 8 Tagen: endlich am letzten Mittwoch
ließ Goethe mich und Luise zu Tisch bitten. Es war
sonst niemand geladen, und er ließ es sich recht sichtbar

angelegen sein, mir auf jede Weise auf's deutlichste
zu zeigen, daß keine Spur der alten Mißstimmung und
Entfremdung in ihm übrig sei. Die drei Stunden, die
wir mit ihm zubrachten, waren mir freilich in mancher
Rücksicht peinlich; es war mir alles so fremd und neu
und unerwartet: aber es ist auch wieder ein gar süßes
Gefühl, sich von einem immerwährend bewunderten und
verehrten Manne nach so langer Zwischenzeit nicht
mehr verkannt zu sehn, zu sehn, wie der einzig verehrte
Mann es sich selbst angelegen sein läßt, jede Spur
natürlicher Scheu durch Freundlichkeit und Milde und
Hervorsuchen solcher Dinge, die mir die nächsten, liebsten
sein mußten, wegzutilgen. So zähl ich diese drei
Stunden auch wieder den schönsten meines Lebens bei.
Ich kehrte heitrer, als ich gehofft hatte, recht innerlich
befriedigt und in schöner Genüge wieder heim, nun
auch der ganzen Zwischenzeit, obgleich sie mir erst jetzt
recht dumpf und bänglich erscheint, nicht mehr zürnend.
Gestern Nachmittag bin ich wieder allein bei ihm ge=
wesen und habe ihm meinen Persius gebracht, von dem
ich ihm schon am Mittwoch allerlei hatte sagen und
erzählen müssen. Er sprach ganz herrlich über das
Alterthum: es wird in seinem Munde jedes Wort so
bedeutend, und was er sagt, ist so unaussprechlich wahr,
daß man es selbst schon, nur nicht so klar, gedacht zu
haben glaubt. Aber, lieber Voß, da schreib ich Ihnen
im Strom der Freude lauter Sachen hin, die Sie eben
so gut und besser wie ich wissen. Morgen geht Goethe

nach Jena auf eine ganze Zeit; aber er hat mir selbst
den Anlaß und die Erlaubniß gegeben, ihm dorthin zu
schreiben, und in den Osterferien marschir ich selbst
nach Jena, und seh ihn dort wieder, und den alten
biedern, energischen Knebel, der mir herzlich wohl will.

468.
1810, 5. Mai.
Mit Riemer.

Die Humanität sei jetzt gegen die Despotie zu
richten, wie sonst gegen die Barbaren; das Soldaten=
leben annehmlich zu schildern, und so daß der Soldat
fühle: das Unglück nur werde ihm befohlen; wo er
allein stehe, müsse er als Mensch handeln.

469.
1810, 12. Mai.
Mit Riemer.

Goethe äußerte: „Die Menschen sind wie das rothe
Meer; der Stab hat sie kaum auseinander gehalten,
gleich hinterher fließen sie wieder zusammen."

470.
1810, vor 16. Mai.
Mit Knebel.

Das Verdienst der schönen menschlichen Rede, wie
mir Goethe jüngst sehr schön darthat, übertrifft weit

das des Gesanges. Es ist ihm nicht zu vergleichen;
seine Abwechslungen und Mannigfaltigkeiten sind für
das Gemüth unzählig. Ja, der Gesang selbst muß
auf die simple Sprache zurückkehren, wenn er höchst
bedeutungsvoll und rührend werden soll; dies haben
auch schon alle große Componisten bemerkt.

471

1810, 18. Mai.

Mit Riemer.

Auf dem Wege von Hof nach Franzensbrunn be-
sprachen wir Heroische-, Reise-, Liebes-Motive und
Charakteristische, einen gewissen Zustand bezeichnende;
sodann in Bezug auf seine noch abzufassende Biographie
folgendes: „Es giebt eine ironische Ansicht des Lebens
im höheren Sinne, wodurch die Biographie sich über
das Leben erhebt, eine superstitiose Ansicht, wodurch
sie sich wieder gegen das Leben zurückzieht. — Auf
jene Weise wird dem Verstand und der Vernunft, auf
diese der Sinnlichkeit und Phantasie geschmeichelt, und
es muß zuletzt, wohlbehandelt, eine befriedigende Totalität hervortreten.“

472.

1810, 27. Mai.

Mit Riemer.

Goethe bemerkte: „Ein deutscher Autor, besonders
ein theatralischer, soll alles um Gottes willen thun; das
bodenloseste Handwerk von der Welt.“

473.

1810, Mai oder später (?).

Mit Riemer.

a.

Metamorphose. „Der Grund von allem ist phy=
siologisch. — Es giebt ein physiologisch Pathologisches,
z. B. in allen Übergängen der organischen Natur, die
aus einer Stufe der Metamorphose in die andre tritt.
Diese ist wohl zu unterscheiden vom eigentlichen mor=
bosen Zustande. Wirkung des Äußern bringt Retar=
dationen hervor, welche oft pathologisch im ersten Sinne
sind. Sie können aber auch jenen morbosen Zustand
hervorbringen und durch eine umgekehrte Reihe von
Metamorphosen das Wesen umbringen."

b.

„Jeder, der eine Confession schreibt, ist in einem
gefährlichen Falle, lamentabel zu werden, weil man
nur das Morbose, das Sündige, bekennt und niemals
seine Tugenden berichten soll. — Das Übel macht eine
Geschichte und das Gute keine."

474.

1810, 21. Juni.

Mit Riemer.

„Der Mensch kommt moraliter ebenso nackt auf
die Welt als physice, obgleich später in diesem Sinne.

Daher ist er (seine Seele) in der Jugend so empfind=
lich gegen die äußere Witterung, ob er sich gleich nach
und nach daran bis auf einen gewissen Grad gewöhnt.

475.

1810, 26. Juni.

Mit Riemer.

„Alles Leiden hat etwas Göttliches; denn insofern
es Leiden ist, muß es noch ertragen werden können,
obgleich schwer und mit Mühe. Für eine Natur, die
darunter erliegt oder es gar nicht fühlt, ist es kein
Leiden mehr."

476.

1810, 27. Juni.

Mit Riemer.

„Man hört so oft über weitverbreitete Immoralität
in unserer Zeit klagen, und doch wüßte ich nicht, daß
irgend Einer, der Lust hätte, moralisch zu sein, verhin=
dert würde, es nur um so mehr und mit destomehr
Ehre zu sein."

477.

1810, Juli.

Mit Körner.

Mit Goethen habe ich in Karlsbad über Schiller's
Werke gesprochen. Ich fand bei ihm zwar Wärme für

Schiller, aber keine Neigung, sich mit der Herausgabe
der Werke zu befassen. Auch zur Fortsetzung des
„Demetrius" schien er keine Lust zu haben: es wären,
meinte er, noch nicht zwei Acte fertig, also über die
Hälfte noch zu machen. Auf meinen Vorschlag, daß
ich bei der Herausgabe der Werke alles Mühsame be-
sorgen wolle und er nur die Direction des Ganzen
übernehmen möchte, erwiederte er, daß dies sehr thun-
lich sein würde, wenn wir an Einem Orte wohnten,
aber durch Briefe lasse es sich nicht machen. Weiter
bin ich nicht mit ihm gekommen und habe mir bloß
vorbehalten, ihm noch den Plan zur Billigung vorzulegen. Den Aufsatz über Schiller's schriftstellerische
Eigenthümlichkeit lehnte er unter der Äußerung ab,
daß ihn dies zu weit führen und zu viel Zeit kosten
würde, die er jetzt zu mehreren angestrengten Arbeiten
nöthig habe.

478.

1810, 2. Juli.

Mit Riemer.

Goethe äußerte: „Die Weiber möchten auf der einen
Seite lieben und auf der andern geliebt werden und
so beide Pole ihres Magneten beschäftigen. Wir wissen
es; sie thun es unbewußt."

479.

1810, 3. Juli.

Mit Riemer.

Abends nach Tische. Nihil contra Deum. nisi Deus ipse.

Ein herrliches Dictum, von unendlicher Anwendung. Gott begegnet sich immer selbst; Gott im Menschen sich selbst wieder im Menschen. Daher keiner Ursache hat, sich gegen den größten gering zu achten. Denn wenn der größte ins Wasser fällt und nicht schwimmen kann, so zieht ihn der ärmste Hallore heraus. — Napoleon, der den ganzen Continent erobert, findet es nicht unter sich, sich mit einem Deutschen über die Poesie und die tragische Kunst zu unterhalten, einen artis peritum zu consultiren. — So göttlich ist die Welt eingerichtet, daß jeder an seiner Stelle, an seinem Ort, zu seiner Zeit alles übrige gleichwägt (balancirt).

480.

1810, 6. Juli.

Bei Körners.

[Riemer] Abends zu Körners, die Zelter'sche noch un= gedruckte Melodien vortrugen. Wo Goethe war.

„Vergnügungen (Bälle, Concerte ꝛc.) zum Besten der Armen kommen mir vor wie eine Ökonomie, wo man mit dem Abgange des Eßbaren noch die Schweine füttert."

481.

1810, 11. Juli.

Mit Riemer.

Abends besuchte mich Goethe.

„Lieben heißt leiden. Man kann sich nur ge=
zwungen (natura) dazu entschließen, d. h. man muß es
nur, man will es nicht.

In der Jugend und Liebe macht man die frais von
allem und hält die Weiber frei in Witz, Geist und
Liebenswürdigkeit."

482.

1810, 13. Juli.

Mit Riemer.

a.

Über die doppelte Art von Übersetzungen der Alten
und Neuen; die freien nach dem Genius und Bedürfniß
des Volks, für das übersetzt wird, und die getreuen
nach dem Genius des Volks, aus dessen Sprache über=
setzt wird. — „Nicht alle Menschen sollen wie Frauen
und Kinder tractirt werden."

b.

„Wenn das Publikum ein gutes Stück zwanzigmal
wiederholt sehen möchte, so würde der Autor nicht ge=
nöthigt sein, sich in zwanzig neuen Stücken zu wieder=
holen."

483.

1810, Juli (?).

Mit Riemer.

a.

(Unser größter Poet habe nur Geschmack, behauptete
Jemand.) —

„Geschmack ist überhaupt der Charakter des neuesten
Zeitraums — ich möchte es nicht ableugnen, so wenig
wie bei Raphael: denn dieser braucht früher erfundene
Motive als die rechten und wahren, aber mit dem
höchsten Geschmack, und statt des Religiösen (doch nur
des positiv Religiösen) hat er die Weisheit oder die
Einsicht in Welt und Menschheit, und wenn er Er=
findung hat, so hat er sie auf dieser Seite, d. h. Ent=
deckung."

b.

„Nur das Kunstwerk regt die Betrachtung auf; der
historische Fall, wenn er gegenwärtig ist, oder die That,
nur Haß und Liebe, Abneigung und Zuneigung, Bei=
fall und Tadel. Erst im Spiegel der Kunst kommen
wir zu einer ruhigen Betrachtung und zu einer Nutz=
anwendung."

c.

„Predigt der Dichter die Moral, so ist er noch
schlimmer dran als der Prediger, weil er blos zu einem
didaktischen Behuf eine Fabel erfinden müßte oder ein=
kleiden."

d.

„Die Menschen sind nur so lange productiv in Poesie und Kunst, als sie noch religiös sind; dann werden sie blos nachahmend und wiederholend; wie wir auf das Alterthum, dessen Monumente alle Glaubenssachen waren und von uns nur aus und um Phantasterei und phantastisch nachgemacht werden."

e.

Äußerungen Goethes: „Der Dilettantismus negirt den Meister." „Die Meisterschaft gilt für Egoismus."

484.

1810, 28. Juli.

Mit Riemer.

Mittags mit Goethe allein. Über Voltaire. Über die Methode, wie er die Tonlehre abhandeln will, vom Ohr und der Kehle als Subjectivem ausgehend.

485.

1810, 29. Juli.

Mit Riemer.

„Methode· ist das, was dem Subject angehört, denn das Object ist ja bekannt. Methode läßt sich nicht überliefern. Es muß ein Individuum sich finden, dem die gleiche Methode Bedürfniß ist. Eigentlich haben

21*

nur Dichter und Künstler Methode, indem ihnen daran
liegt, mit etwas fertig zu werden und es vor sich hin-
zustellen."

486.

1810, 5. August.

Mit Riemer.

„Der Mensch kann nicht lange im bewußten Zustande oder im Bewußtsein verharren; er muß sich
wieder in's Unbewußtsein flüchten, denn darin lebt seine
Wurzel."

487.

1810, 9. August.

Mit Riemer.

„Gott nur ist moralisch, kein Mensch ist es vis à vis
von sich; man ist es nur gegen Andere, denn Niemand
kann sich selbst subordiniren. Gott erzeigt uns die
Ehre, uns für Etwas gelten zu lassen, und nur im
Fall der höchsten Noth sich der Subordinirung zu ent-
ziehen, um sich selbst zu erhalten."

488.

1810, 13. August.

Mit Riemer.

a.

„Es kommt mir nichts so theuer vor, als das, wofür ich mich selbst hingeben muß."

b.

„Die Eitelkeit ist ohngefähr das, was beim Essen
der gute Appetit ist: das Wohlschmecken, das Innie=
werden des Genusses. Ohne diesen frißt man sich nur
voll wie das Thier.“

489.

1810, August.

Mit Riemer.

a.

„Die ganze Welt ist voll armer Teufel, denen mehr
oder weniger — angst ist. Andere, die den Zustand
kennen, sehen geduldig zu, wie sie sich dabei geberden.
Es sagt keiner dem andern: das und das ist dein Zu=
stand, und so mußt du's machen.“ „Es verräth keiner
dem andern die Handgriffe einer Kunst oder eines
Handwerks, geschweige denn die vom Leben.“ „Hand=
griff ist ein Compendium, d. h. mit dem wenigsten
Aufwand das Zweckmäßige, das Beabsichtigte zu leisten
ist der kürzeste Weg, die gerade Linie zum Rechten,
zum Effect.“

b.

„Die Weiber wissen niemals, worüber eigentlich die
Männer sich nicht vertragen können. Weil sie eben
wie die Juden kein Point d'honneur haben und zuletzt
immer noch transigiren.“

„Wenn die Weiber Hypochonder sind, so werden sie

immer nur die Objecte schelten, niemals sich. Ein Mann hingegen kann mit sich selbst unzufrieden sein und die Objecte zu sehr erheben."

490.
1810, 26. August.
Mit Riemer.

„Frau v. Eybenberg ist umringt von Verehrern und trägt diese dafür auf den Händen."

491.
1810, 28. August.
Mit Riemer.

„Das egoistische Zeitalter kennt keine Ehre; denn die Ehre braucht andere Leute, die sie doch voraussetzt, der Egoist setzt nur sich."

492.
1810, 30. August.
Mit Riemer.

Bei Goethe. Bemerkte er: „Die Neigung zu einer Sache, das ist ja eben der Sinn dafür."

493.
1810, 1. September.
Mit Riemer.

„Eigentlich ist es nur des Menschen, gerecht zu sein und Gerechtigkeit zu üben, denn die Götter lassen alle

gewähren, ihre Sonne scheinen über Gerechte und Un=
gerechte; der Mensch allein geht nach Würdigkeit, nach
Verdienst aus. Es soll Niemand genießen was besser
ist als er; er muß erst desselben werth, d. h. ihm
gleich sein."

494.

1810, 6. September.

Mittag in Teplitz.

Goethe über Tisch sehr treffende Bonmots.

„Wer die Weiber haßt, ist im Grunde galanter
gegen sie, als wer sie liebt: denn jener hält sie für
unüberwindlich, dieser hofft noch mit ihnen fertig zu
werden."

„Wenn ich die Weiber von Eitelkeit reden und sie
sich oder uns vorwerfen höre, so möchte ich immer
ausrufen: Vater, vergieb ihnen, sie wissen nicht was
sie thun."

495.

1810, 13. September.

Mit Riemer.

Friedrich's Gemälde in Dresden waren es, welche
Goethe zu folgender Reflexion veranlaßten: „Die
Menschen halten sich mit ihren Neigungen an's Leben=
dige. Die Jugend bildet sich wieder an der Jugend.
— Die Claude's sind durch die in Italien reisenden

Engländer wieder herangebracht und der Sinn dafür
auf kurze Zeit geweckt worden."

496.

1810, 17. September.

Auf der Galerie in Dresden.

Eines Morgens, während ich [Luise Seidler] auf der
Galerie arbeitete, erscholl die Kunde: Er ist da! Er ist
auf der Galerie! „Ich habe ihn gesehen!" rief From=
mann, „ich habe ihn gesprochen; er ist in bester Laune."
Die Schwägerin [Betty Wesselhöft] meinte: „„Ich weiß
nicht, ob es nöthig ist, ihm entgegenzugehen? Ich
denke, wir warten ihn hier ab."" Diese Meinung
drang durch. Aber als die imponirende Gestalt des
Dichterfürsten . . . . am äußersten Ende der Galerie
sichtbar wurde, da flog sie ihm doch schnell entgegen.

Ich blieb allein, überrascht, verdutzt zurück. In
kindischer Verlegenheit darüber, daß mir der Moment
entschlüpft war, ihn auch sogleich zu begrüßen, flüchtete
ich mich in eine Fenstervertiefung. Hier hörte ich, wie
Goethe näher kam und an meiner Staffelei stehen blieb.
„Das ist ja eine allerliebste Arbeit, diese heilige Cäcilia
nach Carlo Dolce!" hörte ich ihn sagen; „wer hat sie
gemacht?" Man nannte ihm meinen Namen. Als er
ihn erfahren hatte, schaute er um die Ecke und sah
mich in meinem Versteck stehen. Ich fühlte das Blut
in meine Wangen steigen, als er mir liebreich die Hand

bot. In väterlich-wohlwollendem Tone drückte er seine Freude aus, mir hier zu begegnen und ein Talent, von welchem er früher nie etwas gewußt, an mir zu finden. „Wo wohnen Sie, mein Kind?“ fragte er weiter. „„In der Ostraallee neben dem botanischen Garten,““ erwiederte ich. „Da werde ich Sie besuchen: wir wollen zusammen den botanischen Garten besehen und diese herrlichen Augustabende recht genießen. Auch kann ich Ihnen noch manches zeigen: es giebt Privatsammlungen hier, die Sie gewiß noch nicht kennen. Nur wünschte ich nicht, daß davon gesprochen wird,“ fügte er hinzu...

497.

1810, 18. bis 24. September.

Mit Luise Seidler.

Als meine Nachbarin bemerkte, daß Goethe später oft in der Galerie auf- und niederwandelte und mit mir über Gemälde sprach, bat sie mich, ihn gelegentlich über die Bedeutung einer Schnecke zu fragen, welche im Vordergrunde einer .... „„Verkündigung““ von Mantegna angebracht war. Ich benutzte einen günstigen Augenblick dazu, als der Dichter am nächsten Morgen wie gewöhnlich die Galerie besuchte. „Diese Schnecke ist ein Zierrath, meine Freundin, welchen die Laune des Malers hier angebracht hat. (Ich hole Sie heute mit dem Wagen ab, wir fahren zusammen spazieren!)“ flüsterte er mir dazwischen in aller Schnelligkeit zu;

dann fuhr er in seinem vorigen Tone fort: „Die Maler haben oft solche Phantasien und Einfälle, denen nicht immer eine tiefere Beziehung zum Grunde liegt." Er beendete nun seine Belehrung, als sei jene Einschaltung gar nicht gemacht worden.

Gegen Abend kam wirklich der Wagen; Goethe und Seebeck saßen darin; wir fuhren an dem herrlichen Augustabend durch Dresdens reizende Umgegend. So geschah es mehrmals; ich erlebte köstlichste Stunden....

Goethes Abschied von Dresden wurde mir erleichtert durch seine Einladung, ihn im Winter in seinem Hause zu besuchen. Er wollte mir erlauben, ihn zu malen, um mich dadurch als Portraitmalerin bekannt zu machen. Auch wünschte er, daß ich ihm meine Arbeiten zuschicke, damit er sie den Weimarischen Fürstlichkeiten zeige.

498.

1810, 18. September.

Bei Körners.

Goethe war auch in Karlsbad und ich [Emma Körner] war äußerst begierig, ihn nach mehreren Jahren wieder zu sehen; die erste Zusammenkunft mit ihm entzückte mich indessen nicht, da er immer etwas steifes hat, ehe man genauer mit ihm bekannt wird, und obgleich er meine Eltern nun doch schon so lange kennt, konnten wir es doch während unsers ganzen Aufenthalts in Karlsbad nicht dahin bringen, mit ihm auf

einen zutraulichern Ton zu kommen, aber bei einem
Aufenthalt von 14 Tagen, den er nach vollendeter
Badecur in Dresden machte, hat er uns reichlich für
diese Förmlichkeit entschädigt, indem er ein ganz andrer
Mensch war, als wir ihn früher gesehn, und seine Art,
sich über so manche Gegenstände mitzutheilen, uns unendlichen Genuß gewährt hat. Er nimmt großes
Interesse an Musik, und unsre kleine Singakademie
machte ihm sehr viel Freude. Dresden hat ihm so
wohl gefallen, daß er uns versprochen, künftiges Jahr
wieder hier durchzugehn und dann einen längern Aufenthalt zu machen: er hatte uns auch eingeladen, ihn
diesen Winter in Weimar zu besuchen, was aber bei
den Vater seinen Geschäften leider ganz unmöglich ist.

499.

1810, September.

Mit Riemer.

„Jedes Kunstwerk motivirt nur durch causas proxi-
mas, nicht durch remotas oder remotissimas, weil es
sich isoliren muß. Das Motiviren, das ins Detail geht,
haben die Engländer aufgebracht."

500.

1810, 27. (?) September.

Mit Samuel Gottlob Frisch.

Chevenix behauptete, die Cryptognosie sei in Frei-
berg nur als Kunst betrieben worden. Fast mit ihm

übereinstimmend äußerte sich Goethe gegen den Ver=
fasser dieser Schrift . . . . . „Werner's Oryktognosie,"
sagte er, „ist mehr eine Kunst, als eine Wissenschaft,
wird von ihm mehr nach einem feinen Tact geübt, als
durch Belehrung auf andere übergetragen."

501.

1810, 1. October.

Mit Riemer.

„Der Unterschied zwischen alter und neuer Kunst
ist kein solcher, wie ihn die Herren Unterscheider von
Antik und Romantisch machen, sondern die neue Kunst
ist nur eine limitirte alte, eines Unzulänglichen in
Form und Stoff. Hier tritt die Sehnsucht ein statt
der Befriedigung. Auf die Befriedigung kann jedoch
eine neue Sehnsucht (nach der Fortdauer, Wiederkehr ꝛc.)
eintreten, aber die Sehnsucht nach dem Genuß ist ein
Anderes als die ohne allen Genuß."

502.

1810, 2. October.

Mit Knebel.

Ich schrieb kaum gestern diese letzte Zeile, als Goethe
mit lautem Geräusch meine Treppe heraufkam und zu
mir hereintrat. Er kommt mit frischem Geist und
Muth und hat mancherlei Neues gesehen. Gerne er=

zählte er von der Österreichischen Kaiserin, wie sie lieb=
lich sei, wohlunterrichtet, durchaus ohne Leidenschaft,
aber voll gutem Geist, jedem nach seiner Art ihr Wohl=
wollen zu bezeugen, und immer heiter im Geiste und
voll Gunst gegen jedermann. Sie habe zwei Lehrer
gehabt, die sie vorzüglich wohl unterrichtet hätten und
ihr die Geschichte und andre Wissenschaften als Schul=
unterricht gaben, wovon sie sich viele Hefte mit Fleiß
aufgehoben. In der Geschichte sei sie durchaus be=
wandert, und über Montesquieu und andere Schriften
spräche sie, als wenn sie solche gestern gelesen hätte
und raisonnirte selbst nach ihrer kaiserlichen Art sehr
wohl darüber. Von des Königs in Holland gutem
Verstand, großer Unterrichtung und menschenfreund=
lichem Wesen erzählten sie [so!] mir nur weniges, weil
Goethe sogleich wieder nach Weimar abfuhr. Ich hatte
gestern vielen Besuch von denen, die Goethe nur einen
Augenblick sprechen wollten und unter andern von dem
Schuldirector Niethammer aus München, der ein feiner
Mann ist und dessen Nachrichten von den bayerischen
Unterrichtsanstalten denen, die Goethe von der jetzt in
Böhmen aufblühenden Cultur uns gab, so schnurstracks
zuwiderliefen. Dieser erzählte nämlich, daß man in
Böhmen und vorzüglich in Prag sich sehr zu cultiviren
anfange und dies vorzüglich durch Anstiften einiger
Privatpersonen von Vermögen. Diese hätten unter
anderm eine große Zeichenschule in Prag gestiftet, die
ausgebreiteten Nutzen verschaffe; aber auch alle Wissen=

schaften und feinern Künste fingen an, daselbst empor=
zukommen, und sie hätten einige ganz vorzügliche
Menschen hiezu, worunter er unter andern einen jungen
Mann Bolzano nannte, dessen Bekanntschaft er in
Karlsbad gemacht, und der eben jetzt ein kleines Werkchen
von sehr vorzüglichem Werthe und Geist herausgegeben
habe. Das macht doch Freude! — Goethe denkt etwa
in vierzehn Tagen wieder hier zu sein, um dann
länger zu verbleiben. — In Dresden war er sehr
vergnügt und beschäftigte sich sehr mit den dortigen
Schätzen der Kunst. Auch die Gegend hat viel An=
nehmliches.

503.

1810, October.

Über Böttiger.

Die Großfürstin [Maria Paulowna] fragt ihn
[Goethe] über seinen Aufenthalt in Dresden und setzt
hinzu: „Da werden Sie ja wohl auch Ihren Freund
Böttiger" (sie ahndete nichts Arges) „gesehen haben."
„„Nein!"" antwortete Goethe mit stolz zurückgeworfnem
Kopf, „„er hat sich wohl inacht genommen, mir unter
das Auge zu treten."" Ich [Böttiger] weiß dies von
jemand, der bei dieser Unterredung gegenwärtig war.

504.

1810, 23. October.

Mit Riemer.

Äußerung Goethes: „Doppelte Ansicht der littera=
rischen Productionen, moralisch und ästhetisch, nach
ihren Wirkungen, und nach ihrem Kunstwerth. Gewirkt
hat das schlechteste Werk so gut als das beste, der
Werther, der Siegwart, der Messias, Geßners Idyllen,
der schlechteste Roman wie der beste; aber sie sind nicht
alle — Kunstwerke."

505.

1810, 26. October und vorher.

Mit Charlotte v. Schiller u. a.

Der Meister [Goethe] ist gar galant und freundlich
und ich freue mich, daß die Großfürstin sich mit ihm
viel unterhält. Sie hat auch eine Freude jetzt, sich
über Kunst mitzutheilen, über Geschichte, und wir haben
einige recht schöne Abende erlebt.

Am 26. October, wo großer Ball war und der
Meister mit seinem Sohn erschien (der Kammerassessor
geworden), entstand eine höchst komische Situation. . . .
Man meldete seinen Wagen vor dem Souper und ich
nahm seine Einladung an, mit nach Hause zu fahren.
Als wir auf die Treppe kommen, sagte er, ich möchte
verzeihen, wenn er langsam ginge; denn er habe seit
Mittags Schmerzen von neuen Schuhen, die er sich in

Dresden habe machen lassen. Daß er gerade mich er=
wählte, mit ihm nach Hause zu fahren, die auch an
demselben Übel durch Pariser Schuhe litt, war aber
recht lustig, und wir haben recht darüber gelacht.

506.

1810, 31. October.

Mit Riemer.

Als ich Goethe zur Fortsetzung der Pandora er=
munterte, sagte er: Wenn er seine Schätze heben wolle,
so versänken sie immer wieder zurück und er sähe die
glühenden Kohlen gar nicht mehr, die sich ihm ver=
löschten.

507

1810, 5. November.

Mit Riemer.

Aus einem Gespräch mit Goethe. Tyrannentödter
in der deutschen Literatur, zu einer Zeit, wo es gar
keine Tyrannen gab, wo unter die Fürsten das Be=
streben nach Humanität gekommen war. — Aus der
Wäßrigkeit und Breite ging man zuerst zur Concinni=
tät (Gedrängtheit) über. Ramler, Haller. Lessing war
zuerst noch weitschweifig. Diese Schritte gegen sich
selbst machte auch Goethe; nur ist aus dieser Periode
wenig von ihm übrig; bloß die Lieder bei Breitkopf,
die Laune des Verliebten und die Mitschuldigen.

Nach dieser Syſtole war er der erſte, der ſich wieder diaſtoliſirte im Götz ꝛc.

508.

1810, 10. November.

Mit Falt.

Es war am 10. November 1810, als Goethe nicht längſt von Teplitz zurückgekommen war. Folgende nähere Umſtände über ſeinen dortigen Aufenthalt habe ich damals wörtlich, wie er ſie mir mittheilte, nieder= geſchrieben.

Er wohnte daſelbſt in dem nämlichen Hauſe, wo ſich auch der König von Holland einmiethete. Goethe wollte ſogleich ausziehen und die ganze Etage räumen, der König aber litt es nicht, ſondern erklärte, daß er auf keinen Fall Gebrauch davon machen würde.

Goethes Urtheil über den König von Holland, den er von nun an zum öftern ſah, und mit dem er, nur durch die Thür eines Schlafzimmers von ihm getrennt, eine Zeitlang in Teplitz zubrachte, bin ich im Stande, da ich dies noch an demſelben Abende ſchreibe, aus treuem Gedächtniß wiederzugeben.

„Ludwig,“ ſagte Goethe, „iſt die geborene Güte und Leutſeligkeit, ſowie ſein Bruder Napoleon die ge= borene Macht und Gewalt iſt. Sonderbar überhaupt ſind die Eigenſchaften unter dieſen Brüdern gemiſcht und vertheilt, die doch als Zweige einer und derſelben Familie angehören. Lucian z. B. verſchmähte ein

Königreich und beschäftigte sich zu Rom mit der Kunst.
Mit dem sanften Ludwig scheint die Niederlegung eines
zweiten Königreiches in so stürmischen Zeiten, wie die
unsrigen, geboren zu sein. Milde und Herzensgüte be=
zeichnen jeden seiner Schritte. Sonach ist es keines=
wegs Eigensinn, wie man gemeint hat, der ihn zu
dieser auffallenden Handlung, seinem Bruder gegenüber,
verleitete; im Gegentheil ist Ludwig einer der sanft=
müthigsten, friedfertigsten Charaktere, die ich im Laufe
meines Lebens kennen lernte; nur, was freilich eben
daraus folgt, daß ihn alles Ungerechte, Ungesetzmäßige,
Unbarmherzige in tiefster Seele verletzt und ihm gleich=
sam von Natur zuwider ist. Irgend ein Thier gequält,
ein Pferd gemißhandelt, oder ein Kind leiden zu sehen,
erträgt er nicht; man sieht es seinen Geberden, seinem
ganzen Benehmen in solchen Lagen an, es empört sein
Inneres; es macht ihn unglücklich, wenn in seiner
Gegenwart etwas Rohes geschieht, ja, wenn er auch
nur davon erzählen hört. Vorfallende Unschicklichkeiten
in Beziehung auf seine Person vergiebt er weit leichter.
Eine schöne Seele, eine überall ruhige Fassung des
Gemüthes, im Hintergrunde Gott ohne die geringste
religiöse Schwärmerei — das sind die ersten, die wesent=
lichsten Grundzüge zu Ludwigs Charakter, die dabei
zugleich einen Theil eines ganz unverfälschten Wesens
ausmachen, das nicht etwa anerzogen, angelernt, sondern
dieser schönen Natur ganz eigenthümlich ist. Wie ein
glänzender Silberfaden zieht sich die Religion durch alle

seine Gespräche und Urtheile; sie erheitert gleichsam
den dunkeln Grund seiner oft etwas schwermüthigen
Lebensbetrachtung. Was irgend in der Weltgeschichte
sein schönes sittliches Wesen schmerzlich berührt, erhält
sogleich eine sanfte Abweisung. Er verwirft daraus
alles, was nach seinem Gefühle nicht recht und wider
die göttliche Vorschrift ist. Hieraus entsteht nothwendig
die Beschränkung seines Urtheils in manchem Stücke, die
aber durch die Ruhe eines schönen Gemüthes unter
allen noch so trübseligen Umständen reichlich aufge=
wogen wird. Die Zeit ist nach seiner Meinung heftig
verworren und sehr böse, aber daraus folgt keineswegs,
daß sie immer so bleiben werde. Man darf in seiner
Gegenwart keine Maxime aussprechen, die irgend einer
seiner christlich moralischen Ansichten zuwiderlautet oder
sie gar aufhebt, sonst wird er still, wortkarg, oder
wendet sich, jedoch ohne Streit und Widerspruch, aus
dem Gespräche. Als er nach Teplitz kam, fühlte er
sich so schwach, daß man ihn führen mußte; in der
Folge ging es aber besser. Wie es einem so zart
und empfindlich gestimmten Wesen gelingen konnte,
den schweren Kampf zwischen Holland und seinem
eisernen Bruder durchzukämpfen, ohne daß das Gewebe
seiner Nerven zerriß und er selber zugrunde ging, ist
mir noch immer ein Räthsel. Es ist bewundernswürdig,
daß die Macht der Idee ihn so über den widerwärtigen
Umständen emporgehalten hat. Was er als Oberhaupt
einer berühmten Nation dieser, was er sich selbst schuldig

22*

zu sein glaubte, nachdem er sich dessen einmal als
König von Holland bewußt geworden war, verfolgte er
auch gegen Frankreich und gegen seinen Bruder mit
demjenigen strengen und sittlichen Ernste, der seiner
Natur eigen ist. Von dem Augenblicke an, wo Napoleon von der Schelde, von dem Rheine, von der Maaß
nur noch wie von den Adern des großen französischen
Staatskörpers sprach und das Blut, was die tapfern
Vorfahren unter Philipp dem Zweiten, um Holländer
zu sein, so heldenmüthig verspritzt hatten, gar nicht
weiter in Anschlag brachte, blieb ihm nichts anderes
übrig, als einen Thron zu verlassen, den er nicht länger
glaubte auch nur mit einiger Würde behaupten zu
können. Es ist dieses sonach kein Schritt, der, um
Aufsehen zu erregen, von ihm gethan wurde, sondern
alles, was in dieser Sache öffentlich geschehen ist, geht
vielmehr aus der innersten Überzeugung eines Wesens
hervor, dem die Ruhe und der Friede eines guten Ge-
wissens das schätzbarste Kleinod auf Erden sind und
mehr als der Besitz eines Thrones gelten. Hiezu kommt
noch eine äußerst liebliche Erscheinung, die besonders
seinem Umgange eine große Annehmlichkeit ertheilt. Man
bemerkt nämlich weder Philosophie, noch Grundsätze, noch
irgend etwas dergleichen in seiner Unterhaltung, was
von irgend einer Seite scharf und verletzend für die
anders Gesinnten hervortritt; es ist vielmehr die reine,
gütige Natur selbst, die vor uns steht und, ihren ange-
borenen sanften Trieben gemäß, heitere Geständnisse

ablegt. Grundsätze haben noch Logik und lassen Streit,
Zweifel und Auslegungen zu, das echte Gewissen aber
kennt blos Gefühle und geht geradewegs auf den Gegen=
stand zu, den es liebend zu umfassen gedenkt und, wenn
es ihn umfaßt, auch nie wieder losläßt. Wie die un=
schuldige Herde auf der Wiese diejenigen Blumen und
Kräuter, welche ihr der Instinkt als giftige ankündigt,
oder als schädlich verbietet, nicht mit Füßen zerstampft,
oder sie voll Unmuth und Ingrimm zerstört, sondern
ruhig stehen läßt, weitergeht und blos das nimmt, was
ihr eigentlich zur Nahrung dient und ihrer sanften,
friedfertigen Natur gemäß ist, ebenso betrachte ich die
Neigungen und Abneigungen einer wahrhaft sittlich
schönen Natur, vor welcher alle jene in Schulen ange=
lernte Künste nothwendig beschämt in den Hintergrund
zurücktreten müssen.

Ich kann sagen, daß, wo ich in meinem Leben das
Glück hatte, einer solchen wahrhaft sittlichen Er=
scheinung zu begegnen, sie mich ausnehmend anzog
und erbaute, wie ich denn auch in dieser Zeit meinen
Freunden in Teplitz sehr oft zu sagen pflegte: man
verläßt den König von Holland nie, ohne daß man sich
besser fühlt. Mit großer Seelenerhebung gestand ich
es mir selbst, wenn ich ihn so ein paar Stunden ge=
sehen und gehört hatte: wenn dieses anmuthig zarte
und beinahe frauenhaft entwickelte Wesen in so großen,
ungeheuern Weltverhältnissen das konnte, solltest du
als Privatmann in beschränkten Kreisen nicht dasselbe

leisten können, oder wenigstens Muth und Fassung aus
seinem Beispiel zu schöpfen im Stande sein? Es läßt
sich schon ahnen, daß ein aller sittlichen Anerkennungen
so fähiges und schönes Gemüth auch vor dem Charakter
aller nordischen Völker und ihres Thuns und Lassens
eine gleichsam angeborene Ehrfurcht in sich trägt, daher
zeigen sich im Könige von Holland stille Anneigungen
zu Preußen und Sachsen. Man möchte wohl mit dem
Schicksale rechten, wofern nicht andere und tiefere Pläne
desselben im Hintergrunde der Zeit liegen, die wir nicht
zu errathen im Stande sind, daß es gerade seinen
Bruder und nicht ihn zum Könige von Westfalen machte.

Ernst mit Sitte verbunden, beide ohne die geringste
Strenge, Frömmigkeit ohne allen Stolz und Dünkel,
ohne irgend eine trübe Beimischung von Furcht und
Aberglauben, grundredlich und grundgütig zugleich —
sollte man nicht glauben, daß dieser Charakter gänzlich
dazu geeignet war, mit Allem, was der deutsche Charak=
ter Vortreffliches oder Schätzenswerthes an sich trägt,
eine innige Verbindung, ja Durchdringung einzugehen?
Aber auch in solchem an sich so erwünschten Falle
würde schwerlich so viele angeborene Herzensgüte,
wenigstens auf keine Weise mit Beibehaltung von
Ludwigs Verhältniß zur französischen Nation, sich auf
die Länge frei und selbständig behauptet haben, und es
würde nur allzubald wiederum ebenso wie in Holland
gegangen sein. Sein Reich ist nicht von dieser Welt
und noch weniger von dieser Zeit. —

In den Umgebungen des Königs begegnete ich einem
Doctor, dessen Ansichten oft etwas schroff, um nicht zu
sagen katholisch beschränkt waren. Er sprach sogar
manchmal von der allein seligmachenden katholischen
Kirche, was aber der König im Gespräche nie aufnahm,
der, wie gesagt, ebenso mild als ernst und menschlich
in seinen Ansichten, sich keiner Einseitigkeit hingab. Ich
suchte meine Fassung in solchen Fällen so viel nur
immer möglich beizubehalten; einmal aber, da er wieder
einige fast capuzinermäßige Tiraden, wie sie jetzt gäng
und gäbe sind, über die Gefährlichkeit der Bücher und
des Buchhandels vorbrachte, konnte ich nicht umhin,
ihm mit der Behauptung zu dienen: das gefährlichste
aller Bücher in weltgeschichtlicher Hinsicht, wenn durch=
aus einmal von Gefährlichkeit die Rede sein sollte, sei
doch wohl unstreitig die Bibel, weil wohl leicht kein
anderes Buch so viel Gutes und Böses, als dieses, im
Menschengeschlechte zur Entwickelung gebracht habe. Als
diese Rede heraus war, erschrak ich einwenig vor ihrem
Inhalte; denn ich dachte nicht anders, als die Pulver=
mine würde nun nach beiden Seiten in die Luft fliegen.
Zum Glück aber kam es doch anders, als ich erwartete.
Zwar sah ich den Doctor vor Schrecken und Zorn bei
diesen Worten bald erbleichen, bald wieder roth werden,
der König aber faßte sich mit gewohnter Milde und
Freundlichkeit und sagte bloß scherzweise: „„Cela perce
quelquefois que Monsieur de Goethe est hérétique."""
Zu Amsterdam fühlte sich der König so sehr als

Holländer, daß es ihn, wenigstens so lange er in dieser Stadt lebte, sehr verdroß, daß die Großen daselbst häufig ihre Muttersprache vernachlässigten und fast nichts als Französisch sprachen. „„Wenn Ihr nicht Holländisch sprechen wollt,"" sagte er zu Einigen von ihnen halb im Ernste und halb im Scherze, „„wie mögt Ihr nur glauben, daß sich irgend Jemand sonst in der Welt die Mühe geben wird, es zu sprechen?""

509.

1810, 13. November.

Mit Riemer.

Mittags mit Goethe allein gegessen. Über die Auf=führung und Besetzung von Faust.

Beides wurde nachher von mir und Wolff noch näher verabredet und das Taschenexemplar danach ein=gerichtet, wenigstens zum Theil.

510.

1810, 14. November.

Mit Riemer.

„Die Vollkommenheit der Technik, könnte man bei=nahe sagen, schließt die Kunst aus in allem, was zum Lebensgenuß, zum Comfort ꝛc. gehört, weil sie auf das Mathematische, d. h. auf das Nothwendige geht."

511.

1810, 15.*) November.

Mit Riemer.

Bei Gelegenheit von Philippus Neri, der in seiner
Jugend sich ein paar Brustrippen zerbrochen, wodurch
das Herz zu viel Spielraum bekommen, weswegen er
auch immer an Herzklopfen gelitten, bemerkte Goethe:
„Es sei ein Wahn, was man von einem großen Herzen
behaupte; die ärgsten Lumpe hätten immer die größten
Herzen gehabt. Das eigentliche Leben sei in den Adern,
außenhin, und das Herz nur, wie bei den Röhren=
fahrten, der Punkt, von wo aus die Richtung be=
stimmt wird."

512.

1810, Mitte November.

Mit Riemer.

„Das Lebendige schon muß man schätzen. Alle
Literatur, italienische, französische, deutsche, ist wie eine
Gestaltung aus dem Wasser zu Mollusken, Polypen
u. dgl., bis endlich einmal ein Mensch entsteht.

Haug ist ja auch etwas, ein Mensch, wer kann
leugnen, daß er einen Einfall habe? Lieber Gott! was
sind wir denn alle? ꝛc."

---

*) Wohl so, statt 13.?

513.

1810, November.

Mit Riemer.

a.

„Unsere Kunstrichter werden transscendent, da sie blos das Transscendentelle wollen sollten; sie sprechen immer das aus, was sie verschweigen sollten, wie es der Künstler (Iffland) ja selbst macht, der das, woraus er etwas thue, verschweigt. Sie hängen immer die Ringe an Zeus' Ruhebette auf. Mir kommen sie vor wie die katholischen Priester, die überall das Meßopfer bringen. Diese Art von Ästhetik ist nicht productiv; denn man kann nicht mehr darüber hinaus."

b.

„Die jetzige Generation entdeckt immer, was die alte (vorhergehende) schon vergessen hat."

514.

1810, 4. December.

Mit Riemer.

Inter coenam. Als von dem Eigensinn und der Eigenwilligkeit der jetzigen jungen Künstler die Rede war, als: Weißer, Friedrich, Kleist, bemerkte Goethe:

„Sie meinen, außer dem Rechten gäbe es noch ein Rechtes, ein anderes Rechtes, das hätten sie. Wie wenn es außer dem Schwarzen in der Scheibe noch eins gebe, und da schießen sie denn ins Blaue."

515.

1810, December (?).

Mit Riemer.

„Vegetabile Geister und animale Geister, etwa wie
Pflanzen und Thiere, Weiber und Männer, jene die
gleichsam einen Boden verlangen, in dem sie sich be=
festigen und ihre Nahrung daraus ziehen, irgend eine
Wissenschaft, andere die herumgehen und alles genießen
und zu ihrem Nutzen verwenden, wie die Poeten. —

Poet und Künstler — jenes ist genus, dieses species;
Dichter ein Universelleres, zugleich Philosoph."

516.

1810, 24. December.

Mit Riemer.

a.

„Alles muß man lernen: die Verachtung der andern,
die uns als eine Maske begegnet, eine wohlbekannte,
doch befremdlich; denn man muß lieben, was uns haßt,
das vortreffliche haßt, — eben weil es nur ein Irr=
thum ist." (Cf. die Artikel Görres.)

b.

„Da die Rede die Sinne und das innere Vor=
stellungsvermögen vertreten muß, so muß sie auch zu
diesen reden und der Ausdruck sinnlich und repräsen=
tativ sein."

c.

„Geduld, Hoffnung, Glaube, Liebe, alle diese Tugen=
den sind die Vernunft actu, in Ausübung, sie sind die
ausgeübte Vernunft."

517.

1810, Ende December.

Mit Pauline Gotter.

Wir waren einen Tag in Weimar. Er [Goethe]
besuchte uns gleich; dann ging ich mit ihm in's Theater,
wo uns ein schlechtes Stück völlige Freiheit ließ, uns
nach einer so langen Trennung recht angelegentlich zu
unterhalten. Er schrieb früher: die Zeit und die Ab=
wesenheit hätten nichts an ihm und seinen Gesinnungen
verändert, und ich fand es auch wahr: er schien ebenso
herzlich, ebenso liebevoll, wie sonst, was mich innig
freute, wenn auch die lebhaftern Versicherungen seiner
Zuneigung mich stets beschämen; denn ich fühle recht
gut, daß ich sie mehr dem zufälligen Zusammentreffen
der Umstände, als mir selbst zu verdanken habe. Ich
habe Goethen von Ihnen, werther Freund [Schelling]!
Grüße gebracht, die er schönstens erwiederte; er freute
sich sehr, daß ich ihm sagen konnte, Sie hätten sich mit
seiner Farbenlehre diesen Sommer beschäftigt, und er
äußerte sehr lebhaft den Wunsch, einmal mündlich mit
Ihnen darüber sprechen zu können. Künftige Woche
haben wir die frohe Aussicht, ihn ganz in unsere Nähe

zu bekommen: er bringt vierzehn Tage in Jena zu, um
an Hackert's Leben fleißig zu arbeiten, das die Oster=
messe erscheinen soll. Er hat von Dresden aus Com=
positionen zu seinem „Faust" erhalten, mit denen er
sehr zufrieden ist: die Hexenküche und den Spaziergang
vorstellend.

518.

1810 (?).

Mit Falk.

Der schwer beleidigte Kaiser [Napoleon] verstattete
zwar dem Herzoge die Rückkehr in seine Staaten, aber
nicht ohne das höchste Mißtrauen in ihn zu setzen,
sodaß der edle, offne deutsche Mann von diesem Augen=
blicke an von allen Seiten mit Horchern, sogar an
seiner Tafel umstellt war. Da mich um diese Zeit
meine Geschäfte oftmals nach Berlin und Erfurt führten,
gaben mir die dortigen höhern Behörden nicht selten
Bemerkungen anzuhören, von denen ich gewiß war, daß
man sie als Resultate der dort gehaltenen geheimen
Polizeiregister dem Kaiser vorlegte, und die ich eben
deßhalb dem Herzoge nicht verschweigen durfte. Mit
wörtlicher Treue, wie ich sie empfangen hatte, setzte ich
sie schriftlich auf, um sie höhern Orts zu übergeben.
Bei dieser Gelegenheit hat Goethe eine so schöne per=
sönliche Anhänglichkeit für den Herzog an den Tag
gelegt, daß ich mir ein Gewissen daraus machen würde,
dem deutschen Publicum dies schöne Blatt aus der
Lebensgeschichte seines großen Dichters vorzuenthalten.

Es geschah um diese Zeit häufig genug, wenn ich Goethe besuchte, daß die bedenklichen Zeitumstände — in welche ich selbst damals, nicht aber zum Unglück, sondern, wofür ich Gott herzlich danke, zum Segen des Landes, das ich bewohnte, handelnd verflochten war — mit männlicher Umsicht von uns nach allen Seiten durchgesprochen wurden. So kam denn auch diesmal, als ich Goethe nach meiner Zurückkunft von Erfurt in seinem Garten besuchte, die Rede auf die Beschwerden der französischen Regierung. Ich theilte sie ihm Punkt für Punkt und so mit, wie sie auch nach diesem der Herzog unverändert gelesen hat. Es sei bekannt, hieß es unter anderm in dieser Schrift, daß der Herzog von Weimar dem feindlichen General Blücher, der sich zu Hamburg mit seinen Officieren nach der Niederlage von Lübeck in der größten Verlegenheit befunden, 4000 Thaler auf Wechsel vorgeschossen habe. Ebenso wisse jedermann, daß ein preußischer Officier, der Hauptmann v. Ende, . . . als Hofmarschall bei der Frau Großfürstin angestellt sei. Es sei nicht zu leugnen, daß die Anstellung so vieler preußischer Officiere sowohl im Militär- als Civilfach, deren Gesinnungen bekanntlich nicht die besten seien, für Frankreich etwas Beunruhigendes mit sich führe. Schwerlich werde es der Kaiser billigen, oder jemals zugeben, daß man mitten im Herzen des Rheinbundes gleichsam eine stillschweigende Verschwörung wider ihn anlege. Sogar zum Hofmeister seines Sohnes, des Prinzen Bernhard, habe

man einen ehemaligen preußischen Officier, den Herrn
von Rühle ... gewählt: Herr von Müffling, ebenfalls
gedienter Officier und Sohn des preußischen Generals
dieses Namens, ... sei mit großem Gehalte in Weimar
als Präsident eines Landescollegiums angestellt: der
Herzog stehe mit demselben in einem vertrauten per=
sönlichen Umgange, und es sei natürlich, daß alle solche
Verbindungen nur dazu dienten, einen ohnehin schlecht
genug verheimlichten Groll gegen Frankreich zu nähren.
Es scheine, daß man gleichsam alles absichtlich hervor=
suche, um den Zorn des Kaisers, der doch manches
von Weimar zu vergessen habe, aufs Neue zu reizen
und herauszufordern. Unvorsichtig wenigstens seien die
Schritte des Herzogs in einem hohen Grade, wenn
man ihnen auch nicht geradewegs eine böse Absicht
unterlegen wolle. So habe derselbe auch den Herzog
von Braunschweig, den Todfeind Frankreichs, nebst
Herrn v. Müffling, nach dem Gefechte von Lübeck zu
Braunschweig auf seinem Durchmarsch besucht.

„Genug!“ fiel mir Goethe, als ich bis dahin ge=
lesen hatte, mit flammendem Gesichte ins Wort. „Was
wollen sie denn, diese Franzosen? Sind sie Menschen?
Warum verlangen sie geradeweg das Unmenschliche?
Was hat der Herzog gethan, was nicht lobens= und
rühmenswerth ist? Seit wann ist es denn ein Ver=
brechen, seinen Freunden und alten Waffenkameraden
im Unglück treu zu bleiben? Ist denn eines edeln
Mannes Gedächtniß so gar nichts in euern Augen?

Warum muthet man dem Herzoge zu, die schönsten
Erinnerungen seines Lebens, den siebenjährigen Krieg,
das Andenken an Friedrich den Großen, der sein Oheim
war, kurz alles Ruhmwürdige des uralten deutschen
Zustandes, woran er selbst so thätig Antheil nahm,
und wofür er noch zuletzt Krone und Scepter auf's
Spiel setzte, den neuen Herren zu gefallen, wie ein
verrechnetes Exempel plötzlich über Nacht mit einem
nassen Schwamme von der Tafel seines Gedächtnisses
hinwegzustreichen? Steht denn euer Kaiserthum von
gestern schon auf so festen Füßen, daß ihr keine, gar
keine Wechsel des menschlichen Schicksales in Zukunft
zu befürchten habt? Von Natur zu gelassener Betrach=
tung der Dinge aufgelegt, werde ich doch grimmig,
sobald ich sehe, daß man dem Menschen das Unmög=
liche abfodert. Daß der Herzog verwundete, ihres
Soldes beraubte preußische Officiere unterstützte, daß
er dem heldenmüthigen Blücher nach dem Gefecht von
Lübeck einen Vorschuß von 4000 Thalern machte, das
wollt ihr eine Verschwörung nennen? Setzen wir den
Fall, daß heute oder morgen Unglück bei eurer großen
Armee einträte: was würde wohl ein General oder ein
Feldmarschall in den Augen des Kaisers werth sein,
der gerade so handelte, wie unser Herzog in dem vor=
liegenden Falle wirklich gehandelt hat? Ich sage euch,
der Herzog soll so handeln, wie er handelt! Er muß
so handeln! Er thäte sehr Unrecht, wenn er je anders
handelte! Ja, und müßte er darüber Land und Leute,

Krone und Scepter verlieren, wie sein Vorfahr, der
unglückliche Johann, so soll und darf er doch um keine
Hand breit von dieser edeln Sinnesart und dem, was
ihm Menschen= und Fürstenpflicht in solchen Fällen
vorschreibt, abweichen. Unglück! Was ist Unglück?
Das ist Unglück, wenn sich ein Fürst dergleichen von
Fremden in seinem eigenen Hause muß gefallen
lassen. Und wenn es auch dahin mit ihm käme,
wohin es mit jenem Johann einst gekommen ist,
daß beides, sein Fall und sein Unglück, gewiß wäre,
so soll uns auch das nicht irre machen, sondern mit
einem Stecken in der Hand wollen wir unsern Herrn,
wie jener Lukas Cranach den seinigen, ins Elend be=
gleiten und treu an seiner Seite aushalten. Die Kinder
und Frauen, wenn sie uns in den Dörfern begegnen,
werden weinend die Augen aufschlagen und zueinander
sprechen: das ist der alte Goethe und der ehemalige
Herzog von Weimar, den der französische Kaiser seines
Thrones entsetzt hat, weil er seinen Freunden so treu
im Unglück war; weil er den Herzog von Braunschweig,
seinen Oheim, auf dem Todbette besuchte; weil er seine
alten Waffenkameraden und Zeltbrüder nicht wollte
verhungern lassen!" Hier rollten ihm die Thränen
stromweise von beiden Backen herunter; alsdann fuhr
er nach einer Pause, und sobald er wieder einige
Fassung gesammelt, fort: „Ich will uns Brot singen!
Ich will ein Bänkelsänger werden, und unser Unglück
in Liedern verfassen! Ich will in alle Dörfer und in

alle Schulen ziehen, wo irgend der Name Goethe be=
kannt ist; die Schande der Deutschen will ich besingen,
und die Kinder sollen mein Schandlied auswendig
lernen, bis sie Männer werden, und damit meinen
Herrn wieder auf den Thron herauf= und euch von
dem euern heruntersingen! Ja, spottet nur des Ge=
setzes, ihr werdet doch zuletzt an ihm zu Schanden
werden! Komm an, Franzos! Hier oder nirgend ist
der Ort mit dir anzubinden! Wenn du dieses Gefühl
dem Deutschen nimmst oder es mit Füßen trittst, was
eins ist, so wirst du diesem Volke bald selbst unter die
Füße kommen! Ihr seht, ich zittre an Händen und
Füßen. Ich bin lange nicht so bewegt gewesen. Gebt
mir diesen Bericht! Oder nein, nehmt ihn selbst! Werft
ihn ins Feuer! Verbrennt ihn! Und wenn Ihr ihn
verbrannt habt, sammelt die Asche und werft sie ins
Wasser! Laßt es sieden, brodeln und kochen! Ich selbst
will Holz dazu herbeitragen, bis alles zerstiebt ist, bis
jeder Punkt in Rauch und Dunst davonfliegt, sodaß
auch nicht ein Stäubchen davon auf deutschem Grund
und Boden übrig bleibt! Und so müssen wir es auch
einst mit diesen übermüthigen Fremden machen, wenn
es je besser mit Deutschland werden soll."

Ich brauche kein Wort zu diesem wahrhaft männ=
lichen Gespräche hinzuzusetzen, das ebenso ehrend für
Goethe, als für den Herzog ist.

Als ich Goethe beim Abschied umarmte, standen
auch mir die Augen voll Thränen.

Quellen.

225. Mittheilungen über Goethe und Schiller in Briefen von H. Voß. Hrsgg. von A. Voß. Heidelberg 1834. S. 59 f. (Aus Brief an Niemeyer v. 12. Aug. 1805.) — **226.** Aus K. L. v. Knebels Briefwechsel mit seiner Schwester Henriette. Hrsgg. von H. Düntzer. Jena 1858. S. 216. (Aus Henriettens Brief v. 2. Fbr. 1805.) — **227.** Archiv für Literaturgeschichte. Hrsgg. von Schnorr v. Carolsfeld. XI. Band. S. 117 ff. (Aus Voßens Brief an Solger v. 24. Fbr. 1805.) — **228.** Mittheilungen über Goethe. Von J. W. Riemer. II. Band. Berlin 1841. S. 696. — **229.** Ebenda. — **230.** Wie 225. S. 60 ff.

231. Aus dem Tagebuche eines alten Schauspielers. Von E. Genast. I. Theil. 7. Kapitel. — **232.** a) Wie 225. S. 64 f. — b) Wie 227. S. 125. (Aus Voßens Brief an Solger v. 22. Mai 1805.) — **233.** Aus Schleiermacher's Leben. In Briefen. II. Band. Berlin 1858. S. 35 f. (Aus Briefen Schleiermachers an Henriette Herz a) v. 15. Aug. und b) v. 23. Aug. 1805.) — **234.** Weimarer Sonntagsblatt. III. Jahrgang. Weimar 1857. S. 294. (Aus Aufsatz von R. Abeken.) — **235.** Briefe von und an Goethe. Desgleichen Aphorismen und Brocardica. Hrsgg. von J. W. Riemer. Leipzig 1846. S. 287. — **236.** Johannes-Album zc. hrsgg. v. F. Müller. Chemnitz 1857. II. Theil. S. 365 ff. (Nach der Autobiographie des Predigers Waitz.) — **237.** Reisenovellen v. H. Laube. 2. Aufl. IX. Theil. Mannheim 1847. S. 19 f. (Vielleicht

23*

nach Niederschrift von F. A. Wolf.) — **238.** Wie 234. — **239.** Zur Erinnerung an F. L. W. Meyer. II. Theil. Braunschweig 1847. S. 82. (Aus Brief von Gries aus d. J. 1839.) — **240.** Zwei Bekehrte. Zacharias Werner und Sophie von Schardt. Von H. Düntzer. Leipzig 1873. S. 404 ff.

241. Wie 225. S. 683. — **242.** Ebenda S. 697. — **243.** Wie 226. S. 242 f. (Aus Henriettens Brief v. 27. Jan. 1806.) — **244.** Ebenda S. 243. (Desgleichen.) — **245.** Wie 225. S. 674. — **246.** Wie 225. S. 288. — **247.** Ebenda S. 288 f. — **248.** a) A. Oehlenschläger's Selbstbiographie. II. Bändchen. Breslau 1839. S. 26 f. — b) Was ich erlebte ꝛc. von H. Steffens. V. Band. Breslau 1842. S. 161 f. — c) Mittheilungen über Goethe. Von F. W. Riemer. I. Band. Breslau 1841. S. 415 f. — **249.** Wie 225. S. 697. — **250.** Rückblicke in mein Leben. Aus dem Nachlasse von H. Luden. Jena 1847. S. 13—20.

251. Ebenda S. 21—74. — **252.** a) Wie 248. S. 289. — b) Wie 243. S. 663. — **253.** Reiseplaudereien. Von G. Reinbeck. II. Band. Stuttgart 1837. S. 1. — **254.** Wie 234. S. 384. (Aus Brief von H. Voß an R. Abeken v. 26. Apr. 1807.) — **255.** F. K. L. Freiherr v. Seckendorff in seinen literarischen Beziehungen ꝛc. von G. Scheidel. Nürnberg 1885. S. 25. (Aus Brief von H. Voß v. 6. Dec. 1806.) — **256.** Wie 235. S. 289. — **257.** Ebenda S. 290. — **258.** Ebenda. — **259.** Ebenda S. 291. — **260.** Ebenda.

261. August von Kotzebue ꝛc. von W. v. Kotzebue. Dresden 1881. S. 70 f. — **262.** Wie 235. S. 292. — **263.** Ebenda. S. 293 f. — **264.** Ebenda S. 295. — **265.** Ebenda a—d. S. 294 ff. — e) Wie 228. S. 643 f. — **266.** Wie 235. S. 298 f. — **267.** Wie 228. S. 697 f. — **268.** Weimars Album zur vierten Säcularfeier der Buchdruckerkunst am 24. Juni 1840. Weimar. S. 200. — **269.** Aus Brief von Fernow an Böttiger v. 7. Jan. 1807 (nach der Handschrift auf der K. Bibliothek zu Dresden.) — **270.** Wie 235. S. 299.

271. Goethe, Weimar und Jena im Jahre 1806 2c. Hrsgg. von Rich. und Rob. Keil. Leipzig 1882. S. 153. — **272.** Wie 235. S. 299—302. — **273.** Teutsche Revue. Hrsgg. von R. Fleischer. 1886. Mai. Berlin und Breslau. S. 165. — **274.** Wie 235. S. 307. — **275.** Wie 273. S. 166. — **276.** Wie 228. S. 698. — **277.** Erinnerungen eines weimarischen Veteranen. Von H. Schmidt. Leipzig 1856. S. 137 f. — **278.** Ebenda. S. 160 f. — **279.** Wie 235. S. 307. — **280.** Wie 228. S. 281 f.

281. Morgenblatt 1862. Stuttgart und München. S. 650. — **282.** Wie 235. S. 307 f. — **283.** Ebenda S. 308. — **284.** Wie 228. S. 638. — **285.** a) Wie 268. S. 186 ff. u. 190 ff. — b) Westermann's Illustrirte Deutsche Monatshefte. December 1868. Braunschweig. S. 261—268. — c) Wie 255. — **286.** Wie 250. S. 102 ff. — **287.** Wie 273. S. 166. — **288.** Wie 235. S. 309. — **289.** Teutsche Revue 1886. Januar. S. 61. — **290.** Ebenda.

291. Wie 235. S. 309 ff. — **292.** Wie 289. S. 61. — **293.** Wie 228. S. 698. — **294.** Ebenda S. 698 f. — **295.** a) Wie 273. S. 166. — b) Wie 235. S. 311. — **296.** Wie 273. S. 166 f. — **297.** Ebenda S. 161. — **298.** Wie 253. — **299.** Wie 289. S. 63. — **300.** Ebenda.

301. Wie 228. S. 699. — **302.** a) Wie 289. S. 63. — b) Wie 228. S. 699. — **303.** Wie 289. S. 63 f. — **304.** Ebenda S. 64. — **305.** Ebenda. **306.** Ebenda. — **307.** a—c) Wie 235. S. 312 f. — d) Wie 228. S. 700. — **308.** Wie 289. S. 64. — **309.** Wie 228. S. 700. — **310.** Wie 289. S. 64.

311. Wie 228. S. 700. — **312.** Ebenda. — **313.** Ebenda S. 700 f. — **314.** Ebenda S. 660. — **315.** Ebenda. — **316.** Ebenda S. 642 f. — **317.** Wie 289. S. 65. — **318.** a) Wie 235. S. 313 f. — b) Wie 228. S. 701. — **319.** Wie 289. S. 65. — **320.** Ebenda.

321. a) Wie 289. S. 65. — b) Wie 273. S. 167 f. — c) Wie 228. S. 702. — **322.** Wie 289. S. 65. — **323.** Wie

228. S. 701 f. — **324.** a) Wie 273. S. 168. — b) Wie 235. S. 316 f. — **325.** Wie 289. S. 65. — **326.** Wie 273. S. 168. — **327.** a) Wie 228. S. 702. — b) Wie 289. S. 66. — **328.** Wie 228. S. 702 f. — **329.** Wie 235. S. 318. — **330.** Wie 289. S. 66.

331. a) Wie 289. S. 66. — b) Wie 235. S. 318. — **332.** Wie 228. S. 703. — **333.** Wie 289. S. 66. — **334.** Ebenda. — **335.** Wie 235. S. 318 f. — **336.** Wie 228. S. 596. — **337.** Ebenda S. 703. — **338.** Wie 235. S. 319. — **339.** Wie 228. S. 703. — **340.** Wie 235. S. 320.

341. Wie 289. S. 67. — **342.** Wie 235. S. 320 f. — **343.** Deutsche Revue. 1886. October. S. 20. — **344.** Wie 235. S. 322. — **345.** a) Wie 343. S. 21. — b) Wie 228. S. 704. — **346.** Wie 343. S. 22. — **347.** Ebenda. — **348.** Ebenda S. 23. — **349.** Ebenda. — **350.** Ebenda.

351. Wie 343. S. 23. — **352.** Ebenda. — **353.** Ebenda S. 24. — **354.** Goethes Unterhaltungen mit dem Kanzler F. v. Müller. Hrsgg. von Burkhardt. Stuttgart 1870. S. 3. — **355.** Wie 343. S. 24. — **356.** Ebenda S. 24 f. — **357.** a) Goethe aus näherm persönlichem Umgang dargestellt von F. Falk. Leipzig 1832. S. 97—105. — b) Archiv für Literaturgeschichte. XV. Band. S. 447 f. — c) Wie 235. S. 322 f — d) Wie 343 S. 25. — **358.** Ebenda S. 26 — **359.** Ebenda. — **360.** Ebenda S. 27.

361. Wie 343. S. 27. — **362.** Ebenda. — **363.** Ebenda S. 30. — **364.** Wie 228. S. 705. — **365.** Wie 343. S. 30. — **366.** Ebenda. — **367.** Ebenda S. 31. — **368.** Ebenda — **369.** Ebenda S. 32. — **370.** Ebenda S. 33.

371. Erinnerungen aus den Kriegszeiten von 1806—1813. Von F. v. Müller. Braunschweig 1851. S. 237. 243. — **372.** a) Ebenda S. 237—241. — b) Brief an F. Brun geb. Münter hrsgg. von F. v. Matthison. II, 312. (Nach einer Mittheilung des Fürsten Talleyrand an Bonstetten.) — **373.** a) Wie

371. S. 253. — b) The Life and Works of Goethe. By G. H. Lewes. II. vol. book the VII, chapt. 2. — **374.** Wie 343. S. 34. — **375.** Ebenda. — **376.** Ebenda. — **377.** Wie 226. S. 353. (Aus Brief Henriettens v. 19. November 1808.) — **378.** Wie 343. S. 35. — **379.** Ebenda. — **380.** Ebenda S. 36.

381. Wie 343. S. 36. — **382.** Ebenda S. 36 f. — **383.** Ebenda S. 37. — **384.** Wie 235. S. 326. — **385.** Ebenda: auch wie 228. S. 677. — **386.** Wie 354. S. 36. — **387.** Wie 268. S. 199 f. — **388.** Johann Georg Zimmer. Hrsgg. von W. B. Zimmer. Frankfurt a. M. 1888. S. 190. (Aus Brief Cl. Brentano's.) — **389.** a) Wie 343. S. 38. — b) Was ich erlebte rc. von H. Steffens. VI. Band. Breslau 1842. S. 251—255. — **390.** Aus Brief K. A. Böttiger's an F. Rochlitz v. 4. Fbr. 1809. (Handschrift auf der K. Leihbibliothek zu Dresden.)

391. Christian Gottfried Schütz. Hrsgg. von F. K. J. Schütz. I. Band. Halle 1834. S. 148. (Aus Brief Gruber's v. 29. Jan. 1809. — **392.** Wie 248 c S. 411 ff. — **393.** Teutsche Revue. 1887. Januar. S. 13 f. — **394.** Ebenda. — **395.** Wie 357 a. S. 28—37. — **396.** a—d u. f) Wie 228. S. 706. — e) Wie 293. S. 15. — **397.** Ebenda. — **398.** Ebenda. — **399.** Ebenda S. 16. — **400.** Ebenda.

401. Wie 393. S. 16. — **402.** Ebenda S. 17. — **403.** Ebenda S. 18. — **404.** Ebenda. — **405.** a) Ebenda S. 19. — b) Wie 228. S. 708. — **406.** a) Im neuen Reich. 1875. I, 722. (Aus Brief der L. Seidler an P. Gotter v. 4. Juni 1809.) — **407.** a) Ebenda S. 727. (Desgl. v. 6. Juni.) — b) Teutsche Revue. 1887. Februar. S. 173. — **408.** Ebenda S. 174. — **409.** Wie 357 a) S. 37—47. — **410.** Wie 228. S. 708 f.

411. a) u. b) Wie 228. S. 709. — b) Wie 407 b. S. 175. — **412.** Ebenda S. 175 f. — **413.** Ebenda S. 176. — **414.** Wie 406 a. S. 724. (Aus Brief der L. Seidler an P. Gotter v.

28. Juli 1809.) — **415.** Wie 228. S. 710. — **416.** a) Ebenda.
— b u. c) Wie 407 b. S. 178. — **417.** Ebenda S. 179. —
418. Wie 235. S. 327. — **419.** Wie 407 b. S. 181. —
420. Wie 234. S. 383. (Aus Brief eines Ungenannten an
R. Abeken.)

421. a) Wie 407 b. S. 181. — b. Wie 235. S. 328. —
422. Deutsche Revue. 1887. März. S. 279. — **423.** Ebenda.
— **424.** Ebenda S. 280. — **425.** Joseph von Görres Ge=
sammelte Briefe. Zweiter Band. Freundesbriefe. (Von 1802
bis 1821.) Hrsgg. von F. Binder. München 1874. S. 77.
(Aus Brief von Cl. Brentano an Görres aus Anfang 1810.) —
426. Wie 422. S. 281. — **427.** Wie 235. S. 329. —
428. Ebenda S. 329 f. — **429.** Ebenda S. 330. — **430.** Wie
422. S. 283.

431. a) Wie 422. S. 283. — b) Wie 228. S. 712. —
432. Ebenda S. 677 f. — **433.** Wie 248 a. S. 170 f. —
434. Ebenda S. 171 f. — **435.** Wie 422. S. 284. —
436. Ebenda S. 285. — **437.** Ebenda. — **438.** Ebenda. —
439. Ebenda. — **440.** Ebenda.

441. Wie 422. S. 286. — **442.** Ebenda. — **443.** a) Brief=
wechsel zwischen Jacob und Wilhelm Grimm aus der Jugend=
zeit. Hrsgg. von H. Grimm und G. Hinrichs. Weimar 1881.
S. 202 f. (Aus W. Grimm's Brief v. 13. Feb. 1809.) — b)
Wie 422. S. 287. — **444.** a) Wie 443 a. — b) Wie 422.
S. 287. — **445.** Ebenda. — **446.** Wie 235. S. 330. —
447. Ebenda S. 331. — **448.** a) Die Grenzboten. XXIX. Jahrg.
Nr. 20. Ausgegeben d. 13. Mai 1870. S. 260. (Aus Wie=
land's Brief an seine Tochter Charlotte Geßner v. 10. Fbr. 1810.)
— b u. c) Wie 237. S. 35 f. — **449.** Goethe in seiner ethischen
Eigenthümlichkeit von F. v. Müller. Weimar 1832. S. 25. —
450. Wie 347 a. S. 120—123.

451. Wie 425. S. 80. Anmerkung. — **452** Deutsche Revue.
1887. Juli. S. 55. — **453.** Ebenda S. 56. — **454.** Wie 228.

S. 713. — **455.** Wie 452. S. 56. — **456.** Ebenda S. 58. —
457. Wie 231. — **458.** Wie 357 a. S. 173—176. —
459. Brief von F. T. Gries an R. Abeken v. 23. März 1810
nach der Handschrift auf der K. Bibliothek zu Dresden. —
460. Wie 452. S. 60.

461. Wie 452. S. 60. — **462.** Wie 228. S. 713. —
463. Aus Schelling's Leben. In Briefen. Zweiter Band.
Leipzig 1870. a) S. 208 f. (Aus Brief von Pauline Gotter v.
12. Mai 1810.) — b) S. 214. (Aus Brief ebenderselben v. 17.
Juni 1810.) — **464.** a) Wie 235. S. 331. — b) Wie 228.
S. 713. — **465.** Wie 452. S. 60. — **466.** Ebenda S. 61. —
467. Franz Passow's Leben und Briefe. Hrsgg. von A. Wachler.
Erste Hälfte. Breslau 1839. S. 111 f. (Aus Brief Passow's
an H. Voß.) — **468.** Wie 235. S. 232. — **469.** Wie 452.
S. 62. — **470.** Wie 226. S. 454. (Aus Brief Knebel's v.
29. Mai 1810.)

471. Wie 228. S. 714. — **472.** Wie 452. S. 63. —
473. Wie 228. S. 714. — **474.** Wie 452. S. 63. —
475. Ebenda S. 64. — **476.** Wie 228. S. 332. — **477.** Char=
lotte von Schiller und ihre Freunde. Dritter Band. Stuttgart
1865. S. 57 f. (Aus Brief Körner's v. 5. Aug. 1810.) —
478. Deutsche Revue. 1887. October. S. 39. — **479.** Ebenda
S. 40. — **480.** Ebenda.

481. Wie 478. S. 40. — **482.** Wie 235. S. 332 f. —
483. a—c) Ebenda S. 333. — d u. e) Wie 478. S. 41. —
484. Ebenda. — **485.** Wie 235. S. 334. — **486.** Ebenda
S. 335. — **487.** Ebenda. — **488.** Wie 478. S. 42. —
489. Ebenda. — **490.** Ebenda S. 43.

491. Wie 235. S. 335. — **492.** Wie 478. S. 43. —
493. Wie 235. S. 335. — **494.** Wie 478. S. 43. —
495. Wie 228. S. 715. — **496.** Erinnerungen und Leben
der Malerin Louise Seidler, von H. Uhde. 2. umgearb.
Aufl. Berlin 1875. S. 49 ff. — **497.** Ebenda S. 51 f. —
498. Deutsche Rundschau. Hrsgg. von J. Rodenberg. IV. Jahrg.

Heft 10. Juli 1878. Berlin. (Aus Brief v. Emma Körner v. 20. Nov. 1810.) — **499.** Wie 235. S. 336. — **500.** Lebens= beschreibung Abraham Gottlob Werner's von Samuel Gottlob Frisch. Leipzig 1825. S. 78 f.

501. Wie 235. S. 337. — **502.** Wie 226. S. 494 f. (Aus Knebel's Brief v. 3. Oct. 1810.) — **503.** Aus Brief von Böttiger an Rochlitz v. 11. Nov. 1810 nach der Handschrift auf der K. Bibliothek zu Dresden. — **504.** Wie 478. S. 45. — **505.** Charlotte von Schiller und ihre Freunde. I. Band. Stuttgart. 1860. S. 552. (Aus Charlottens Brief an die Erbprinzeß von Mecklenburg=Schwerin v. 26. Oct. 1810.) — **506.** Wie 235. S. 338. — **507.** Wie 478. S. 45 f. — **508.** Wie 357 a. S. 163—172. — **509.** Wie 478. S. 45. — **510.** Wie 235. S. 338.

511. Wie 235. S. 339. — **512.** Ebenda. — **513.** Ebenda. S. 338. — **514.** Wie 478. S. 46. — **515.** Ebenda. — **516.** Ebenda S. 47. — **517.** Wie 463. S. 241. (Aus Brief von Pauline Gotter v. 27. Dec. 1810.) — **518.** Wie 357 a. S. 113—120.